DUMONT
RICHTIG WANDERN

Tessin

Peter Mertz
Burkhard Berger

Gotthard-Tunnel 16,9 km
Lukmanier-Paß (1914 m)
1 St. Gotthard
St. Gotthard (2109 m)
Lago della Sella
Airolo
3 Lago Ritom
Lago Ritom
5 Olivone
San Bernardino (2065 m)
San-Bernardino-Tunnel 6,6 km
Graubünden
Fontana
Bedretto
Quinto
Brenno
Dangio
Rheinwaldhorn
3402
Nufenen-Paß (2478 m)
P. Nero
2905
Val Bedretto
Faido
4 Rossura
Cristallina
2912
2 Alpe di Cruina (Nufenenstock)
Calónico
Acquarossa
Val Blenio
Lago Sambuco
8 Cristallina
9 Fusio
Gries-Paß
Robiei-Bergbahn
Mogno
P. Campo Tencia
3072
Anzónico
Valle Leventina
Riale
Basodino
3274
San Carlo
Semione
Giornico
Mesocco
Val Bavona
Val Lavizzara
Corona di Redorta
2804
Foroglio
Broglio
Bodio
SCHWEIZ
Fontana
Biasca
M. Zucchero
2736
11 Sonogno
Verzasca
Ticino
Torrente Alto
2950
7 Bignasco
Val Verzasca
Lodrino
Brione
Mággia
Valle Maggia
Madom da Sgiòf
2265
Lavertezzo
Roveredo
Valle Mesolcina
Maggia
Corippo
Gordevio
Vogorno
Aurigeno
Spruga
12 Loco
10 Mergoscia
Giubiasco
Arbedo

BELLINZONA
LOCARNO
13 Intragna
16 Losone
15 + 17 Ascona
19 Magadino
Vira
18 Brissago-Inseln
Gerra
Brissago
Centovalli
Melezza
21 Monte Tamaro
1962
Gambarogno
20 Alpe di Neggia
Indemini
22 Monte Lema
1621
Cannóbio
ITALIEN
Maccagno
Malcantone
23 Novaggio
Agno
LUINO
Permosello
26 Montagnola
Ponte Tresa
27 Caslano
Agra
24 Melide
25 Morcote
VERBANIA
Lago Maggiore
Gravellona
Porto Cerésio
Riva San Vitale
31 Meride
Omegna
10 km
VARESE
Stábio
Monte Brè
925
LUGANO
28 LUGANO
Gandria
Lago di Lugano
Paradiso
29 Cantine di Gandria
Caprino
Campione
Bissone
30 Monte Generoso
1701
Mendrisio
Morbio Inf.
Maslianico
Chiasso
COMO
Menaggio
Lago di Como

Titelbild: Im Verzasca-Tal
Titelvignette oben: Hibiscus im Botanischen Garten auf der Brissago-Insel
Titelvignette links: Kirche von Morcote
Titelvignette rechts: Im Blenio-Tal
Titelvignette unten: Locarno-Muralto

Über die Autoren:
Der Diplom-Biologe Peter Mertz arbeitet als Wissenschaftler, freier Fotograf und Autor (mehrere Buchveröffentlichungen und Arbeiten für verschiedene Reisemagazine).
Dr. Burkhard Berger ist als Wissenschaftler am Institut für Zoologie der Universität Innsbruck tätig.
Fasziniert von der Vielfalt der Tessiner Naturschönheiten haben beide in den letzten Jahren mehrfach diese Region der Schweiz bereist und auf zahlreichen Wanderungen kennengelernt. Die schönsten haben sie für dieses Buch zusammengestellt.

Die Deutsche Bibliothek –
CIP-Einheitsaufnahme
Mertz, Peter:
Tessin /
Peter Mertz ; Burkhard Berger. –
Köln : DuMont, 1994
[Richtig Wandern]
ISBN 3-7701-2993-8
NE: Berger, Burkhard

Design: Schömann,
Büro für Gestaltung, Köln
Druck und buchbinderische
Verarbeitung: Boss-Druck, Kleve

Printed in Germany ISBN 3-7701-2993-8

Inhalt

Natur und Kultur im Tessin

Die Wanderungen

»Auf der richtigen Seite der Berge«

»Wenn ich diese gesegnete Gegend am Südfuß der Alpen wieder sehe«, schrieb Hermann Hesse, »dann ist mir immer zumute, als kehre ich aus einer Verbannung heim, als sei ich endlich wieder auf der richtigen Seite der Berge.«

Das Tessin stellt ein wunderbares Zusammenspiel aus alpiner und submediterraner Landschaft am Südabfall der Alpen und entlang der oberitalienischen Seen dar. Im Schutze des bis zu 4000 Meter hohen Gebirges gelegen, öffnet sich dieser Schweizer Kanton nach Süden den wärmenden Einflüssen der Po-Ebene. Daraus entstand ein kleines Paradies voll Muße, Inspiration und landschaftlicher Schönheiten, das für Erholung und Urlaub geradezu geschaffen ist.

Dem Wanderfreund bietet das Tessin einsame Bergpfade durch die Gipfelwelt, alte Saumpfade durch die Talschaften und aussichtsreiche Höhenwege über die sanften Hügel des Malcantone. Daneben locken die landschaftsprägenden Seen oder ein Besuch in ›mondänen‹ Ortschaften wie Lugano, Locarno und Ascona. Ausflüge ins Gebirge, zu den Steindörfern der Seitentäler und den Gipfelregionen des St.-Gotthard-Massivs, zeigen die vielfältigen Wandermöglichkeiten der Region. Hier begegnet man Naturschönheiten ebenso wie den kulturellen Reichtümern und Traditionen dieser alten Kulturlandschaft.

Natur und Kultur im Tessin

Vielfalt der Landschaftsformen

Wie ein mächtiges Dreieck schiebt sich der Kanton Tessin vom Alpenhauptkamm zur lombardischen Tiefebene vor. Auf den 90 km zwischen dem St.-Gotthard-Paß im Norden und Chiasso im Süden vollzieht sich ein steter Wechsel von Landschaft, Klima und Vegetation. Dieser Übergang vom herben Norden in den milden Süden erzeugt so manche seltene Mischung und macht den Reiz dieser Region aus.

Mit 2800 km^2 ist das Tessin (italienisch: *Cantone del Ticino*) der fünftgrößte Kanton der Schweiz und nimmt etwa sieben Prozent der Gesamtfläche des Landes ein. Zusammen mit den Regionen Misox, Bergell und Puschlav bildet es die ›Italienische Schweiz‹. Im Norden grenzt das Tessin an die Kantone Wallis, Uri und Graubünden. Die Staatsgrenze zu Italien erstreckt sich auf einer Länge von 208 km und verläuft teilweise durch die großen Seen Lago Maggiore und Luganer See.

Das Tessin hat gegenwärtig 277 000 Einwohner; 85 Prozent sprechen Italienisch als Muttersprache. Der Kanton ist in acht Verwaltungsbezirke gegliedert und umfaßt rund 250 Gemeinden, von denen über die Hälfte weniger als 500 Einwohner zählen. Die derzeit kleinste eigenständige Gemeinde ist Largario im Val Blenio mit 25 Einwohnern, die höchstgelegene ganzjährig besiedelte Gemeinde ist die deutschsprachige Enklave Bosco Gurin (1507 m). Seit dem letzten Jahrhundert haben sich die Tessiner Bergtäler zum Teil besorgniserregend entvölkert. Heute lebt gut die Hälfte der Einwohner des Kantons in den vier städtischen Agglomerationen Lugano (52 000 Einwohner), Locarno (35 000 E.), Bellinzona (25 000 E.) und Chiasso (20 000 E.).

Wer heute zwischen Bellinzona und Lugano auf der Autobahn fährt, bemerkt den Paß bei Monte Ceneri kaum mehr. Diese historische Schwelle teilt aber den Natur- und Kulturraum des Tessins in zwei Großregionen, das Sopraceneri, das nördliche Tessin, und das Sottoceneri, bestehend aus dem Luganese und dem Mendrisiotto.

SOPRACENERI

Zum Sopraceneri zählen vier Fünftel der Kantonsfläche. Es umfaßt die zentralalpine Gebirgsgruppe der Gotthard-Region, die Tessiner Alpen und die Region um den Lago Maggiore. Die Nordgrenze des Tessins verläuft entlang des Alpenhauptkammes. Hier liegen auch die ›Eintrittstore‹ zum Kanton, die Paßübergänge Nufenen (2478 m), St. Gotthard

(2108 m) und Lukmanier (1916 m). Das Val Bedretto, das Tal des jungen Ticino-Flusses, trennt das Gotthard-Massiv von den südlicher gelegenen Tessiner Alpen, die auch Lepontische Alpen genannt werden. Schroffe Bergketten und tief eingeschnittene Täler charakterisieren dieses Gebirge, dessen höchste Erhebung, der Basodino (3273 m), als einziger einen größeren Gletscher trägt. Eiszeitgletscher haben die Täler der Tessiner Alpen U-förmig ausgeschliffen, und die Berghänge fallen zumeist unnahbar und steil in den Talgrund. Ein extremes und im gesamten Alpenraum einzigartiges Beispiel dafür ist das Val Bavona. Sanftere Landschaftsformen finden wir nur in den wenigen weiten Talgründen (z. B. im Val Riviera) und auf den teilweise großräumigen Hochflächen (z. B. auf der Alpe Piora, oberhalb des Valle Leventina). Der Ticino bildete zwischen der Kantonshauptstadt Bellinzona und dem Lago Maggiore die weitläufige Magadino-Ebene, die heute wegen der fruchtbaren Böden das wichtigste landwirtschaftliche Anbaugebiet des Sopraceneri ist.

SOTTOCENERI

Die Landschaft des Sottoceneri, das sich südlich der Paßschwelle des Monte Ceneri erstreckt, befindet sich schon im direkten Einzugsbereich der Lombardischen Tiefebene, und die mediterrane Vegetation schickt ihre Boten weit in das Hügelland des Mendrisiotto hinauf. Nur noch einige Gipfel an der Nordgrenze des Sottoceneri erreichen eine Höhe von ca. 2000 m, nach Süden hin werden die Erhebungen allmählich immer niedriger. Noch augenscheinlicher als im Norden haben hier die Kräfte der eiszeitlichen Gletscher das heutige Landschaftsbild mitgestaltet.

Der Luganer See liegt ebenso wie der Lago Maggiore in einer von Gletschern ausgehobelten Wanne. Der Melide-Damm zwischen Bissone und Melide kennzeichnet heute noch den Verlauf eines Endmoränenwalls. Nur die Spitzen der höheren Berge, wie des Monte San Salvatore (912 m), des Monte San Giorgio (1096 m) und des Monte Generoso (1701 m), schauten in der Eiszeit aus der mächtigen Gletscherdecke heraus. Sie stellten Refugien für die damals existierenden Tier- und Pflanzenarten dar, weshalb diese Berge auch heute noch eine interessante und artenreiche Flora und Fauna aufweisen.

Die Täler des südlichen Sottoceneri sind weit und offen, von sanften Hügeln und Anhöhen umgeben. Den südlichsten Teil des Kantons bildet die Grundmoränenlandschaft des Mendrisiotto, die sich zur Lombardischen Tiefebene öffnet. Das reizvolle Hügelland war früher von Kastanienbäumen und Eichen bewachsen. Heute gibt es Weinberge, Gemüse- und Tabakfelder, aber leider auch viel Industrie und Verkehr.

Pflanzen und Tiere

Eine Flora zwischen Bergblumen und Palmen

In kaum einer Region Europas treffen wir in unmittelbarer Folge auf so eine Vielzahl unterschiedlicher Vegetationszonen wie im Tessin. Bedingt durch die Öffnung nach Süden zur Po-Ebene können submediterrane Elemente bis weit in die Gebirgslagen vordringen. Kaum 100 km weiter trifft man auf die alpinen Regionen, Felswüsten und Gletschergebiete der Tessiner Hochalpen. Dieses Zusammentreffen verschiedener Landschaftsformen und klimatischer Bedingungen auf engstem Raum, das für den Südalpenrand typisch ist, veranlaßte die Wissenschaftler, den Begriff ›insubrisch‹ für die Region zu prägen. Der Name geht auf die Insubrer, einen keltischen Volksstamm, zurück, der an den oberitalienischen Seen angesiedelt war.

Auffällig sind vor allem eine große Anzahl an Bäumen und Sträuchern, die aber größtenteils erst vom Menschen in die Region gebracht wurden. Der größte Anteil der insgesamt 1900 vorkommenden Blütenpflanzen ist in den Bergregionen zu finden, 15 Prozent der Tessiner Flora entfallen auf Arten, die aus dem Mittelmeergebiet stammen. Bedingt durch die Höhenstufen läßt sich die Tessiner Vegetation in drei Einheiten unterteilen: Die erste, die kontinental geprägte inneralpine Vegetation ist wiederum unterschieden in die wärmeliebende, von der Föhre geprägte Vegetation (z. B. im Val Leventina) und eine gemäßigten Klimas, die von Edellaubwäldern beherrscht wird. Die zweite Einheit, die Insubrisch-Piemonteser Vegetation der Silikatstandorte, kommt im mittleren Tessin und im nördlichen Sottoceneri bis zur Linie Valcolla – Lugano – Ponte Tresa vor. Typisch hierfür ist die Kastanie. Die dritte, die Vegetation der südlichen Voralpen auf Kalkstandorten, ist durch Flaumeichen- und Hopfenbuchenwälder im Sottoceneri, durch Legföhren oder Bergkiefern im oberen Tessin gekennzeichnet.

FLAUMEICHENGÜRTEL

Der Flaumeichengürtel ist eigentlich dem Mittelmeerraum zugehörig und kommt im Tessin in den Hügellagen des südlichen Sottoceneri vor. Er bevölkert lediglich die wärmsten und trockensten Standorte auf Kalk- und Dolomituntergrund, so am Luganer See oder im vorderen Val Onsernone, wo Höhen um 1000 m erreicht werden. Hopfenbuche, Feldulme, Zürgelbaum und Mannaesche bilden die Wälder; charakteristisch sind an sonnigen und trockenen Stellen auch

LAUBMISCH-WALDGÜRTEL

bunt blühende Stauden- und Blumenarten wie Lorbeer-Seidelbast, Rotes Waldvöglein und Feuerlilie.

Der Laubmischwald-Gürtel ist großflächiger verbreitet als der Flaumeichengürtel und bevölkert die kalkhaltigen Berghänge des Sottoceneri von den Tallagen bis etwa 800 – 900 m. Das Klima verschafft ihm die nötige Wärme und Feuchte im Sommer und wenige Frosttage im Winter. Er wird durch Edellaubhölzer gebildet, vor allem Winterlinde, Bergulme, Nußbaum und manchmal auch Robinie, falsche Akazie und Stechpalme. Im Sopraceneri kommt der anspruchsvolle Laubmischwald nur an den weniger sonnigen Hängen vor,

Hopfenbuche

während er die sonnigen Lagen dem Flaumeichenwald überläßt. Schon um 500 m tritt er in Konkurrenz mit der Buche, vor allem wenn es sich um feuchte und schattige Nordlagen handelt. Am häufigsten ist der Hopfenbuchen-Hainbuchenwald. Die lichtdurchfluteten Wälder erlauben eine reiche Strauch- und Krautschicht. Wegen der nahen Lage zu den Siedlungen wurde dieser Wald schon früh zur Holzgewinnung wirtschaftlich genutzt oder durch Kulturland ersetzt. Besonders schöne Bestände findet man noch an den Hängen des Monte Generoso, des Monte San Salvatore und am Monte San Giorgio.

ATLANTISCHER EICHEN-BIRKEN-GÜRTEL

Der Atlantische Eichen-Birken-Gürtel wächst ausschließlich auf Urgestein im Sopraceneri in den gleichen Höhen, die auch dem Laubmischwald entsprechen. Dieser Gürtel wurde am stärksten durch die Anpflanzung der Edelkastanie verdrängt, daher ist er nur noch selten natürlich anzutreffen. An den Hängen des Monte Tamaro kann man noch geschlossene Bestände beobachten.

EDELKASTANIENWALD

Der Edelkastanienwald wurde als typisches ›insubrisches Element‹ angesehen, ist aber um die Römerzeit im Tessin eingeschleppt worden und entspricht keinem natürlich verbreiteten Waldgürtel. Er besticht vor allem durch die mächtigen und hochwüchsigen Kastanienbäume, die im Herbst ein rotbraunes Blättermeer am Waldboden hinterlassen. Jedoch ist der Wald artenarm. Die häufigsten Baumarten neben der

Kastanienbäume am Monte Bré

Kastanie sind Birken, Stieleichen und, auf besseren Standorten, Traubeneichen, Eschen und Bergulmen. In den höheren Lagen kommt die Buche hinzu. Eine Besonderheit ist die Salbeiblättrige Zistrose in der Rundhöckerlandschaft am nördlichen Abhang zum Pedemonte, die dort mit dem Besenginster ausgedehnte Gebüsche bildet. Der Kastanienwald wurde seit dem Mittelalter intensiv bewirtschaftet, einmal um die mehligen Früchte als Nahrungsmittel zu ernten, andererseits um im Niederwaldbetrieb Holz zu gewinnen und die Schößlinge als Winterfutter für Ziegen und Rinder zu verwenden.

BUCHEN-WEISSTANNEN-GÜRTEL

Den Buchen-Weißtannen-Gürtel findet man in Höhen um 1000 m. Die Buche bevorzugt nährstoffreiche, die Tanne magere Böden. Die schönsten Buchenwälder trifft man im Sottoceneri bis in eine Höhe von 1600 m an. Außer einzelnen

Eiben ist es keinem Nadelbaum möglich, neben der Buche vorzukommen. An typischen insubrischen Arten sind im Unterwuchs Christrose, Akelei, Pfingstrose und Weißer Affodill zu finden. An trockenen Standorten übernimmt die Föhre den Hauptanteil an der Waldzusammensetzung, etwa im Gebiet der Denti della Vecchia. Im Unterwuchs sind dann zwergstrauchreiche Bergheiden ausgebildet. In Lagen oberhalb 1200 m kommt die Tanne gerne im Verband mit der Rostblättrigen Alpenrose und dem Woll-Riedgras vor. Sie wurde vielerorts abgeholzt und durch Fichten ersetzt. Die Wälder dieser Stufe wurden in den Hochlagen auf Hängen

Kartäusernelke

Bärtige Glockenblume

mit flacher Neigung schon früh zu Bergweiden umgestaltet. Entweder zeigen sich heute blumenreiche Bergwiesen oder aufgelassene verbuschte Weiden, die mit Besenginster und Adlerfarn dicht verwachsen sind.

LÄRCHEN-ZIRBEN-GÜRTEL

Der Lärchen-Zirben-Gürtel folgt dem Weißtannenwald oberhalb 1650 m und bildet die Wald- und Baumgrenze. Die Zirbe ist jedoch im Tessin selten, nur am Lukmanier-Paß, im Val Bedretto und im Val Piora finden wir sie häufiger und zum Teil in geschlossenen Beständen. Zwergstrauchheiden und Gebirgsblumen beherrschen den Unterwuchs. In manchen Tälern, so im Val Blenio, sind heureiche Lärchenwiesen als erhaltenes Kulturgut früherer Bewirtschaftungsformen ausgebildet. Schließlich erreicht die Lärche heute bei 1900 m die Waldgrenze, die durch Alpwirtschaft von 2300 m herabgedrückt wurde.

ZWERGSTRAUCH-GÜRTEL

Zwischen der Waldgrenze und den Hochgebirgslagen breitet sich vor allem in den Bergen des nördlichen Tessins der aus Alpenrosen und Zwergwacholder bestehende Zwergstrauchgürtel aus, der von zahlreichen Bergblumen durchsetzt ist. Dies entspricht weitgehend den Verhältnissen der Zentral- und Ostalpen. Durch Weidewirtschaft wurde der unerwünschte Zwergstrauchgürtel vielerorts zerstört. In noch höheren Lagen kommen die Gebirgsrasen und Blumen der Felsspalten und Windkanten vor.

DIE SEEN

Die Talstandorte und die Ufer der Seen wurden fast zur Gänze durch menschliche Nutzungen verändert und zu Siedlungsraum, landwirtschaftlichen Intensivflächen, Industriegebieten oder Verkehrswegen umgebaut. Wald fehlt in den Tallagen fast vollends, nur an wenigen Stellen konnte sich entlang der Flüsse und Flußmündungen Auwald erhalten, so im unteren Blenio-Tal und vor allem in der Sumpflandschaft von Magadino. Die milden Lagen an den Ufern der großen, nach Süden offenen Seen stellen eigentlich die typischen Zentren der insubrischen Flora dar, die jedoch weitgehend durch die vom Menschen eingeführten Arten aus dem Mittelmeerraum verdrängt wurden. Die auffälligste und botanisch interessanteste Wasserpflanze ist die Wassernuß.

VEGETATION DER GÄRTEN

Vor allem an den Ufern und den sonnigen Hängen des nördlichen Lago Maggiore und in der Bucht um Locarno konnten wegen des milden Klimas zahlreiche exotische Pflanzen in die Gartenanlagen der Villen, Parks und Promenaden eingebracht werden. Zedern, Zypressen, Eukalyptusbäume, Araukarien und Palmen sind nicht selten anzutreffen. Da im Winter kaum Frosttage herrschen, konnten manche wärmeliebenden tropischen Arten hier eine neue Heimat finden. Agaven, Opuntien, Feigenbäume und sogar eine Bananenart, die auch Früchte trägt, wurden gepflanzt. Überwältigend ist die Blütenpracht vor allem im Frühling, die günstigste Zeit sind die Tage zwischen Ostern und Pfingsten. In den Anlagen von Ascona und Locarno und im Stadtpark von Lugano blühen Kamelien in allen Farben, violette Azaleen, rosafarbene Rhododendren und weißsternige Magnolien. Alte Mauern von Höfen sind mit den violetten Bougainvilleen überzogen. Die Gärten sind erfüllt mit den Blüten der violetten Glyzinien, Rosenbüschen, Jasmin, Lilien, Hibiskus und Hortensien. Oleandergebüsche begrenzen selbst die Fahrbahnen der Autostraßen.

EINFLUSS DES MENSCHEN

Die uralte Kulturlandschaft des Tessins erfuhr zwar schon in prähistorischer Zeit eine Landschaftsveränderung. Die größten Beeinflussungen fanden aber auch hier in den letzten 500 Jahren statt. So ist heute nur noch ein Drittel der möglichen Fläche bewaldet, die Täler sind zumeist waldlos, die Anhöhen durch Weidebetrieb schon früh gerodet worden. So sank auch die Waldgrenze um gut 300 m tiefer. Vor allem in den Umgebungen der Seen wurde die ursprüngliche Vegetation schon lange vor dem 20. Jahrhundert verändert.

Die klimatisch günstige Lage und das submediterran angehauchte Klima ermöglichten, daß sich tropische und subtropische Arten in Gärten und Parkanlagen ansiedeln konnten. Manche, wie die Weymouths-Kiefer, konnten sich im Tessin vermehren und außerhalb der Anlagen ausbreiten.

Die ersten Beeinflussungen begannen bereits vor fast 5000 Jahren. Um Christi Geburt, als die Römer die Kastanie in die Tessiner Täler brachten, geschah eine folgenschwere Veränderung: Sie verdrängte die Buche in den Tallagen bis in eine Höhe von 800 – 900 m. In den Hügeln des Süd-Tessins und des Mendrisiotto waren vor allem die landwirtschaftlichen Interessen für die Landschaftsveränderung verantwortlich: Weinberge, Felder, Obstkulturen und Weiden wurden angelegt. Man siedelte zahlreiche Wirtschaftspflanzen an, so den Nußbaum, den Wein, die Tabakpflanze, Getreidearten wie Roggen, Mais und Hafer, den Lein und die Obstbäume. Auch die Wälder erfuhren unter der forstlichen Nutzung eine Veränderung: Man pflanzte Schwarzföhren, Pappeln, Robinien, Roteichen und Thujen, die sich mit den natürlich vorkommenden Baumarten vermischten. Die Verbauung der Seeufer führte zum Verlust der natürlichen Ufervegetation und der Schilfgürtel. Auch die Sümpfe und Moore außerhalb der Seen fielen der Nutzung durch den Menschen zum Opfer. Starke Veränderungen im Landschaftsbild blieben dem engen Tal des Leventina durch den Bau der St.-Gotthard-Eisenbahn und in neuerer Zeit durch die Errichtung der brückenreichen Autobahn nicht erspart. Um Teile der natürlichen oder naturnahen Landschaften zu erhalten, schuf man Schutzgebiete, die in einem Verzeichnis (Bundesinventar der Landschaften und Naturdenkmäler von nationaler Bedeutung, kurz BLN) verbindlich eingetragen sind.

Im Valle Maggia

Südalpine Tierwelt – Die Fauna des Tessins

Für Wanderer und Naturfreunde aus dem Norden gibt es im Tessin einige wärmeliebende Tierarten zu entdecken, die sie in ihrer Heimat nicht beobachten können, vor allem Reptilien, aber auch Vögel und Insekten.

SÄUGETIERE

Über 60 Arten an Säugetieren konnten die Biologen im Tessin nachweisen. Die großen Raubtiere Braunbär und Wolf sind schon in den letzten Jahrhunderten rigoros verfolgt und ausgerottet worden. Dasselbe Schicksal erlitten Biber, Fischotter und Luchs. Auch der ›König der Alpentiere‹, der Steinbock, verschwand schon Ende des 16. Jahrhunderts aus den Tessiner Felsregionen. Im Jahre 1953 versuchte man, einige Exemplare in der Gegend um den Pizzo Campo Tencia anzusiedeln. Weitere Ausbürgerungsprojekte folgten im Val Bavona, Val Onsernone und Valle Verzasca. Die Steinböcke sind mittlerweile zu stattlichen Populationen herangewachsen, und mit etwas Glück kann man diesen gewandten Kletterern auf Bergwanderungen im Nord-Tessin begegnen. Das eigentliche Charaktertier der Hochgebirgsregionen ist das Murmeltier, das dort sehr zahlreich vorkommt.

Weder der Rothirsch noch das Reh zählen zur ursprünglichen Fauna des Tessins. Das Reh wurde erst in den dreißiger Jahren unseres Jahrhunderts im Val Bedretto ausgesetzt und ist heute in den Wäldern des Gotthard-Massivs und des nördlichen Valle Leventina verbreitet. Der Hirsch ist von Osten aus eingewandert und hat zwischen 1935 und 1940 die Regionen Bellinzona und Leventina erreicht, wo sein Bestand mittlerweile auf etwa 2000 Tiere geschätzt wird. Eine weitere ›Neuheit‹ der Tessiner Fauna ist das Wildschwein, das vor ca. 20 Jahren aus der italienischen Region Varese ins Mendrisiotto eingewandert ist. Das Tessin ist reich an Fledermäusen, die man bei ihren abendlichen Jagdflügen über dem Wasser der Seen gut beobachten kann. Von den 27 in der Schweiz lebenden Fledermausarten, sind nicht weniger als 20 im Tessin nachgewiesen. Einige Arten dieser bedrohten Tiergruppe sind hier noch recht häufig. Hervorzuheben ist das Vorkommen der Bulldogfledermaus, einer in den Mittelmeerländern und in Nordafrika beheimateten Tierart. Für die wärmeliebenden Bilche oder Schlafmäuse ist das Tessin ein idealer Lebensraum. In den versteckreichen Kastanien- und Eichenwäldern sowie in den Weingärten finden sie Baumhöhlen und Früchte und können ihren Speisezettel durch das vielfältige Insektenangebot anreichern. Bei einem nächtlichen Spaziergang können Siebenschläfer, Gartenschläfer und Haselmäuse im Lichtkegel einer Taschenlampe auftauchen.

VÖGEL

Die artenreichste und auffälligste Gruppe der Wirbeltiere sind die Vögel. 295 Arten, das entspricht Vertretern von etwa 40 Prozent der europäischen Vogelwelt, sind im Tessin beobachtet worden und etwa 130 Arten brüten hier regelmäßig. Am häufigsten begegnen uns in den Tessiner Städten Haustauben und Spatzen, wobei man sowohl den grauköpfigen Haussperling, als auch seine rotköpfige Unterart, den Italiensperling, entdecken kann. In den Gewässern des Lago Maggiore und des Luganer Sees schwimmen Stockenten, Bläßrallen, Höckerschwäne und Haubentaucher. Neben diesen häufigen Arten, die jeder leicht beobachten kann, stehen leider einige Arten knapp vor dem Aussterben. Dazu zählen die Zwerg-Rohrdommel, der Flußregenpfeifer, das Schwarzkehlchen und der Wanderfalke, von dem es zur Zeit nur zwei Brutpaare im Tessin gibt. Bei Monteggio im Malcantone gibt es die letzte Kolonie von Uferschwalben.

Graureiher

Aus der noch immer vorhandenen Artenfülle der Vogelwelt sollen einige Besonderheiten hervorgehoben werden: Die Blaumerle ist ein kräftiger, drosselgroßer Vogel. Die Männchen sind durch ihr schlehenblaues Gefieder unverkennbar. Blaumerlen bewohnen sonnige Schluchten, Felswände und Ruinen in Südeuropa und Nordafrika. Im Tessin dringen sie weit nach Norden vor. Sie wurden am Monte San Salvatore, im Valle Maggia und im Ticino-Tal beobachtet, wo es sie fast bis Faido hinauf gibt. Der Halsbandschnäpper ist eine hübsche, auffallend schwarz-weiß gefärbte Vogelart, die von einem Zweig aus kurze Jagdflüge auf Insekten unternimmt. Sie ist in Osteuropa und in Süditalien weit verbreitet. Ihr isoliertes Vorkommen in den Kastanienwäldern des Malcantone und des Val Onsernone ist für Vogelfreunde interessant. Eine weitere Besonderheit finden wir in der Kirche Sant' Antonio Abate in der Altstadt von Locarno, denn dieses Gotteshaus birgt eine Kolonie Fahlsegler. Für den Laien sind diese rasanten Flugkünstler kaum von den häufigen Mauerseglern zu unterscheiden, die im Sommer mit ihrem Geschrei den Luftraum über dem Tessin beherrschen. Für die Fachwelt ist diese Kolonie aber sehr bedeutend, ist sie doch nicht nur die einzige der gesamten Schweiz, sondern der weltweit nördlichste Punkt der Verbreitung dieser mediterranen Seglerart.

REPTILIEN

Zweifellos stellen die Reptilien ein ›Highlight‹ der Tessiner Tierwelt dar. An den Trockenmauern und Felswänden sonnen sich die häufigen Mauereidechsen, denen man auf den Wanderungen durch das Tessin stets begegnen wird. Diese zierlichen, schlanken Tiere sind flinke Kletterer, die blitzschnell in Spalten und Hohlräumen Schutz vor Feinden suchen. Die Färbung der Oberseite kann sehr unterschiedlich sein, meist ist sie graubraun, manchmal mit einem Stich ins Grüne oder Rötliche. Größer und farbenprächtiger, dafür aber auch seltener zu beobachten, sind die Smaragdeidechsen. Sie können bis zu 40 cm lang werden und sind kräftig grün gefärbt. Zur Paarungszeit stellen die Männchen eine intensiv leuchtend-blaue Kehle zur Schau. Die Ruineneidechse ist eine wärmeliebende Art und bevorzugt locker bewachsenes und mit Büschen bestandenes Gelände. Das Mendrisiotto stellt die Nordgrenze ihres Lebensraumes dar.

Bei den Schlangen unterscheiden wir zwischen fünf ungiftigen Nattern- und drei giftigen Vipernarten. In den Auwäldern der Maggia, und an den Ufern der Seen sind die harmlosen Würfel- und Ringelnattern verbreitet. Die größte Schlange des Tessins ist sicherlich die Äskulapnatter, die bis zu 1,80 m lang werden kann und mit Hilfe spezieller Längskanten an den Bauchschildern ausgezeichnet durch das Geäst klettert. Die Kreuzotter bewohnt hauptsächlich die gebirgigen Lebensräume, während die Aspisviper in tieferen Lagen vorkommt. Von diesen beiden giftigen Vipernarten gibt es vollkommen schwarz gefärbte Varianten. Im Val Bavona wurde wahrscheinlich eine blau gefärbte Farbvariante der Aspisviper durch Sammler ausgerottet. Die Hornotter ist die dritte Vipernart des Tessins. Unverantwortlicherweise wurden Anfang der siebziger Jahre in der Leventina einige Exemplare freigelassen, die sich anscheinend erfolgreich vermehrt haben.

AMPHIBIEN Wie in Mitteleuropa leider üblich, sind auch im Tessin die Amphibien stark bedroht. Der nördlich des Alpenhauptkammes häufige Alpensalamander ist im Tessin seit Jahrzehnten nicht mehr gefunden worden, der farbenprächtige Feuersalamander ist dagegen in den Laubwäldern häufig, kann aber wegen seiner nächtlichen Lebensweise nur selten beobachtet werden. Der Autoverkehr fordert alljährlich einen hohen Blutzoll unter den Erdkröten, die zur Laichzeit von den Berghängen an das Ufer der Seen wandern. Auf diese Weise wurde die am Monte Generoso beheimatete Population, die bei Bissone die Straße queren mußte, so gut wie ausgerottet. Etwas besser erging es dem Krötenbestand am Monte San Giorgio, dessen Laichgewässer im Luganer See zwischen Riva San Vitale und Brusino liegen. In den

Laubfrosch

Feuersalamander

achtziger Jahren begann eine Rettungsaktion freiwilliger Naturschützer, die jedes Jahr zwischen März und Juni das gefährliche Straßenstück regelmäßig abgehen und Tausende Kröten über die Straße transportieren. Seit 1989 gibt es zusätzlich zwei ›Krötenunterführungen‹. Trotz dieses Einsatzes werden jährlich noch Hunderte dieser nützlichen Insektenvertilger überfahren. Die zoologisch interessanteste Amphibienart ist der Italienische Springfrosch. Da er nur in der Po-Ebene und in Istrien vorkommt und überall gefährdet ist, sind die wenigen Exemplare, die im südlichen Mendrisiotto leben, besonders schützenswert.

FISCHE Wegen der Bedeutung der Seen lohnt auch ein Blick unter den Wasserspiegel. Die Artenzusammensetzung der Fische hat sich in den letzten 150 Jahren stark verändert, hauptsächlich durch die Einführung wirtschaftlich bedeutender Arten. Von den 35 Fischarten ist fast ein Drittel aus anderen

Regionen oder Kontinenten importiert. Das Aussetzen fremder Fischarten begann Mitte des 19. Jahrhunderts, als man in Italien erfolgreich mit der Zucht nordamerikanischer Fischarten begann. So gibt es seit 1903 amerikanische Sonnenbarsche im Luganer See, die aus den Gewässern der Lombardei eingewandert sind. Die Renken wurden hingegen aktiv im Luganer See ausgesetzt: 1861 begann man mit Blaufelchen aus dem Bodensee, später folgten die Weißfelchen. Heute stellen die Renkenfische einen wichtigen Teil des Fischertrages dar. Unter den natürlich vorkommenden Fischarten ist die Arborella, eine mediterrane Art der Laube, ein wichtiger Ertragsfisch. Früher wanderten der Aal und die Finte im Frühjahr aus dem Mittelmeer über Po, Ticino und Lago Maggiore in ihre Laichgewässer im Mündungsbereich der Maggia und der Verzasca. Die Jungfische nahmen im September denselben Weg Richtung Meer. Heute gibt es diese wandernden Fischformen nicht mehr. Eine stationäre Form der Finte lebt allerdings noch im Luganer See. In den Bergbächen des Tessins findet man Bachforellen, Elritzen, Koppen und die überall ausgesetzten Regenbogenforellen.

Unüberschaubar ist die Artenzahl der Wirbellosen: Es sind allein fast 3000 Käferarten bekannt und immerhin 88 Ameisenarten. Bemerkenswerte wirbellose Tiere im Tessin sind die Gottesanbeterin, der Nashornkäfer, der Hirschkäfer und der Italienische und der Deutsche Skorpion.

Schachbrettfalter

Mineraliensammeln im Tessin
Ein traditionsreiches Hobby

von Reinhard Dallinger

Das Tessin ist einer der mineralogisch interessantesten und reichhaltigsten Kantone der Schweiz. Neben den allseits bekannten und in ihrer Popularität unübertroffenen Bergkristallen findet sich unter den Gesteinen des Tessins eine lange Reihe weiterer Raritäten, die bezüglich Form und Ausbildung weltweit als einmalig gelten. Es ist daher kaum verwunderlich, daß die Beschäftigung mit den Mineralien im Tessin eine lange Tradition hat.

Schon in der Steinzeit fertigten die Menschen kunstvolle Gegenstände und Werkzeuge aus Tessiner Bergkristall an. Im 17. Jahrhundert verkauften die Tessiner ihre kostbaren Kristallfunde an den Hof nach Mailand, manche verdienten sich so den Lebensunterhalt. Noch heute gibt es in der Schweiz den Beruf des »Strahlers«, der auf der Suche nach Bergkristallen und anderen mineralogischen Kostbarkeiten die Schweizer Berge durchstreift. 150 verschiedene Mineralienarten sind im Tessin bekannt; einige davon kann man auf den Wanderungen mit Sicherheit finden.

Heute ist das Sammeln von Mineralien eine Freizeitbeschäftigung geworden, die Jahr für Jahr Hunderte von Naturliebhabern und Sammlern in die Tessiner Berge lockt. Diesem ›Sammeltrieb‹ ist es auch zu verdanken, daß wir heute ein vollständiges wissenschaftliches Bild über das Mineralienvorkommen im Tessin besitzen. Das Museo cantonale di storia naturale (Naturgeschichtliche Museum) in Lugano hat sich darum verdient gemacht und würdigt die kostbaren Funde in seinen Sammlungen. Bei einem Besuch des Museums wird man darauf aufmerksam gemacht, daß das Suchen von Mineralien nur unter bestimmten Auflagen erfolgen darf. So ist das Sammeln nur in ausgewiesenen Gebieten erlaubt, wobei stets auf Boden und Landschaft größtmögliche Rücksicht genommen werden muß. Die Bestimmungen können von Gemeinde zu Gemeinde verschieden sein. Auskünfte dazu kann man entweder bei den lokalen Gemeindebehörden oder im Governo Cantonale in Bellinzona einholen. Insbesondere die Mineralien der alpinen Gebiete können meist nur von erfahrenen Sammlern gefunden werden. Dem Naturliebhaber sei empfohlen, sofern sich ihm die Gelegenheit bietet, Mineralien bei den Tessiner Strahlern zu besichtigen und zu erwerben. Eine sehr schöne und repräsentative Sammlung zeigt das Museo cantonale in Lugano.

Vor allem zwei Fundregionen sind wegen ihrer gut ausgebildeten Mineralien weithin bekannt geworden: die Alpe Sroda am Pizzo Forno im oberen Valle Leventina und die Gegend um Campolungo, wo Dolomit, Phlogopit, Tremolit und sehr selten Turmalin in das Dolomitgestein eingewachsen sind. Blutrote Pyrop-Kristalle findet man auf der Alpe Arami oberhalb Gorduno bei Bellinzona. Braunrötliche Granat-Kristalle, schwarze säulenförmige Turmaline und Rutil-Kristalle lassen sich im Pegmatitgestein im Bachschutt des Val di Ponte nahe Brissago finden. In den Felsflanken des Monte Castello kann man vor allem schöne blaue Aquamarin-Kristalle sowie braunrote Granat- und schwarze Turmalin-Kristalle bergen. Zwischen Lodrino und Iragna im unteren Leventina wurden äußerst seltene Kristalle, wie beispielsweise der radioaktive Brannerit, gefunden.

Als wohl schönste und bekannteste Mineralienbildungen gelten die der alpinen Regionen. Insbesondere die oberen Talbereiche des Valle Maggia, Val Bavona, Val Lavizzara, Valle Leventina, Val Bedretto, Val Blenio und Val Calanca haben immer wieder wunderschöne Stücke hervorgebracht. Charakteristisch ist, daß sie oft in hohlen Klüften und Rissen ›wachsen‹ können, weshalb sie besonders schön und vollkommen sind. Bekannte Vertreter sind die dunkelbraunen Rauchquarze, die milchweißen Feldspat-Kristalle und die schwarzen Hämatit-Rosetten. Besonders mineralreich sind die Region rund um das Cavagnoli-Massiv im oberen Val Bavona und die alpinen Klüfte der Fibbia, einem Bergmassiv unmittelbar im Westen des St.-Gotthard-Passes.

Geschichtlicher Überblick

FRÜHZEIT

Wie neueste Funde beweisen, ist das Tessin bereits seit etwa 4000 v. Chr. besiedelt. Die frühesten Zeugnisse dauerhafter Besiedlung stammen aus den Regionen um Locarno und Arbedo (nördlich von Bellinzona) und gehen auf die Steinzeit zurück. Neben den Lepontern und Rätern, den ersten Völkern im Tessin, drangen auch Etrusker aus der Lombardischen Tiefebene nach Norden vor, später folgten keltische und gallische Stämme. Ortsnamen wie Blenio (Belennus = Gott der Heilquellen) und die volkstümliche Bezeichnung Verbano für den Lago Maggiore (Verbeia = Wassergott) erinnern noch an die keltische Besiedlung.

DIE RÖMER

Seit dem 3. Jahrhundert v. Chr. breiteten sich die Römer immer weiter nach Norden aus. 196 v. Chr. stießen sie unter Marcus Claudius Marcellus von Conum (Como) bis zu den Caninischen Feldern bei Bellinzona vor. Unter Kaiser Augustus bemächtigten sich die römischen Heere der nördlichen Täler, so daß um das Jahr Null das gesamte Gebiet des heutigen Tessins unter römischer Kontrolle stand, das von Mediolanum (Mailand) aus verwaltet wurde. Vor allem an den Ufern der Seen, etwa in der Umgebung des heutigen Locarno, florierten Handel und Handwerk, und es entstanden zahlreiche römische Landhäuser und Villen. Die ligurisch-keltische Urbevölkerung übernahm die lateinische Sprache und Kultur. Nach der Bekehrung Kaiser Konstantins im Jahre 312 verbreiteten die Bistümer Como und Mailand das Christentum im Tessin. Zwischen Bischof Ambrosius aus Mailand und Bischof Felix aus Como kam es bald zu Konflikten. Como si-

Die Gotthardstraße, Stahlstich um 1850

cherte sich die Gebiete des heutigen Mendrisiotto und Luganese, während die Bewohner der Talschaften Blenio, Leventina und Riviera den nach dem Mailänder Bischof benannten ambrosianischen Ritus übernahmen, den sie teilweise bis heute beibehalten haben.

LANGOBARDEN UND FRANKEN

Nach den Wirren der Völkerwanderung eroberten schließlich die Langobarden Como und Mailand (569) und gründeten das langobardische Königreich, das etwa 200 Jahre lang bestand. In der Landschaftsbezeichnung Lombardei lebt die Erinnerung an dieses Reich bis heute fort. Auch während der langobardischen Herrschaft blieben die römische Kultur und Sprache erhalten. Im Jahre 774 verleibte Karl der Große das langobardische Reich seinem fränkischen Imperium ein. Er nannte sich Rex Francorum et Langobardum (König der Franken und Langobarden).

AUFSTÄNDE GEGEN DEN ADEL

Im 10. Jahrhundert übernahmen wieder die Bistümer von Como und Mailand die Kontrolle über das Tessin. 962 zog Otto I. nach der Kaiserkrönung über den Lukmanier-Paß. Denselben Weg wählte 200 Jahre später Kaiser Friedrich I. Barbarossa für seinen fünften Italienfeldzug. In der Schlacht bei Legnano unterlag er den Mailändern (1176). Durch diese Niederlage Barbarossas verstärkte sich der Widerstand der bäuerlichen Bevölkerung gegen die kaisertreuen Vögte, der schließlich im Schwur von Torre gipfelte (1182). Die Bewohner des Val Blenio und Valle Leventina belagerten die Burg der Adelsfamilie La Torre und schworen sich gegenseitige Hilfe im Kampf gegen die Feudalherren. Ein Jahrhundert vor dem Rütli-Schwur (1291) nahm die Tessiner Bevölkerung mit ihren Forderungen nach Freiheit und Selbstverwaltung die Haltung der Eidgenossen vorweg.

Nach dem Ausbau der Schöllenen-Schlucht bei Andermatt etablierte sich die Gotthard-Route als idealer Verkehrsweg. Das brachte eine wirtschaftliche Blüte ins Land und intensivierte die internationalen Kontakte. Die strategische Bedeutung des Gotthard-Passes wurde zunehmend zum bestimmenden Punkt im Kräftespiel zwischen den Urnern im Norden und den Mailändern im Süden. 1330 überquerten die Urner erstmals den Gotthard und weiteten ihren Einfluß auf die Leventina aus. Im 13. und 14. Jahrhundert war das Tessin wiederholt Schauplatz von kämpferischen Auseinandersetzungen zwischen kaiser- und papsttreuen Adelsgeschlechtern. Die Mailänder Adelsfamilie der Visconti konnte sich entscheidend durchsetzen und erreichte Anfang des 15. Jahrhunderts den Höhepunkt ihrer Macht im Tessin. 1403 eroberten die Urner das Nord-Tessin, verloren aber knapp 20 Jahre später, nach der Schlacht von Arbedo, wieder die

Kontrolle über Bellinzona an die Visconti. Schon 1446 erhielten die Eidgenossen von den Mailänder Domherren die Leventina als Unterpacht und schlugen 1478 in der ›Schlacht der großen Steine‹ bei Giornico ein überlegenes Mailänder Heer. Damit war der Machtgewinn der Eidgenossen nicht mehr aufzuhalten, die in den nächsten zwei Jahrzehnten das gesamte Gebiet des Tessins unter ihre Kontrolle brachten. Ab 1512 wurden Lugano, das Mendrisiotto, Locarno und das Valle Maggia den Urkantonen der Schweizerischen Eidgenossenschaften als »Ennetbirgische (= jenseits des Gebirges gelegene) Vogteien« unterstellt.

Der russische Feldherr Suworow auf dem Gotthard-Paß (1799)

Bis 1798 wurde das Tessin von Landvögten verwaltet, die sich im zweijährigen Rhythmus ablösten. In dieser Zeit stagnierte die wirtschaftliche und kulturelle Entwicklung des Landes. Viele Handwerker und Künstler verließen das Tessin. Die französische Revolution führte auch in der Schweiz zu Aufständen. Nach dem Zusammenbruch der alten Eidgenossenschaft im Jahre 1798 wurden die Tessiner vor die Wahl zwischen der Zugehörigkeit zur Cisalpinischen Republik Napoleon Bonapartes in der Lombardei oder zur neugegründeten Helvetischen Republik gestellt. Mit der Parole »liberi e svizzeri« (frei und schweizerisch) entschieden sie sich für die Helvetische Republik, die allerdings nur bis 1803 bestand.

19. JAHRHUNDERT

Die Mediationsakte von 1803 wandelte die Schweiz in einen föderativen Staatenbund. Er bestand aus 19 gleichberechtigten Kantonen, zu denen nun auch das Tessin zählte. In den darauffolgenden Jahrzehnten kam es zu innenpolitischen Spannungen, die teilweise bürgerkriegsähnliche Zustände erreichten. Die Städte Locarno, Bellinzona und Lugano wetteiferten um die Vorherrschaft und wechselten einander alle sechs Jahre als Kantonshauptstadt ab, bis sich schließlich 1878 Bellinzona durchsetzte.

Zwischen 1810 und 1813 besetzten italienisch-französische Truppen das Tessin. Im Zuge der italienischen Freiheitsbewegung, des Risorgimento, kam es zwischen 1848 und 1853 zu politischen Spannungen zwischen dem Tessin und Österreich. Tausende Italiener flüchteten in den Kanton , darunter der italienische Freiheitskämpfer Giuseppe Mazzini.

Im Verlauf des 19. Jahrhunderts wurden vor allem die Verkehrsverbindungen ausgebaut: 1830 wurde die Poststraße zwischen dem St.-Gotthard-Paß und Bellinzona eröffnet, 1847 der Melide-Damm, der über den südlichen Luganer See führt, und 1882 nach zehnjähriger Bauzeit die Gotthard-Bahnlinie. Diese Entwicklung erreichte 100 Jahre später, als 1980 der 17 km lange St.-Gotthard-Straßentunnel dem Verkehr übergeben wurde, ihren Höhepunkt.

Mit den verbesserten Verkehrswegen setzte Anfang dieses Jahrhunderts die Industrialisierung des Landes ein. Sie bewirkte eine gravierende Umschichtung der bislang landwirtschaftlich dominierten Bevölkerungsstruktur und führte zu einer besorgniserregenden Landflucht aus vielen Bergtälern. Gleichzeitig entwickelte sich der Tourismus zu einem nicht unwesentlichen Wirtschaftsfaktor.

Bellinzona
Die unbekannte Hauptstadt

Dem Tessin fehlt ein großstädtisches Zentrum, das wirtschaftliche, politische und geistige Kräfte einer Region in sich vereinigen kann. Lange rivalisierten die drei größten Städte, das pulsierende Lugano, das mondäne Locarno und das strategisch günstig gelegene Bellinzona um die Vorherrschaft. Zwischen 1803 und 1878 wechselten sich die drei Städte turnusmäßig als Hauptstadt des neu entstandenen Kantons ab. Den politischen Wettstreit konnte Bellinzona schließlich für sich entscheiden und ist seit 1878 endgültig Sitz der Kantonsregierung. Ausschlaggebend war wohl die Lage der Stadt an den Zugängen zum Gotthard-, Lukmanier- und San-Bernardino-Paß. Drei Hügel verriegeln bei Bellinzona das Tal des Ticino. Eine Wehranlage kann hier leicht das Tal versperren, und man kann so die Verkehrsverbindungen kontrollieren. Die strategische Bedeutung dieser Talstelle erkannten schon die Römer, die hier als erste ein Kastell errichteten. Im Laufe der Geschichte entstanden die drei Wehrburgen von Bellinzona, die heute noch das Stadtbild dominieren. Vor allem die Mailänder Adelsgeschlechter der Visconti und Sforza versuchten im 13. Jahrhundert, die Stadt zu einer uneinnehmbaren Festung auszubauen. Zu Recht heißt es von dieser strategisch wichtigen Stadt in einem alten Tessiner Sprichwort, wer Bellinzona besitze, dem gehöre das gesamte Tessin.

Obwohl die Stadt an der Hauptader des Verkehrs liegt, fließt heute der Strom der Touristen auf der Autobahn an Bellinzona vorbei. Tatsächlich kann sich diese 17 000 Einwohner zählende Kleinstadt nicht mit ihren Konkurrenten messen, was die Schönheit der Lage betrifft, doch dafür entfaltet sie einen eigenen Charme, der sich nicht nach den Bedürfnissen der Touristen richten muß. Die unbekannte Hauptstadt des Tessins ist mehr als nur kantonales Schul- und Verwaltungszentrum, sie ist möglicherweise die am meisten lombardisch geprägte Stadt des Kantons und schon deshalb einen Besuch wert.

Die zwischen den Burghügeln eingebettete Altstadt strahlt italienische Betriebsamkeit aus, unterstützt von dem regen Autoverkehr, der sich durch die engen Straßen zwängt. Wer mit der Bahn anreist, spaziert der Viale Stazione entlang Richtung Piazza Collegiata und kommt zunächst an dem postmodernen, chromglänzenden Postgebäude des Architekten Aurelio Galfetti vorbei. Am Platz fallen die kunstvoll mit Balkongittern und Stukkatur verzierten Rokokofassaden der Patrizierhäuser auf. Die Kollegiatskirche Santi Pietro e Stefano zählt zu den bedeutendsten Sakralbauten der Renaissance im Tessin. Die ursprünglich spätgotische Kirche wurde im 16. Jahrhundert nach den Plänen von Tommasi o Rodari völlig neu gestaltet, der als Bildhauer und Architekt am Dom zu Como tätig war. Neben der Kirche steht das prächtige Pfarrhaus, dessen Stukkaturfassade mit Büsten der italienischen Geistesgrößen Dante, Petrarca, Galilei, Volta u. a. versehen ist. An der Via Nosetta entdecken wir das Rote Haus (Cà Rossa) mit seiner beeindruckenden Terrakottafassade. Die Piazza Nosetto gefällt vor allem durch die Arkadenreihe an ihrer Nordseite. Das Rathaus (Palazzo Civico) ist ein dem lombardisch-gotischen Stil nachempfundener Neubau aus dem Jahre 1924. Die eigentlichen Sehenswürdigkeiten Bellinzonas sind aber die drei Burganlagen:

Bellinzona, Castello Grande

Castello Grande ist die älteste der Burgen und liegt auf einem Felsrücken direkt über der Altstadt. Schon im 6. Jahrhundert erwähnt, erhielt das Castello Grande sein heutiges Aussehen ab dem 12. und 13. Jahrhundert. Zwischen 1460 und 1480 ließen die Sforza die Burg gegen die vordringenden Urner ausbauen. Wir erreichen den zur Burg hinaufführenden, aussichtsreichen Rampenweg durch ein steiles Gäßchen von der Piazza Nosetto aus. Wer nicht zu Fuß gehen möchte, kann die neue Liftanlage an der Piazza del Sole benützen. Die weitläufige Burganlage ist von zinnenbewehrten Mauern umgeben und wird von den beiden 28 bzw. 27 m hohen Türmen, dem *Torre bianca* und dem *Torre nero*, überragt. Viel Mut bewiesen die Stadtväter von Bellinzona, als sie das Castello Grande vom Architekten Aurelio Galfetti sanieren ließen. Wir erleben hier eine spannungsreiche und gelungene Gegenüberstellung von mittelalterlicher Baukunst und modernen architektonischen Elementen. Dieser Kontrast wird durch die modernen Plastiken verstärkt, die auf den Wiesenflächen innerhalb der Burganlage aufgestellt wurden. Überraschende Ausblicke auf die Dächer der Stadt und das Ticino-Tal erleben wir bei einem Spaziergang auf der **Murata**, der mittelalterlichen Festungsmauer, die sich vom Burghügel über Weinberge hinweg Richtung Fluß herabzieht und einst das Tal versperrte. Über eine neue Fußgängerbrücke queren wir eine verkehrsreiche Straße und setzen unseren Spaziergang auf der Mauer fort.

Das Castello di Montebello thront östlich der Altstadt auf dem etwa 90 m hohen Montebello-Hügel. Die Anlage mit den Wehrtürmen, den mit Schwalbenschwanzzinnen versehenen Burgmauern und der Zugbrücke wirkt auch heute noch beeindruckend und ist eine Meisterleistung festungstechnischer Baukunst der Renaissancezeit. Im Hauptgebäude befindet sich seit 1974 das modern konzipierte Museo Civico, das u.a. eine vortreffliche Sammlung archäologischer Funde beherbergt.

Das hoch über der Stadt gelegene **Castello di Sasso Corbaro** entstand nach der Niederlage der Mailänder gegen die Eidgenossen bei Giornico im Jahre 1478. Die Sforza wollten durch den Bau dieser Wehranlage das Vordringen der Urner stoppen und ließen innerhalb eines Jahres diese Burg errichten. Doch auch dieses Kastell konnte die Eroberung des Tessins durch die Schweizer 34 Jahre später nicht aufhalten. Im Inneren der in einem Kastanienwald gelegenen Burg befindet sich das Museum für Tessiner Volkskunde und Kunst (Museo delle arti e delle traditioni popolari ticinesi).

Die Tessiner Küche

Die Tessiner Küche, die in den eigentümlichen Grotti und auch den übrigen Tessiner Restaurants serviert wird, ist eher deftig. Pferdefleisch (besonders von Fohlen), Hase, Kaninchen, Kuttelsuppe oder Rinderschmorbraten, Hühnerragout, geschmortes Zicklein oder Bohneneintopf stehen ebenso auf der Speisekarte wie Gnocchi mit Gorgonzola oder andere Nudelspezialitäten.

Klassisch ist der Tessiner Teller (*Piatto ticinese*), die Vorspeise par excellence. Vor allem, wenn sich zur Vielfalt aus Wurst, Fleisch und Schinken die würzigen Käse aus Ziegenmilch, die *Formaggini* gesellen. Diese werden heute noch in den Grotti serviert: Die kleinen weißlichen Handkäselaibe reifen in einer Salzlake und werden danach in Olivenöl eingelegt. Mit Land- oder Holzofenbrot und einem Glas Merlot genießt man eine herrliche und zugleich sehr typische Speise des Tessins. Die *Minestra ticinese* gilt als die Königin der Tessiner Suppen. Die Wahl des Gemüses richtet sich nach der Jahreszeit. Heute wird die Suppe ohne Reis oder Teigwaren gekocht. Hingegen werden nicht selten Kutteln oder Würste aus Innereien sowie Kartoffeln zu der köstlichen Suppe verarbeitet. Neben allerlei Fisch und Geflügel wird das *coniglio*, das Kaninchen, in der Tessiner Kochkunst sehr geschätzt. Doch Gemüse besitzt einen ebenso großen Stel-

Der Grotto

Eine Tessiner Besonderheit

Selten sind sie geworden, die echten Tessiner Grotti, die aus einer Zeit stammen, als das Tessin noch ein armer Kanton war, in dem die Bevölkerung ein kärgliches Leben fristete. Sie wurden meist an den Hängen und Rändern der Täler angelegt. Ursprünglich waren sie Steinkeller wohlhabender Familien, die sich zum Aufbewahren des Weines kellerartige Gewölbe anlegten, meist mit einer Seite in den Hang eingegraben oder unter großen Granitblöcken angelegt. In der Kühle der Felsenhöhlen reiften auch die *Formaggini*, die rundlichen Weißkäse. Am Sonntag lud man Freunde zur Weinverkostung, zum Kartenspiel oder zum geselligen Beisammensein. Ein weiteres Kennzeichen des Grotto war und ist der schattige Gastgarten mit hohen Kastanien oder duftenden Linden, unter denen der gut gelagerte Wein auf Steintischen den Besuchern gereicht wurde. Seine wahre

lenwert wie das Fleisch. Tomaten, Zucchini, Fenchel und Auberginen gestalten einen bunten Speisezettel, ob als Beilagen oder als Hauptspeisen, ob gratiniert, überbacken oder gefüllt. Das ganze Jahr spielen Kartoffeln und weiße Bohnen eine Rolle. Die Gemüseküche ist gleichzeitig eine Kräuterküche, jedes Gericht kennt sein spezielles Kräutlein: Petersilie, Basilikum, Thymian und Knoblauch. Dazu kommen Gewürze wie Wacholderbeeren, Lorbeer, Koriander und Safran. Eine andere ärmliche, aber umso bekanntere Speise ist die *Polenta*, ein dicker goldgelber Brei aus Maismehl. In der Grotto di Gentilino wird heute noch die *polenta nera* aus dunklem Grieß gekocht. Traditionell wird sie am Allerseelentag zu einem köstlichen Schmorbraten serviert.

Bekannt ist das Tessin auch für seine Weine. Im ganzen Kantonsgebiet gibt es, verteilt über die beiden Regionen des Sopraceneri und Sottoceneri, insgesamt 180 Weinbaugebiete mit einer Jahresproduktion von 3,5 Millionen Liter Wein. Vor allem der *Merlot di Ticino*, ein rubinroter kräftiger Rotwein gehört zu den harmonischsten und elegantesten Weinen der gesamten Schweiz. Er sollte mindestens ein Jahr in der Flasche reifen. In den Grotti gerne angeboten wird der *Nostrano*, ein zur deftigen Landküche passender Wein, der aus Merlot, Sauvignon, Pinot noir und anderen Rebsorten gekeltert wird. Vielfach wird auch heute der Walnußschnaps, *Ratafià*, aus noch grünen Walnüssen erzeugt.

Bedeutung lag aber darin, Treffpunkt und Austauschstelle für Neuigkeiten zu sein, ein Forum für politische, philosophische und sportliche Unterhaltungen. Hier wurde geschimpft, gelobt, polemisiert, diskutiert, bis alles bei einem Boccia-Spiel friedlich ausklang. Denn zu jedem Grotto gehörte die eigene Boccia-Bahn.
Heute findet man Grotti vor allem im Val Blenio (Grotto al Spruch), im Maggia-Tal, im Malcantone und in der unteren Leventina. Die Grotti rücken immer näher an die Durchgangsstraßen heran und verlieren dadurch ihre Atmosphäre. Eine Weisheit lautet: Sobald ein Grotto als lokale Attraktion in den Prospekten erwähnt wird, hat er seinen Mythos verloren. Gerade die Ruhe und Abgeschiedenheit der Grotti, die sich an die Hänge der Bergwälder schmiegen oder sich unter Granitblöcken verstecken, prägten ihren Charakter. Die unverwüstliche Uneleganz des Tessiner Granits war ihnen ebenso zu eigen wie die Einfachheit der ausgeschenkten Speisen und Getränke.

Grotto in Carona

Im *boccalino*, dem einfachen handbemalten Keramikkrug, wurde der Merlot-Wein serviert, der früher aus der *tazza*, einer Steinschale, getrunken wurde. Der *boccalino* war ursprünglich ein Halblitermaß. Jeder Grotto hatte seinen eigenen Nostrano, den typischen Grotto-›Hauswein‹, dazu aß man dunkles Brot, Salami, Rohschinken und Ziegenkäse. Grotti waren Lokale mit Hausmannskost, echte Familienbetriebe. Sonntags wurde aufgetischt, was die Natur bot: Polenta, Risotto mit Pilzen, hausgemachte Salami und Mortadella, die wohlschmeckende *Minestre*, Kastanien und manchmal der nach Rosmarin und Thymian riechende Braten. Heute hat man das Angebot erweitert: Salate, holzkohlengegrillte Hähnchen, Kaninchenbraten oder dünn geschnittene Parmesanscheibchen werden zum Tessiner Wein gereicht. Auch der Grotto wurde durch allzu ehrgeizige touristische Aktivitäten arg in Mitleidenschaft gezogen. Echt und stimmungsvoll wie früher sind sie noch entlang der weniger besuchten Wanderwege. Die laubbeschatteten Sitzbänke laden zum Verweilen, zur verdienten Rast. Schnell vertreibt sich die Zeit, und die heißen Nachmittagsstunden verfliegen, Gedanken und Erinnerungen vermischen sich mit den kulinarischen Köstlichkeiten, dem ›Täßchen‹ Wein, einer Scheibe Schwarzbrot, dem ölgetränkten Ziegenkäse.

Hinweise und Tips fürs Wandern

Von der ›Schweizer Toskana‹ im Mendrisiotto bis zu den vergletscherten Höhen des Basodino verfügt der Kanton über ein dichtes und einheitlich markiertes Wegenetz. Wir haben versucht, Wanderungen aus jeder Region des Tessins auszuwählen, um ein breites Routenspektrum abzudecken, das vielfältigen Interessen gerecht wird. Die Ausgangs- und Endpunkte sind meist mit dem Privatauto und mit einem öf-

ANFAHRT

fentlichen Verkehrsmittel erreichbar. Bei dem dichten und gut organisierten Postbusnetz der Schweiz stellt das Benützen von Bussen auch für Autobesitzer eine umweltfreundliche und entspannende Alternative dar: Denn wer mit dem Bus fährt, kann immer die Aussicht genießen, braucht keinen Parkplatz zu suchen und kann sich nach dem Wandern auch ein kleines ›Täßchen‹ Wein genehmigen.

Gemessen an alpinen Maßstäben sind sämtliche Wanderungen leicht und können grundsätzlich ohne spezielle Bergausrüstung von jedem gehtüchtigen Wanderer und auch von Kindern bewältigt werden. Die ausgewählten Wege und Pfade sind fast ausnahmslos gut angelegt und durchgehend markiert. Viele Wanderungen führen in gebirgige Regionen, manche sogar in Zonen oberhalb der Waldgrenze. In Höhen oberhalb 2000 m kann jederzeit Frost einsetzen und Schnee

WETTER

fallen. Dies gilt auch für den Hochsommer! Bei Nebel wird die Orientierung im waldlosen Gelände schwierig, und auch die besten Wegmarkierungen stellen dann keinen ausreichende Hilfe mehr dar. Aus diesen Gründen sollten bei Schlechtwetter oder wenn ein Wetterumschwung angekündigt wird, keine Bergtouren unternommen werden. Viele attraktive Spaziergänge im Süden des Tessins bieten sich dann als Alternative an.

Der südländische Reiz des Tessins könnte dazu verleiten, die Witterungs- und Wegverhältnisse zu unterschätzen. Ein wasser- und winddichter Anorak aus leichtem, atmungsaktivem Material dürfte in den allermeisten Fällen als Wetterschutz ausreichen. Ein kleiner, zusammenlegbarer Schirm ist nach wie vor der beste Schutz vor einem überraschenden

AUSRÜSTUNG

Regenguß. Bei Bergwanderungen sollte prinzipiell ein warmer Pullover Platz in unserem Rucksack finden. Gute Wanderschuhe mit Profilsohlen sind in allen Fällen anzuraten. Man kann sich nicht immer darauf verlassen, daß Gasthäuser und Hütten geöffnet sind. Deshalb sollte man zumindest eine gefüllte Proviantflasche und etwas Wegzehrung mitnehmen.

GEHZEITEN

Bei den angegebenen Gehzeiten wird von der Zeit ausgegangen, die benötigt wird, um die Strecke bei normalen Witterungs- und Wegverhältnissen zu bewältigen. Rasten und Pausen zum Fotografieren oder um die Aussicht zu genießen, sind ebensowenig berücksichtigt wie Zeiten für Abstecher oder Besichtigungen. Auf diese Weise kann eine Wanderung, die mit vier Stunden veranschlagt wird, den ganzen Tag beanspruchen. Auf den Schweizer Wegweisern steht meist eine Zeitangabe für die Zielorte. Unserer Erfahrung nach sind die Angaben sehr knapp bemessen. Die im Buch angegebenen Zeiten weichen deshalb von den ›offiziellen Zeitangaben‹ ab.

WEG-MARKIERUNGEN

Die Markierung der Wege ist in der Schweiz einheitlich geregelt und sehr übersichtlich. Die in gelb gehaltenen, meist sehr ausführlichen Wegweiser informieren über Standort, Seehöhe, Zielorte und Gehzeiten. Neben den Wegweisern gibt es noch einfache Richtungsweiser, Rhomben und Farbmarkierungen. Oberhalb der Baumgrenze werden Wege, Paßübergänge und Gipfel auch häufig durch sogenannte »Steinmänner« gekennzeichnet. Es handelt sich dabei um größere oder kleinere Pyramiden, die aus aufeinandergeschichteten Steinen bestehen. Steinmänner sind oft weithin sichtbar und stellen auch bei Schlechtwetter eine ausgezeichnete Orientierungshilfe dar.

Grundsätzlich werden in der Schweiz drei Kategorien von Wegmarkierungen unterschieden:

Wanderwege (gelbe Markierung):
Es sind Wege ohne besondere Gefahren, die von jedem zu bewältigen sind. Sie führen durch Täler und auf Anhöhen und können mit leichten Wanderschuhen begegangen werden.

Bergwanderwege (weiß-rot-weiße Markierung):
Sie führen auf höhergelegene Almen, Berghütten und einfache Gipfel und erfordern Bergschuhe mit Profilsohlen und wetterfeste Kleidung.

Alpine Routen (weiß-blau-weiße Markierung):
Diese Routen weisen alpine Gefahren auf, wie Kletterstellen oder Gletscherpassagen. Die in diesem Buch ausgewählten Wanderungen führen niemals auf alpinen Routen.

Kleines Wander-Glossar Tessin

Bergmähder	Bergwiesen
Capanne	Schutzhütte
Cascina	Meierei
Cima	Berggipfel
Dosso	Bergrücken
Fraktion	einzeln gelegener Ortsteil
Funicolare	Standseilbahn
Funivia	Sessellift
Grotto (Pl. Grotti)	einfache Schänke, oft mit Steintischen und -bänken im Garten
Holzstrickbau	Blockhaus mit typischen horizontal übereinanderliegenden verzapften Balken, oft mit Mäusesteinen
Kar	Mulde oder Kessel, dessen früher vergletscherter Boden mit Geröll bedeckt ist
Mäusesteine	Steinplatten über dem Fundament zum Schutz der Häuser vor Mäusen
Maiensäss	Bergweide, Hochalm mit Sennhütten auf einer Lichtung in den Kastanienwäldern (ital. Monti)
Mure	Schlammstrom, der sich nach Unwettern bilden kann und sich mit oft verheerender Wirkung talwärts wälzt
Pretorio	Gerichtsgebäude der Landvögte
Ri	Bach
Runse	Taleinschnitt mit Wildbach
Rustico	Typisches Tessiner Haus aus Granitbausteinen, teilweise mit Fresken geschmückt
Schuttfächer	am Zusammenfluß von Bergbächen abgelagerte, fächerartige Geröllfelder, die hochwassergeschützte Besiedlung ermöglichen
Sentiero	Pfad, Wanderweg
Sentierone	Großer Wanderweg
Sgraffito, (Pl. Sgraffiti)	Wandmalerei in Kratzputztechnik
Tobel	enge Waldschlucht

Berge und Täler im Norden

Val Bedretto, Valle Leventina und Val Blenio

Das **Val Bedretto** ist das nördlichste der Tessiner Bergtäler. Wir können hier am Oberlauf des Ticino noch keine Spuren der südländischen Lieblichkeit erkennen, die wir in unseren Vorstellungen vom Tessin oft erwarten. Das erstaunlich weite, harmonische Tal zieht von Airolo weit nach Westen. Erst im obersten Abschnitt teilt der schroffe Nufenenstock das Tal in das Val Corno und das Tal zum Nufenen-Paß. In einigen weiten Kehren erschließt die 1969 eröffnete Paßstraße diesen an Aussichten reichen Alpenübergang. Der Name Bedretto soll sich vom früher reichen Birkenbestand ableiten (Bedra = Birke), der durch Rodung fast gänzlich verschwunden ist. Rechts und links wird das Tal von mächtigen Bergstöcken umrahmt, die ihre steilen, von vielen Bergbächen zerfurchten Talflanken herabschicken. Durch die Tätigkeit eiszeitlicher Gletscher sind in mittlerer Höhe Terrassen entstanden, auf denen sich nun saftige Almflächen und Bergwiesen ausbreiten. Die Almwirtschaft stellt neben dem Wandertourismus den einzigen nennenswerten Wirtschaftsfaktor für die Bevölkerung des Tales dar. Die Häuser der Dörfer drängen sich etwas oberhalb vom Talgrund eng aneinander, wo sie vor Hochwasser, Lawinen und Muren geschützt sind.

Bei Airolo wendet sich der Lauf des Ticino allmählich nach Süden. Das **Valle Leventina** ist das Kernland des nördlichen Tessins, liegt es doch direkt an der Gotthard-Route. Heute zwängen sich Straße, Autobahn und Bahnlinie durch den teilweise engen Talgrund. Die Schönheit der Landschaft offenbart sich vor allem an den sonnenüberfluteten Berghängen der Ostseite. Die berühmte Fernwanderroute Strada alta verbindet die netten Hangdörfer mit ihren schlichten Kirchen und den typischen Holzhäusern. Die Weingärten und Kastanienwälder im südlichen Talabschnitt vermitteln bereits ein Flair des Südens. Die größeren Orte liegen alle entlang der historischen Saumroute im Tal. Bei Piotta öffnet sich zum erstenmal der Talgrund. Unterhalb der wildromantischen Piottino-Schlucht liegt Faido, der Verwaltungssitz der Region Leventina. Den kunsthistorisch größten Schatz des Valle Leventina birgt der reizvolle Ort Giornico. Die Kirche San Nicolao ist ein vollendetes Beispiel romanischer Baukunst im Tessin.

Bei Biasca mündet das **Val Blenio** in das Tal des Ticino. Von Norden gelangt man über den Lukmanier-Paß, der mit 1916 m ein ausgesprochen niedriger Alpenübergang ist, ins

Detail an der Kirche S. Nicolao, Giornico

Tal des Brenno. Deshalb war das Val Blenio von der Römerzeit bis ins Mittelalter eine wichtige Durchzugsstrecke, die erst durch die Erschließung des St.-Gotthard-Passes an Bedeutung verlor. Zahlreiche Funde und kunsthistorische Denkmäler zeugen noch von dieser Zeit. Im Gegensatz zu vielen anderen Tessiner Bergtälern vermittelt das Tal des Brenno einen lieblichen, heiteren Charakter, der durch das Zusammenspiel der sanften Gebirgsformen und des sonnenzugewandten Talverlaufes entsteht. Nicht umsonst wird es auch als ›Val del Sole‹ (Sonnental) bezeichnet. Das milde Klima läßt an den fruchtbaren Hängen Kastanien, Nußbäume und Wein gedeihen. Am Zusammenfluß der beiden Quellflüsse des Brenno liegt Olivone, der Hauptort des Tales. Weiter talauswärts befindet sich oberhalb der Ortschaft Prugiasco die Kirche San Carlo di Negrentino. Dieses herrlich gelegene Kleinod lombardisch-romanischer Baukunst beherbergt wertvolle mittelalterliche Fresken.

1 Tessin-Auftakt nach Maß

Bergwanderung vom Gotthard-Paß auf den Giübin

Der St.-Gotthard-Paß ist die Scheide zwischen Nord und Süd auf unserem Kontinent und eine der wichtigsten Verkehrsverbindungen über die Alpen. Für diejenigen, die das Tessin erwandern wollen, ist er das Eintrittstor in dieses Wandergebiet. Was liegt näher, als hier, ganz im Norden des Kantons, einen Aussichtsgipfel zu besteigen, eine Aussichtskanzel, die einen ersten Einblick in die Talschaften und Bergwelten des Tessins gewährt? Vom Gipfel des Giübin kann man noch einen Blick nördlich des Alpenhauptkammes werfen, aber viel weiter reicht der Blick in den Süden. Wir sehen die Wanderziele im Val Piora und an den Berghängen des Valle Leventina, und wir erkennen die mächtigen Berggestalten des nördlichen Tessins, den Basodino und das Rheinwaldhorn, den höchsten Berg des Kantons.

WEGVERLAUF: St.-Gotthard-Paß – Lago della Sella (1 Std.) – Passo Posmeda (1.45 Std.) – Giübin (0.45 Std.) – St.-Gotthard-Paß (2.30 Std.)

DAUER: 6 Std.

LÄNGE: 16 km

HÖHENDIFFERENZEN: Vom St.-Gotthard-Paß auf den Gipfel des Giübin sind 686 Höhenmeter zurückzulegen.

SCHWIERIGKEITSGRAD: Die Besteigung des Giübin bereitet bei guter Witterung keine Schwierigkeiten, doch sollte bei der Ausrüstung und Tourenplanung berücksichtigt werden, daß wir uns ständig oberhalb von 2000 m ü.N.N. befinden.

KARTEN: Landeskarte der Schweiz 1:50 000 Blatt 5001 Gotthard; Kümmerly + Frey Wanderkarte 1:50 000 St. Gotthard

EINKEHRMÖGLICHKEITEN: Restaurant und Kaffeehaus am St.-Gotthard-Paß.

ANFAHRT: Die Paßhöhe erreicht man mit dem **PKW** über die neue St.-Gotthard-Paßstraße, entweder von Andermatt (15 km) oder Airolo (12 km) aus. Schön ist auch die Anfahrt von Süden über die 1830 fertiggestellte alte Paßstraße, die in 38 Kehren durch das Val Tremola (»Tal des Zitterns«) führt. **Öffentliche Verkehrsmittel:** Mit der Buslinie 600.50 in ca. einer halben Stunde von Airolo aus.

HINWEIS: Das gesamte Gebiet um den St.-Gotthard-Paß wird vom Schweizer Militär intensiv zu Truppenübungen verwendet. Vor allem an Wochentagen sollte man deshalb die Schießanzeigen (Tafel beim Wegweiser am Paß) beachten.

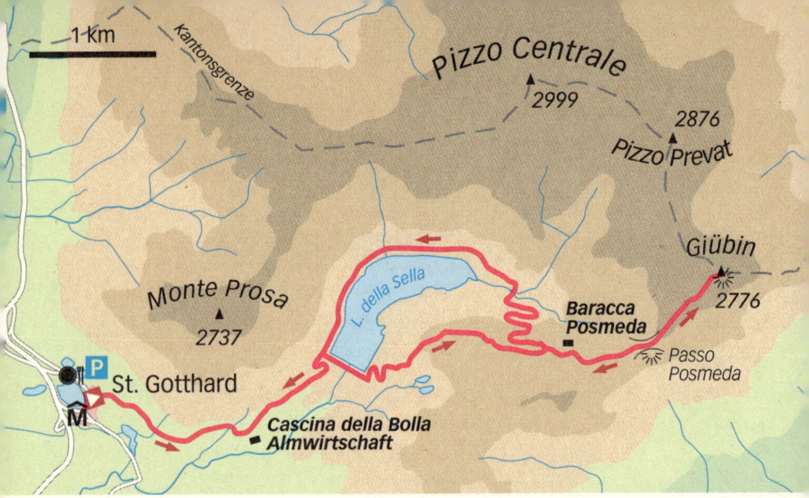

DER WANDERWEG

Bevor wir unsere Wanderung beginnen, lohnt sich eine kurze Besichtigung der Paßhöhe. Den Besuch des St.-Gotthard-Museums sollten wir aber aus Zeitgründen auf den Nachmittag verschieben. Die Landschaft in der Umgebung des Passes mit ihren kahlen, vom Eis geschliffenen Felsen und den vielen kleinen Seen wirkt ausgesprochen herb. Am Lago della Piazza, dem größten See des Gotthard-Gebietes, stehen die historischen Gebäude der Paßhöhe. Das **St.-Gotthard-Hospiz** wurde bereits im 14. Jahrhundert gegründet und seither mehrfach umgebaut und erneuert. Es beherbergt ein Hotel, eine Jugendherberge und eine Wetterwarte. Neben dem Hospiz steht die 1239 geweihte Kapelle San Gottardo. In der 1833 als Herberge und Zollstation errichteten »Alten Sust« befindet sich heute das Nationale **St.-Gotthard-Museum**, das die historische Entwicklung dieses Alpenüberganges, seine politische und militärische Bedeutung und die technischen Errungenschaften des Straßenbaues hervorragend dokumentiert (Juli bis Oktober täglich 9 bis 18 Uhr geöffnet).

Nur etwa 100 m nördlich des Hospizes und des Gotthard-Museums – nahe bei der Madonnenstatue bzw. bei den Souvenirständen – geht eine Asphaltstraße in östliche Richtung ab. An der Abzweigung steht ein Wachhaus des Schweizer Militärs und ein Wegweiser mit den Richtungsangaben »Lago della Sella« und »Giübin«. Wir folgen der

Blick vom Gipfel des Giübin

Straße, bis ein weiterer Wegweiser den unterhalb der Straße verlaufenden Wanderweg anzeigt. Parallel zur Straße wandern wir taleinwärts und queren so die Südhänge der Monte Prosa (2737 m).

Bald schon lassen wir den Rummel, der an der Paßstraße herrscht, hinter uns. Nur durch einen Blick auf die Karten können wir die rege Betriebsamkeit direkt unter uns erahnen: In ca. 1000 m Tiefe verläuft nämlich die Autobahn. Nach achtjähriger Bauzeit wurde der fast 17 km lange Gotthard-Tunnel 1980 eröffnet. Er ist einer der längsten Straßentunnels der Welt und verbindet die Orte Göschenen im Kanton Uri und Airolo im Tessin. Die Autobahn ist bis jetzt der Endpunkt einer Entwicklung, die mit der Erschließung der Schöllenenschlucht bei Andermatt im 12. Jahrhundert begann, und seither stets bessere und schnellere Verkehrsverbindungen für die Gotthard-Route brachte.

Bei einer Kurve erreichen wir die Gebäude der Alm **Cascina della Bolla** (ital. *cascina* = Käserei). Dort mündet auch der Wanderweg wieder auf die kleine Asphaltstraße, die wohl hauptsächlich vom Militär benützt wird. Das Sträßchen windet sich durch Almwiesen und -weiden hinauf. Rund abgeschliffene Felsbuckel bilden die Grundlage für das eigenartig kupierte Gelände dieser Gegend. Hinter uns sehen wir einige recht bizarre Berggipfel mit Gletschern. Bei der Staumauer des **Lago della Sella** (2256 m) endet die Asphaltstraße (1 Std.). Die Krone der Staumauer erreichen wir an ihrem westlichen Ende, wo auch ein Wegweiser steht. Auf diesem ist die Route zum

Giübin entlang des Nordufers des Sees angegeben. Wir wählen aber für den Anstieg eine aussichtsreichere Variante, wenden uns daher nach Osten und gehen über die Staumauer (Wegweiser: Baracca Posmeda). An deren Ende angelangt, stoßen wir auf die taleinwärts führende Schotterstraße. Wir erkennen eine aus Steinplatten zusammengefügte Treppe und eine rot-weiß-rote Markierung. Hier zweigt der Pfad ab, dem wir nun folgen. Wir steigen in einem kleinen Tälchen steil aufwärts, einem Rinnsal folgend. Sobald man aus diesem Einschnitt in ebeneres, kupiertes Gelände gelangt, darf man nicht den etwas deutlicheren Weg geradeaus nehmen, sondern muß sich links halten und einen Rücken hochsteigen. An der Kreuzung ist auf einer Steinplatte eine entsprechende Markierung angebracht. Hier befindet sich auch eine in den Boden eingelassene Betonröhre, die an einen Kanaldeckel erinnert. Über winzige Bergseen hinweg sieht man im Westen die Bergwelt rund um das Val Bedretto. Der Basodino (3272 m) und das Blinnenhorn (3374 m) sind nur die markantesten Gipfel dieses Gletscherpanoramas. Weiter unten erkennen wir Kehren und Galerien der Gotthardstraße. Sobald wir eine kleine Kuppe überschritten haben, können wir auf den Lago della Sella hinunterblicken, der bogenförmig den Talgrund ausfüllt. Vor uns baut sich der Talschluß auf, gebildet aus mehreren rundlichen, schottrigen Berggestalten. Im Norden steht der Pizzo Centrale, mit 2999 m ein ›Fast-Dreitausender‹. Bald schon erkennt man vor sich am Grat den Passo Posmeda und etwas unterhalb ein Steinhaus, die Baracca Posmeda. Links des Paßübergangs zieht ein Grat bis zum Gipfel des Giübin hinauf. Kurz bevor man die Baracca Posmeda erreicht, mündet der breitere Weg, der vom Lago della Sella heraufzieht, ein. Wir wandern am Steinhaus der **Baracca Posmeda** vorbei zum Paß hinauf (2.45 Std.). Hier ändert sich die Szenerie schlagartig – vor uns eröffnet sich die Bergwelt rund um das Valle Leventina. Tief unter uns liegt das einsame Val Canaria, vor uns erkennen wir die Berge, die das Hochtal von Piora umrahmen. Auffallend ist der helle Fels des schroffen Pizzo Colombo, direkt dahinter ragt das gletscherbedeckte Rheinwaldhorn (3448 m) auf, der höchste Berg des Tessins.

Der schottrige Weg verläuft meist direkt am Grat. Bald erreichen wir einen Vorgipfel. Von dort geht es über grobes Blockwerk ein Stück hinunter und über ein Schneefeld wieder aufwärts. Immer den Markierungen folgend, gehen wir an einer niedrigen Hütte vorbei bis zur Abzweigung des Weges zum Passo Sella und von dort in wenigen Minuten hinauf zum 2776 m hohen **Gipfel des Giübin** (3.30 Std.). Ein runder Steinmann markiert den höchsten Punkt und gleichzeitig die Kantonsgrenze zwischen Tessin und Uri. Wir schauen hinunter auf die sogenannten »Wilden Matten«, den Talschluß des Unteralptals, das sich tief unter uns nach Norden zieht. Im Hintergrund dieses Tales steht der Stock des 2928 m hohen Badus (auch Six Madun). In den Karen der Ostseite dieses Bergstocks liegen die Quellen des Vorderrheins. Die Rundschau vom Giübin reicht bis zu den Viertausendern des Berner Oberlandes und bis zu den Bergen des Winterbergstockes im Nordwesten. Nur im Norden verstellt der Schuttkegel des Pizzo Centrale etwas die Fernsicht.

Auf der Anstiegsroute kehren wir zur **Baracca Posmeda** zurück. Für den Abstieg wählen wir den breiten Weg, der in vielen Kehren zum Stausee hinunter führt. Dort wandern wir am Nordufer entlang talauswärts, bis wir wieder an der **Staumauer** anlangen. Von dort geht es zurück zum **Gotthard-Paß** (6 Std.).

Der Gotthard-Paß
Verkehrsweg und Zankapfel der Mächte

Das aus Gneisen, Glimmerschiefern und Granit aufgebaute Gotthard-Massiv liegt im Zentrum der Alpen. Dieses von eiszeitlichen Gletschern stark durchformte Gebirge ragt nur knapp über 3000 m, der Paßübergang selbst liegt auf einer Höhe von 2065 m. Durch die Täler der Reuss im Norden und des Ticino im Süden gelangt man auf der Gotthard-Route durch einen einmaligen Auf- und Abstieg relativ leicht über den Riegel der Alpen. Der Gotthard-Paß ist nach wie vor die einfachste und meistfrequentierte Verbindung zwischen den Industriezentren des Rheingebietes und der Po-Ebene, dem wirtschaftlichen Kernland Norditaliens.

Die Geschichte des Gotthard-Passes ist eng mit der Geschichte der Schweiz verbunden, galt es doch für die Eidgenossen, diesen wichtigen Verkehrsweg gegen die wirtschaftlichen und militärischen Interessen der europäischen Großmächte abzusichern. Doch die Geschichte des Passes reicht weit vor die Gründung der Schweiz zurück. Der älteste Nachweis menschlicher Kultur ist eine steinzeitliche Pfeilspitze, die im Gotthardmätteli nördlich der Paßhöhe gefunden wurde (Kanton Uri). Später siedelten in den Tälern um den Gotthard keltische Stämme. Unter Kaiser Augustus gelangte das Gotthard-Gebiet unter römische Verwaltung, doch scheinen der San-Bernardino-Paß und der Lukmanier-Paß damals von größerer Bedeutung gewesen zu sein. Erst die Erschließung der Schöllenenschlucht nördlich von Andermatt (um 1200 n. Chr.) machte die Gotthard-Route attraktiver als die konkurrierenden Paßübergänge.

Vor der Begehbarkeit der Schöllenenschlucht war auch das politische Interesse an einer Verkehrsverbindung gering. Im Tessin hatten der Bischof von Como und das Domkapitel von Mailand den größten Einfluß. Mitte des 12. Jahrhunderts gelang es Friedrich I. Barbarossa kurzzeitig, sowohl den Nord- als auch den Südzugang zum Paß zu beherrschen. Um 1300 war die Region unter der Kontrolle der Habsburger, die durch die Erhebung von Zöllen reichen Gewinn aus dem Paßübergang zogen. An der Südseite des Gotthard-Passes waren die adeligen Familien der Rusca aus Como und der Visconti aus Mailand in kriegerische Auseinandersetzungen verwickelt. Letztere setzten sich schließlich in der zweiten Hälfte des 14. Jahrhunderts durch. Aber schon während dieser Zeit waren die Innerschweizer und Tessiner bestrebt, den Paßverkehr über den Gotthard weitgehend eigenständig zu gestalten und fremde Einflüsse möglichst gering zu halten. So verschworen sich beispielsweise die Bewohner des Blenio-Tales bereits 1182 gegen die Vögte von Barbarossa. Solche Freiheitsbewegungen flammten in den darauffolgenden Jahrhunderten immer wieder auf.

Die neu entstandene Eidgenossenschaft etablierte sich langsam als politische und wirtschaftliche Schutzmacht des Alpenüberganges. Vor allem die Urner versuchten ihren Einfluß auch auf den Süden auszudehnen. Zwischen dem 14. und 16. Jahrhundert schlugen eidgenössische Söldnerheere viele Schlachten und gewannen so manches Scharmützel. Im »Ewigen Frieden« mit Frankreich (1516) wurde das Gebiet des heutigen Tessins eidgenössisch. Im 17. Jahrhundert geriet die Gotthard-Region unter spanischen Einfluß. Der Paß lag nun im Schnittpunkt der Großmächte Spanien, Frankreich, Österreich und Venedig, und öfter benützten fremde Heere diesen Verkehrsweg. Ende des 18. Jahrhunderts hatte Frankreich seine Macht über das gesamte Gebiet der Schweiz ausgedehnt. Im September 1799 kam es zu einer legendären Schlacht zwischen dem Heer der Franzosen und einer alliierten Armee unter dem Kommando des russischen Generals Suworow. Diese Schlacht ist im Detail im Gotthard-Museum auf der Paßhöhe dokumentiert. Die Franzosen unterlagen zwar in dieser Schlacht, konnten sich aber in der Ostschweiz entscheidend durchsetzen. Erst der Wiener Kongress sicherte der Schweiz ihre Unabhängigkeit und Neutralität. Schon bald nahm der Gotthard eine zentrale Rolle in der Planung der Schweizer Landesverteidigung ein: Durch einen möglichst uneinnehmbaren Gotthard-Paß sollten die Großmächte davon abgehalten werden, mit diesem strategisch wichtigen Verkehrsweg zu liebäugeln und damit das Land in kriegerische Auseinandersetzungen zu verwickeln. Wie die Geschichte des 19. und 20. Jahrhunderts lehrt, ist dies den wehrhaften Eidgenossen tatsächlich gelungen.

Die Gotthard-Paßhöhe

2

Gletscherblicke und Saumpfade

Bergwanderung um den Nufenenstock

Die Rundwanderung führt uns in die großartige Hochgebirgslandschaft des nördlichen Tessins. Es erwarten uns herrliche Aussichten auf die Gletscherwelt des Blinnenhorns und auf die Viertausender des Berner Oberlandes. Die Wanderung beginnt im hintersten Abschnitt des Val Bedretto, führt uns anschließend durch das stille Val Corno und um den Nufenenstock. Wir wechseln in den Kanton Wallis über, bis wir auf dem Saumweg die alte Nufenenpaßhöhe erreichen und wieder ins Tessin zurückkehren. Auf dem letzten Wegabschnitt nähern wir uns dem jungen Ticino, der sich als Wasserfall aus den Karen seiner Quellregion ins Val Bedretto stürzt.

WEGVERLAUF: Alpe Cruina – Corno-Gries-Hütte (1.15 Std.) – Passo del Corno (1 Std.) – Nufenenstraße, Abzweigung Gries (1 Std.) – alter Nufenenpaß (35 Min.) – Alpe Cruina (1 Std.); Abstecher vom alten Nufenenpaß zum Nufenenpaß (20 Min.)

DAUER: 4.50 Std.

LÄNGE: 10,5 km

HÖHENDIFFERENZEN: Es sind zwei Anstiege zu bewältigen, zuerst 482 Höhenmeter von der Alpe Cruina auf den Passo del Corno und nochmals 137 m von der Nufenenstraße (Abzweigung Gries) auf die alte Nufenenpaßhöhe.

SCHWIERIGKEITSGRAD: Alpine Wanderung auf guten, markierten Bergpfaden, die stets über 2000 m ü.N.N. verlaufen. Gutes Schuhwerk und warme Kleidung sind ebenso wichtig wie Trittsicherheit. Bei Schlechtwetter und Nebel kann man am Passo del Corno Probleme mit der Orientierung bekommen.

KARTEN: Landeskarte der Schweiz 1:50 000 Blatt 265 Nufenenpaß oder Kümmerly + Frey Wanderkarte 1:50 000 St. Gotthard

EINKEHRMÖGLICHKEITEN: Corno-Gries-Hütte (Anfang Juli bis 20. September, 80 Schlafplätze, ✆ 094/881129); Restaurant am Nufenenpaß

ANFAHRT: Mit dem **PKW:** von Airolo ca. 16 km durch das Val Bedretto; Parkmöglichkeit innerhalb einer Kehre der Nufenenstraße bei der Alpe Cruina. **Öffentliche Verkehrsmittel**: Mit dem Postbus Nr. 600.51 von Airolo bis zur Haltestelle Cruina; dieser Bus verkehrt nur von Ende Juni bis Mitte Oktober.

HINWEIS: Es gibt auch Haltestellen am Nufenenpaß und bei der Abzweigung Gries, so daß man die Wanderung beliebig abkürzen kann.

DER WANDERWEG

Die **Alpe di Cruina** ist ein kleiner Steinbau (Bushaltestelle), unterhalb einer Kehre der Nufenenstraße gelegen. Wir erkennen westlich die schroffen Felsen der Scaglia di Corno. Dieser markante Gipfel ist der östlichste Ausläufer des 2866 m hohen Nufenenstockes, den wir umwandern wollen. Links verläuft das stille Val Corno mit der Corno-Gries-Hütte, dem ersten Ziel unserer Wanderung. Schon nach wenigen Metern gelangen wir zu einem Wegweiser. Wir folgen dem Weg Richtung Corno Gries. Zuerst verläuft der Steig neben einem kleinen Gebirgsbach, verläßt diesen aber bald wieder und steigt nun über Almmatten an. Im kurzen Gebirgssommer blühen unzählige farbenprächtige Alpenpflanzen entlang des Wanderweges. Rechts, an der gegenüberliegenden Talseite, zieht sich in einer weiten Kehre die Paßstraße zum 2478 m hohen Nufenenpaß hinauf. Nach dem ersten Steilstück quert der Weg die Materialseilbahn zur Hütte. Im weiteren Verlauf folgt er ihrer Trasse. Nun lassen wir die Nufenenstraße mit den störenden Motorengeräuschen hinter uns. Vor uns liegt eine Wanderung durch eine stille, großartige Hochgebirgswelt. Der Weg ist ein typischer Bergpfad, auf dem wir jederzeit mit Hindernissen und Unebenheiten rechnen müssen. So verwehren uns größere und kleinere Steine einen gleichmäßigen Schrittrhythmus.

Schon lange bevor man die Hütte erreicht, kann man das Gebäude am Horizont erkennen. In einer Mulde stehen die Steingebäude der **Alpe Corno** (2205 m), die wir aber bald unter uns lassen. Das Gelände erhält immer mehr alpinen Charakter, wie uns Schneereste, die bis in den Sommer hinein liegen, und polsterförmige Hochgebirgspflanzen anzeigen. Wir erreichen die gemütliche **Corno-Gries-Hütte**, die auf einer lawinensicheren Bergkuppe errichtet wurde (1.15 Std.). Die Hütte – sie gehört der Sektion Tessin des Schweizer Alpen-Clubs SAC – bietet dem Bergsteiger das ganze Jahr über einen offenen Schutzraum, ist aber nur von Anfang Juli bis 20. September bewirtschaftet. Sie wurde schon 1927 errichtet und ist in den Jahren 1978/79 renoviert und modernisiert worden.

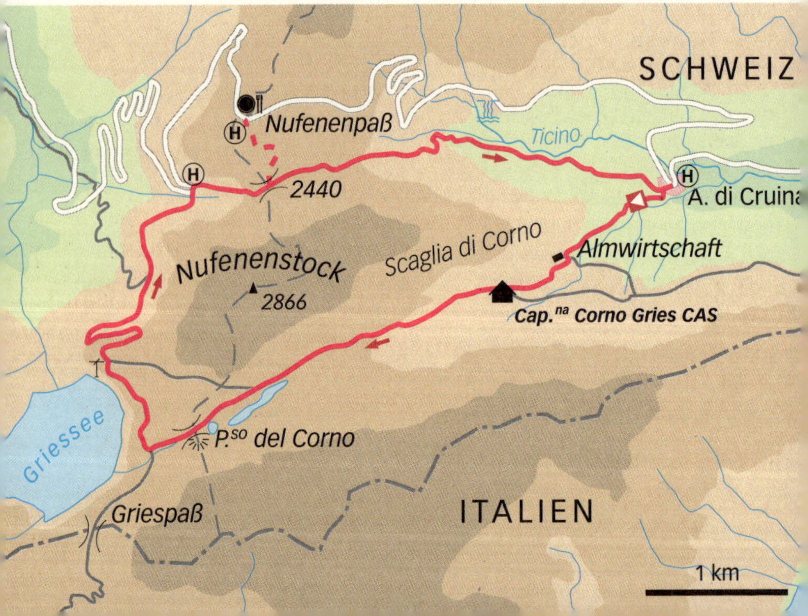

Blick auf den Griessee

Heute verfügt sie über 80 Schlafstellen für Wanderer. Neben der Hütte zeigt uns ein Wegweiser die Route zum Passo del Corno an. Kupiertes Gelände, Schnee- und Schotterfelder, die darauf hinweisen, daß hier erst vor kurzem ein Gletscher verschwunden ist, bestimmen nun das Landschaftsbild. Der Weg führt an der nördlichen Talseite entlang. Hier sind die Hänge grün bewachsen, weiter oben gehen sie in kahle Felsgestalten über, die schroff in den tiefblauen Himmel ragen. Im Gegensatz dazu ist die südliche Seite ein mit Schotter und Schneeresten bedeckter Hang. Gletscherfelder leuchten aus den Karen herunter. Gegen die Paßhöhe zu kennzeichnen Steinmänner zusätzlich zur weiß-rot-weißen Markierung den Pfad. Sie sind bei Schlechtwetter eine wertvolle Orientierungshilfe. Auch im Sommer muß man einige harmlose Schneefelder überqueren.

Ein Blick zurück wird mit einem wunderschönen Ausblick belohnt: Unter uns liegt die Hütte, und der Blick öffnet sich nach Osten, zuerst durch das Val Corno, das bei der Alpe Cruina in das Val Bedretto mündet. Die U-Form des Tales erinnert uns an die Gewalten der eiszeitlichen Gletscher, die dieses, wie viele andere Alpentäler auch, gründlich ›ausgehobelt‹ haben. Grüne Berghänge und -rücken umrahmen das Val Bedretto und das Valle Leventina. Einer dieser Hänge wird von den Kehren der neuen Gotthard-Paßstraße durchzogen. Im Westen eröffnet sich nun unvermittelt ein vollkommen anderes Bild. Ein weites Gletscherfeld mit einem imposanten Gletscherbruch breitet sich aus, überragt von einigen prächtigen Berggipfeln. Die markantesten Gipfel dieses Bergpanoramas sind von Süden nach Norden das Bettelmatthorn (3044 m), das Rothorn (3287 m), das mächtige Blinnenhorn (3374 m) und das etwas vorgelagerte Faulhorn (2864 m).

Links unterhalb unseres Weges liegt ein kleiner Bergsee mit länglicher Form. Es ist der größere der beiden Corno-Gries-Seen, der beinahe die gesamte Talsohle ausfüllt. Bei einem Wegweiser schlagen wir den Weg Richtung Passo del Corno ein. Unser Weg geht nun, am kleineren, runden Corno-Gries-See vorbei, zum 2485 m hohen **Passo del Corno** (2.15 Std.). Hier überschreiten wir die Kantonsgrenze und machen so einen kleinen Abstecher in den Kanton Wallis. Es geht durch grüne Almmatten sanft bergab. Unter uns erkennen wir den Griessee, in den sich

Der Wasserfall des jungen Ticino

eine ausgedehnte Gletscherzunge ergießt. Linker Hand sehen wir den Weg, der zum Griespaß führt, ein Übergang ins italienische Valle di Morasco bzw. Val Formazza. Wir gehen abwärts Richtung **Griessee**, dessen Staumauer bald auftaucht. Das Staubecken des Griessees liegt auf fast 2400 m Höhe. Der See wird vor allem von dem Schmelzwasser des 5 km langen Griesgletschers gespeist. Die Staumauer wurde zwischen 1963 und 1966 erbaut, ist 60 m hoch und 400 m lang. Beeindruckender als das Wasserkraftwerk ist aber das Bergpanorama, das sich nun im Westen eröffnet. Im Hintergrund erkennen wir die eisbedeckte Gebirgswelt des Berner Oberlandes mit den Viertausendern Aletschhorn (4195 m), Finsteraarhorn (4274 m) und Lauteraarhorn (4043 m). Eine Stelle oberhalb des Staudammes ist durch einen großen Steinhaufen gekennzeichnet. Von hier aus sehen wir auf die Nufenenstraße, die sich auf der Walliser Seite in vielen Kehren aus dem oberen Rhône-Tal heraufwindet und erkennen die kleine Werksstraße, die von der Nufenenstraße in einigen Kehren zur Staumauer führt. Bei einem markanten Holzkreuz stoßen wir auf diese Schotterstraße und folgen ihr Richtung Nufenenstraße (Abkürzungen sind hier nicht empfehlenswert!).

Direkt an einer Kehre stoßen wir auf die Nufenenstraße (3.15 Std.). Dort befinden sich die Bushaltestelle »Abzweigung Gries« und ein Wegweiser. Wir halten uns direkt nach Osten, um die alte **Nufenenpaßhöhe** zu erreichen. Von der Straße geht es zunächst sehr steil hinauf, bald wird es aber wieder flacher, und wir sehen die auffallenden Markierungen auf den Steinen glänzen. Zum Teil führt der Weg über plattiges Schotterwerk und ist von unten nicht immer gut zu erkennen, aber dank der ausgezeichneten Markierung gibt es keine Orientierungsprobleme. Die **Paßhöhe** (3.50 Std.) liegt auf 2440 m ü.N.N. und ist eine karge, steinige Landschaft mit einigen kleine Tümpeln und Bergseen. Ein Wegweiser zeigt uns die Abzweigung zur **Nufenenstraße**, die etwas weiter nördlich den Scheitelpunkt der Anhöhe erreicht. Wer will, kann von hier aus in 15 Minuten zur Paßstraße wandern, wo sich ein Restaurant, Andenkenläden und eine Bushaltestelle befinden. Wir gehen weiter Richtung Alpe di Cruina. Nun öffnet sich der Blick wieder zum Val Bedretto. Den **Wasserfall** am gegenüberliegenden Berghang bildet der junge **Ticino**. Er entspringt in einem Kar unterhalb von Pizzo Gallina und Pizzo Nero. Im Tal schlängelt er sich in engen Mäandern durch moorige Wiesen. Die Blockkare, die wir nun queren, sind Lebensraum von Murmeltieren, Steinschmätzern, Alpenbraunellen und Wasserpiepern. In Kehren führt der Weg an der rechten Talseite abwärts. Kurz bevor wir zum Ausgangspunkt zurückkehren, kommen wir noch an einigen moorigen Stellen mit kleinen Weihern vorbei, übersät mit den weißen Köpfen des Wollgrases. Dann erreichen wir die **Alpe di Cruina** (4.50 Std.).

3

Drei-Seen-Runde im vorderen Val Piora

Lago Ritom, Lago di Tom und Lago Cadagno

Diese landschaftlich reizvolle Wanderung beginnt gleich mit einem Höhepunkt – allerdings mit einem technischen: der Fahrt mit der Ritom-Bergbahn, eine der steilsten Standseilbahnen der Welt. Nach den atemberaubenden Blicken tief hinab ins Tal während der Bergfahrt wird die Wanderung umso beschaulicher. Wir wandern durch das sanfte, weitläufige Hochtal von Piora, vorbei an drei Seen und wunderbar buntblühenden Bergwiesen. Den Abschluß dieser Runde bildet der Wegabschnitt auf dem Bergrücken südlich des Lago Ritom. Alpenrosenmatten, lichte Lärchenwälder und Blicke hinab auf den glitzernden Stausee erwarten uns.

WEGVERLAUF: Bergstation Ritom-Bahn – Alpe Tom (1.35 Std.) – Alpe Piora (1.15 Std.) – Pinett (1.10 Std.) – Bergstation Ritom-Bahn (35 Min.)

DAUER: 4.35 Std.

LÄNGE: 12,5 km

HÖHENDIFFERENZEN: Vom Ausgangspunkt bis zur Anhöhe hinter der Alpe Tom erwartet uns ein Anstieg von knapp 300 Höhenmetern, gefolgt von 160 m Abstieg. Bis zum höchsten Punkt der Wanderung oberhalb von Pinett sind wiederum 200 Höhenmeter anzusteigen; es folgt ein Abstieg von 300 m zur Bergstation der Ritom-Bahn.

SCHWIERIGKEITSGRAD: Leichte Bergwanderung in etwa 2000 m ü.N.N.; die Orientierung ist einfach, doch sollte man bei Nebel – wie bei jeder Tour oberhalb der Baumgrenze – vorsichtig sein.

KARTEN: Landeskarte der Schweiz 1:50 000 Blatt 5001 Gotthard, Kümmerly + Frey Wanderkarte 1:50 000 St. Gotthard oder 1:60 000 Tessin Sopraceneri

EINKEHRMÖGLICHKEITEN: Restaurants in Piora (bei der Staumauer) und Cadagno di fuori sowie in der Capanna Cadagno

ANFAHRT: Mit dem **PKW** zur Talstation der Ritom-Bahn bei Piotta (5 km von Airolo bzw. 10 km von Faido).
Öffentliche Verkehrsmittel: Mit der Postbuslinie 600.53 vom Bahnhof Airolo zur Talstation der Ritom-Bahn. Mit dem Zug bis zur Station Ambri-Piotta und zu Fuß in einer halben Stunde zur Talstation.

HINWEIS: Die Standseilbahn Piotta Ritom fährt nur etwa einmal pro Stunde und hat eine Transportkapazität von 120 Personen.

DER WANDERWEG

Ausgangspunkt ist die Talstation der Standseilbahn **Piotta-Ritom**. Die Bergfahrt allein ist schon eine Attraktion, denn mit einer Steigung von 87,8 Prozent ist die **Ritom-Bahn** eine der steilsten Bergbahnen der Welt. Ein vor der Talstation ausgestellter Waggon vermittelt anschaulich die Steilheit der Trassenführung. Auf nur 1369 m Länge überwindet die Standseilbahn einen Höhenunterschied von 786 m. Sie verläuft neben den Druckleitungen des Ritom-Wasserkraftwerkes. Die Bahn wurde 1921 für die Errichtung dieses Kraftwerkes erbaut und erst später für den Personentransport umgerüstet.

Wir fahren an den Zwischenstationen Sanatorio und Altanca vorbei bis zur **Bergstation** in 1793 m Höhe. Während der Bergfahrt wird die Aussicht immer freier. Beeindruckend ist der Blick hinunter in den Talgrund des Valle Leventina, das hier die Form eines typischen Trogtales hat. Tief unter uns erkennen wir das weitläufige Gelände des Militärflugplatzes bei Piotta. Sehr schön ist der Blick auf die gegenüberliegenden Berge.

Von der Bergstation wandern wir leicht ansteigend nach Piora (25 Min.). Auf diesem Wegabschnitt hat man einen schönen Ausblick auf das Valle Leventina. Die Hänge südlich des Flusses sind steil und daher kaum besiedelt, die nördliche Talseite ist dagegen flacher, weshalb hier einige Dörfer liegen. Nach einer Kurve erkennen wir bald die Staumauer des Kraftwerkes Ritom, wohin uns die kleine Straße durch lichten Lärchenwald führt. Wir besteigen die Krone der Staumauer an ihrem westlichen Ende (Wegweiser) und genießen einen schönen Blick über den fast 3 km langen **Ritom-Stausee**. Der Strom, der hier durch die Wasserkraft gewonnen wird, dient zur Speisung der Gotthard-Bahnlinie.

Steinhütte bei Cadagno

Wir schlagen den Weg Richtung Alpe di Ritom ein und wandern auf dem breiten Weg, der direkt am Seeufer entlangführt. Die Berghänge, die vom Camoghe (2356 m) herunterziehen, sind ausgesprochen reich an Alpenblumen. Hier wachsen unter anderem der Feldenzian und der Schlauchenzian. Gelbe

Flockenblumen und weiße Margeriten vervollständigen den ausgesprochen farbenfrohen Eindruck der Bergwiesen. Vor der Alpe di Ritom nehmen wir den Weg, der Richtung Alpe di Tom (40 Min.) abzweigt. Der Pfad windet sich durch schöne Almmatten hinauf und führt uns durch kupiertes Gelände mit kleinen Mulden und Kuppen. Nun taucht vor uns der **Lago di Tom** auf, schön in einem Kar gelegen (1.35 Std.). Im Hintergrund erhebt sich der 2667 m hohe Pizzo Taneda. Von dem etwas erhöhten Standpunkt können wir die Herzform des Sees erkennen. Am westlichen Ufer steht das einfache Gebäude der **Alpe di Tom**. Der kleine Sandstrand am Lago di Tom lädt zu einem kühlen Fußbad ein. Wer hier noch nicht rasten will, wendet sich, sobald der See auftaucht, nach Osten (Wegweiser Richtung Cadagno di fuori und Capanna Cadagno). Bald sind die 50 Höhenmeter bis zum Sattel überwunden, und wir können den weiten Ausblick genießen. Fast 1000 Höhenmeter über dem Talgrund des Valle Leventina breitet sich hier die Hochfläche des **Val Piora** aus. Während der Eiszeit hat der Gletscher Geländewellen, Höcker und Wannen modelliert. In den Mulden liegen heute die schönen Bergseen, wie beispielsweise der **Lago Cadagno** direkt unter uns. Einige Gebäude gruppieren sich

am Seeufer. Sie gehören zu Cadagno di fuori und zur Alpe di Piora. Weiter hinten liegt auf einer Kuppe die **Capanna Cadagno**, die von der SAT (Società Alpinistica Ticinese) bewirtschaftet wird. Schön ist auch der Blick zurück zum Lago di Tom. Nun gehen wir hinunter und umrunden den Lago Cadagno an seinem nördlichen Ufer. Immer in Seenähe und an einigen urigen Steinhütten vorbei geht es eben bis zur **Alpe di Piora**, die wir auch auf einem Wirtschaftsweg direkt von Cadagno di fuori aus erreichen könnten (2.50 Std.).

Abstecher zur Capanna Cadagno: Knapp vor den ersten Gebäuden der Alpe di Piora zweigt man nach links ab und geht auf einem schmalen Pfad durch ein kleines Tälchen, den Blick immer auf die blassen Kalkfelsen des schroffen Pizzo Colombo gerichtet (10 Min.).

Wer den Abstecher zur Berghütte nicht machen will, geht direkt an der **Alpe di Piora** vorbei und ein Stück die Straße abwärts bis zu einem Holzkreuz. Dort wenden wir uns nach Süden (Wegweiser Richtung Pinett, Piora und Passo Forca). Wir überqueren auf einer reizvollen Steinbrücke den Bach Murinascia Grande. Dahinter beginnt ein Anstieg durch Erlengebüsch, das bald in Almrosenmatten übergeht. Der Blick reicht weit in das Val Piora hinein. Weiter oben stehen vereinzelt Lärchen zwischen größeren Felsblöcken. Nun wendet sich der Weg nach Südwesten, und es taucht die große Wasserfläche des Lago di Ritom unter uns auf. Zwischen den Lärchen wachsen niederwüchsige Zirben, eine Besonderheit südlich des Alpenhauptkammes. Von einer Anhöhe aus folgt ein relativ steiler Abstieg, und anschließend geht es wieder sanft bergauf, immer durch Alpenrosenbestände und lockeren Lärchenwald.

Nachdem der Weg an einigen markanten Felsplatten vorbeigeführt hat, biegt er plötzlich nach unten ab (Markierung beachten). Es folgt ein steiler Abstieg auf einem durch aufgeschichtete Steine und Platten befestigten Weg. Bald ist die Stelle **Pinett** (2070 m) erreicht, wo wir uns rechts halten. (Ein Abstecher zum aussichtsreichen **Passo Forca** benötigt 10 Min. in einer Richtung.) Die Route führt durch Lärchenwald und an einigen moorigen Flächen vorbei. Relativ steil, aber landschaftlich nach wie vor sehr reizvoll ist der letzte Wegabschnitt bis zur Staumauer des **Lago Ritom**. Dort gibt es ein Gasthaus. Wir wandern unterhalb der Staumauer vorbei zur Straße, die zur **Bergstation der Ritom-Bahn** führt (4.35 Std.).

Lago di Tom

4

Kirchen und Kapellen an der Strada alta

Eine Runde hoch über dem Valle Leventina

Die hier beschriebene Rundwanderung führt auf einem der reizvollsten Teilstücke der Strada alta, einer der bekanntesten Fernwanderwege des Tessins. Die Berghänge der mittleren Leventina werden sozusagen auf zwei Stockwerken durchwandert. Wir nehmen zuerst die untere Route und können die hübschen und kunstgeschichtlich bemerkenswerten Kirchen von Rossura und Calonico besichtigen. Von Anzonico aus steigen wir nach Monti di Co. Hier oben gibt es Wiesen, Bergbäche, gut erhaltene Maiensässen, schöne Ausblicke und viel Ruhe.

WEGVERLAUF: Rossura – Tengia (15 Min.) – Calonico (45 Min.) – Anzonico (1 Std.) – Monti di Co (1.45 Std.) – Rossura (1 Std.)

DAUER: 4.45 Std.

LÄNGE: 12,5 km

HÖHENDIFFERENZEN: Zwischen Tengia und Calonico gibt es einen längeren Abstieg von ca. 140 Höhenmetern. Auf dem Rückweg müssen wir 400 m ansteigen, bis wir Gianon, nahe Monti di Co, erreichen; von dort 330 m Abstieg nach Rossura.

SCHWIERIGKEITSGRAD: Leichte Wanderung auf gut markierten und gepflegten Wald- und Wiesenwegen

KARTEN: Landeskarte der Schweiz 1:50 000 Blatt 266 Valle Leventina, Kümmerly + Frey Wanderkarte 1:60 000 Tessin Sopraceneri

EINKEHRMÖGLICHKEITEN: Gasthäuser und Grotti in Rossura, Calonico und Anzonico

ANFAHRT: Mit dem **PKW** erreicht man Rossura auf einer kurvenreichen Bergstraße von Faido aus (6 km; Abzweigung bei der Ampel in Zentrum von Faido). **Öffentliche Verkehrsmittel:** Vom Bahnhof in Faido mit der Postbuslinie 600.63 nach Rossura.

HINWEIS: Wer sich für die gesamte Strecke der Strada alta interessiert, erhält im Verkehrsbüro in Faido (Ente Turistico di Leventina) ein ausführliches Faltprospekt über den Wanderweg und ein weiteres Prospekt über Übernachtungsmöglichkeiten entlang der Strecke.

DER WANDERWEG

Das kleine Dorf **Rossura** ist vor allem wegen der alten Kirche besuchenswert, die in schöner Lage südlich des Ortes steht. Die romanische Pfarrkirche Santi Lorenzo e Agata stammt aus dem 13. Jahrhundert, wurde aber mehrmals erweitert und umgebaut. Sie liegt auf einem kleinen Felshügel und ist von 14

Kreuzwegkapellen umgeben. Die Kirche ist nur sonntags zur Messe geöffnet. An anderen Tagen kann man den Schlüssel beim Sakristan in Rossura erhalten. Eine Besichtigung des Kircheninneren lohnt sich wegen der schönen Wandgemälde (Abendmahlsszene) aus der Mitte des 15. Jahrhunderts.

Von der Bushaltestelle gehen wir einige Meter auf der Straße Richtung Tengia weiter. Ein kleiner Wegweiser (»Strada alta«) zeigt bald nach links aufwärts. Über einige Treppen erreichen wir den Wanderweg, wo wir auch einen schönen Blick zurück auf das Kirchlein von Rossura haben. Gleich neben dem Weg steht ein für diese Gegend typisches dunkelbraunes Holzhaus mit einem Steindach. Zunächst führt der Weg oberhalb der Straße durch einen Haselhain. Kurz vor **Tengia** kommen wir auf die Straße, überqueren einen Gebirgsbach und genießen den Blick nach Norden in das Valle Leventina. Im Ort gelangen wir zu einem überdachten, mit Steinen gedeckten Dorfbrunnen (15 Min.). Dort trennen sich die Wanderwege (Wegweiser). Die Route der Strada alta führt nun bergan Richtung Monti di Co. Wir sparen uns diese Route für den Rückweg auf und gehen Richtung Calonico weiter. Auf zunächst ebenem und dann leicht ansteigendem Weg gelangen wir in einen Laubmischwald und kommen an einem reizvollen kleinen Wasserfall vorbei. Der Bachlauf wird von Haselsträuchern und Erlen begleitet. Es geht abwechselnd durch Waldstücke und über Wiesen weiter. Schöne Ausblicke auf die gegenüberliegende Bergwelt und hinunter in das Valle Leventina begleiten uns. Wir verlieren kontinuierlich an Höhe, und bald taucht unter uns das exponiert gelegene Kirchlein von **Calonico** auf. Die Motorengeräusche von der vielbefahrenen Autobahn im Tal sind leider bis herauf zu hören. Kurz vor Calonico mündet der Weg in eine Asphaltstraße, die in einigen Kehren bis zum Ort hinunterführt. Über eine kopfsteingepflasterte Gasse gelangen wir zum Dorfplatz mit Brunnen und Wegweiser (1 Std.).

Vom Dorfplatz aus sollten wir einen Abstecher zum etwas abseits gelegenen **Kirchlein San Martino** machen.

Die Kirche San Martino bei Calonico

Durch eine Wiesenmulde führt der Weg zur weißgekalkten Kirche, deren dreigeschossiger Turm mit den hübschen Zwillingsfenstern noch aus romanischer Zeit stammt. Der restliche Bau wurde im 17. Jahrhundert fast vollständig umgebaut. Die Kirche steht weit draußen auf einer Felsnase hoch über dem Valle Leventina und ist deshalb schon von ferne sichtbar. Nahe der Kirche können wir über einen Felsen auf die Talsohle des Valle Leventina hinunterschauen, das hier schluchtartig verengt ist. Fluß, Straße, Autobahn und Eisenbahngleise zwängen sich durch diesen schmalen Durchlaß.

Wir kehren zum Dorfplatz von Calonico zurück und wandern auf der Straße hinunter Richtung Anzonico (Wegweiser). Auf einem Feldweg geht es über eine schöne Wiese, ehe wir zum in einem Kastanienwald gelegenen **Grotto Pro Bell** gelangen. Vor dem Gebäude steht eine alte Kastanie mit einem mächtigen, teils hohlen Stamm. Nun geht es wieder aufwärts. Ein Stück weit müssen wir der Straße folgen, die durch einen Mischwald mit Föhren, Birken und Kastanien führt. Nach etwa 10 Minuten zweigt ein kleiner Steig nach links oben ab (Wegweiser), dem wir folgen. Bei einem Wegweiser mit der Ortsbezeichnung Lombarda mündet die Strada alta ein, der wir auf dem Rückweg folgen werden. Zunächst gehen wir aber bis nach Anzonico weiter, das nur etwa 10 Minuten entfernt ist. Bald erreichen wir die ersten Häuser und Obstgärten des Ortes (2 Std.). In **Anzonico** können wir die engen Gassen, die hübschen Stein- und Holzhäuser und die Kapelle Sant' Antonio di Padova aus dem 17. Jahrhundert besichtigen oder in einem Grotto einkehren. Südöstlich der Ortschaft liegt die **Kirche San Giovanni Battista** (5 Min.). Der liebliche Bau steht unterhalb der Straße nach Cavagnago und Sobrio, von einem idyllischen Friedhof umgeben.

Wir verlassen Anzonico auf demselben Weg, auf dem wir gekommen sind, und schlagen bei der Wegkreuzung »Lombarda« die Route der Strada alta Richtung Monti di Co ein. Es folgt ein längerer und zum Teil auch steiler Anstieg durch einen Föhrenwald, der durch Birken, Kastanien und Eichen aufgelockert wird. Nach diesem Anstieg kommen wir auf einen Wirtschaftsweg und halten uns beim Wegweiser nach links. In wenigen Minuten haben wir die **Vorsässe Casioni** erreicht. An den locker mit Bäumen durchsetzten Hängen stehen einige gut erhaltene Maiensässen. Dem Baustil des oberen Valle Leventina entsprechend, sind es Holzgebäude, die mit Steindächern gedeckt sind. Wir erreichen die Weggabelung Ravatoi di Sotto (1204 m) und 20 Minuten später die Vorsässe Ravatoi (1263 m), wo wir uns links halten (Wegweiser). Bei dem nun folgenden Anstieg durch Fichtenwald queren wir einige kleine Gebirgsbäche und gelangen schließlich auf eine moorige Hochfläche. Bei den Häusern von **Gianon** (1388 m) haben wir den höchsten Punkt der Wanderung erreicht und gelangen in 5 Minuten nach **Monti di Co** (3.45 Std.). Diese auf einer Anhöhe gelegene Siedlung, die hervorragende Aussichten bietet, queren wir oberhalb der Häuser und tauchen bald wieder in den Wald ein. Ein Bergbach wird auf einer kleinen Brücke überwunden. Anschließend kommen wir auf eine Asphaltstraße, und ein Wegweiser führt uns an einigen Häusern vorbei (Achtung, dieser Wegweiser ist nicht sehr gut sichtbar angebracht). Wir haben einen freien Ausblick auf die Hangdörfer Molare, Campello und Cari, und bald taucht im Talgrund Faido auf. Teils auf der Straße, teils auf Wiesenwegen geht es nach **Tengia** und **Rossura** zurück (4.45 Std.).

Die Strada alta bei Casioni

5

Auf Römerpfaden durch das sonnige Blenio-Tal

Auf dem Sentiero basso von Olivone nach Loderio

Die abwechslungsreiche Wanderung durch das Blenio-Tal bietet reichlich Gelegenheit, Dörfchen und Kulturdenkmäler kennenzulernen. Auf dem anfänglich etwas aufwärts führenden Bergpfad verläuft die Wanderung ab Pinadee stets abwärts durch liebliche Kulturlandschaften. Wir begegnen den Talorten Olivone, Aquila, Acquarossa und Semione sowie zahlreichen Kapellen, Kirchen, Bildstöcken, Grotti und Relikten aus der Römerzeit. Im unteren Teil können wir die Festungsruine von Serravalle besichtigen. Die Wanderung endet bei der Postbushaltestelle von Loderio.

WEGVERLAUF: Olivone – Pinadee (1.05 Std.) – Aquila (25 Min.) – Dangio (1 Std.) – Lottigna (25 Min.) – Acquarossa (30 Min.) – Dongio (45 Min.) – San Remigio (10 Min.) – Ludiano (40 Min.) – Serravalle (30 Min.) – Loderio (40 Min.) – Loderio PTT (20 Min.)

DAUER: 6.30 Std.

LÄNGE: 20 km

HÖHENDIFFERENZEN: Olivone 889 m, Acquarossa 528 m, Serravalle 400 m, Loderio 353 m, Gefälle von 536 m, mit leichten Gegenanstiegen

SCHWIERIGKEITSGRAD: Die Talwege wurden von der rechten auf die linke Talseite verlegt, daher kann die Beschilderung noch lückenhaft sein. Es empfiehlt sich, im Tourismusbüro in Olivone eine Wanderkarte zu kaufen. Die Wege sind meist als breite Wiesen- oder Waldwege ausgebildet, die leicht zu begehen sind; teilweise Asphaltstraßen

KARTE: Val Blenio 1:50 000 (Hrsg. Ente Turistico Blenio)

EINKEHRMÖGLICHKEITEN: Lebensmittelgeschäfte in Olivone, Osterias und Grotti in Olivone, Aquila, Acquarossa und Semione, Grotto al Spruch in Ludiano (Tessiner ›Muster-Grotto‹).

ANFAHRT: Mit dem **PKW** von Bellinzona auf der Autobahn Richtung St. Gotthard bis Biasca und anschließend auf der Kantonsstraße Nr. 2 bis zur Bushaltestelle bei Loderio. Hier stehen einige Parkplätze zur Verfügung. **Öffentliche Verkehrsmittel**: Mit dem Bus der Autolinee Blienesi bis Olivone, Ortsteil Lavòrceno.

HINWEIS: Die Wegweiser entlang der Wanderung geben für die gesamte Talwanderung 5.30 Std. an, dies ist jedoch nicht zu schaffen. Achtung! Planen Sie zumindest 7 Std. ein. Erkundigen Sie sich in dem Tourismusbüro in Olivone nach den Verhältnissen; hier gibt es auch Informationsmaterial zum Tal.

DER WANDERWEG

Das zauberhafte Blenio-Tal, das an der Zubringerstrecke zum Lukmanier-Paß liegt, wird auch ›Valle di Sole‹ genannt, womit man seinen südlichen Charakter betont. Dennoch liegt es inmitten der Tessiner Alpen und wird von den höchsten Bergen des Landes umrahmt. Es läßt sich in zwei Bereiche teilen: einmal der ebene und breite, nach Süden ausgerichtete Talkessel, der bis Olivone reicht; ganz anders präsentieren sich aber die Hochlagen des Blenio rund um den Lukmanier-Paß, die West–Ost ausgerichtet sind und weit rauhere und kargere Lebensbedingungen bieten. Wir wandern von Olivone südwärts auf dem Sentiero basso, dem Talweg nach Loderio.

Achtung! Die frühere Talroute verlief am rechten Ufer des Brenno und begann im Ortsteil Lavòrceno. Sie kann noch benützt werden, der Weg ist jedoch wegen der Auflassung stark verwachsen und kaum mehr begehbar. Die neue Talroute verläuft am linken Talrand zuerst hoch über dem Tal und mündet bei Acquarossa in die alte Talroute.

Wir beginnen unsere Wanderung in **Olivone**, einem lieblichen Örtchen am Ende des südlichen Talkessels des Val Blenio. Im Ortsteil Lavòrceno verlassen wir den Autobus und wandern über die Hauptstraße auf die linke Seite des Brenno in den Ortsteil von San Martino. Hier liegt gleich an der Straße das kleine Tourismusbüro. Olivone wird von der hohen Pyramide des Sosto überragt, hier zweigen die nördlichen Seitentäler des Campo Blenio und des Valle Luzzone ab. Rund um die Kirche, zu der wir über eine feudale Steinstiege von der Hauptstraße hinaufsteigen, stehen noch stattliche Patrizierhäuser und eine Gasse mit Fassaden wie in einer Kleinstadt. Der schlanke Kirchturm der Pfarrkirche San Martino überragt die

Landhäuser und bildet auf einer kleinen Terrasse oberhalb des Ortes das alte Zentrum. Nahe der Kirche finden wir das ehemalige Pfrundhaus Ca' da Rivöi, in dem seit 1968 das **Heimatmuseum** eingerichtet ist. Wir wandern bei der Pfarrkirche in südöstlicher Richtung aus dem Ort. Vom Ortsteil Solario aus nehmen wir die oberste Straße aus dem Dorf, die durch die Wiesenhänge südlich von Olivone zuerst leicht ansteigend zum Weiler **Sallo** auf 950 m Höhe führt. Wir durchqueren Sallo auf einem befestigten Wiesenweg, dann auf der Fahrstraße, bis links zwischen den Häusern eine Abzweigung steil den Hang hinauf führt. Wir gelangen auf einen hohlwegartigen Steig, der von einem dichten Saum aus Haselnußsträuchern umgeben ist und oberhalb der Wiesenflächen von Sallo zum Seitental des Vallone de Riascio abzweigt. Bald erreichen wir den Rand des Taleinschnittes, und es geht leicht abfallend auf einem schmalen Steig zum Bach hinab. Nach der Überquerung müssen wir den Gegenhang wieder leicht ansteigen, um auf den Weg nach Pinadee zu gelangen. Sobald wir die Höhe des Hangrückens erreicht haben, treten wir in einen flacheren und breiten Saumpfad ein, der zuerst von Steinmauern und Haselgebüschen begleitet wird. Er führt durch Wiesengelände westwärts in das kleine Dörfchen **Pinadee** (1.05 Std.).

Vorbei an den wenigen Häusern, die allerdings eine aussichtsreiche Lage einnehmen, beginnen wir, über die schmale asphaltierte Fahrstraße und mehrere Serpentinen nach **Ponto Aquilesco** abzusteigen. Das Örtchen, das wir nach 15 Minuten erreichen, hat noch einige rustikale Winkel zu bieten. Wir treten am oberen Dorfrand bei der Kirche ein und müssen es in südlicher Richtung durchqueren.

Wir folgen weiter der Fahrstraße nach Aquila, verlassen Aquilesco und wandern zwei Serpentinen auf dieser Straße hangabwärts. Nach wenigen Kurven zweigt ein schattiger Hohlweg nach rechts ab. Wir beachten keine Abzweigung und wandern geradeaus durch den Saumpfad, ehe wir **Aquila** am oberen Ortsrand erreichen (1.30 Std.). Am Dorfeingang genießen wir den herrlichen Blick auf das obere Blenio-Tal und die Schlucht des Brenno, dem die Häuser von Aquila vorgelagert sind. Gleich treffen wir auf einen Wegweiser, der uns sicher durch die steilen Gäßchen des Ortes zur Post und zur Hauptstraße hinableitet. Wir überqueren die Talstraße und folgen ungefähr 200 m der abwärtsführenden Straße nach **Grumarone**. Wenn wir die **Ponte Romana**, die alte Steinbrücke der ehemaligen Talstraße, sehen wollen, müssen wir auf dieser Straße bis zur modernen Brücke über den Brenno gehen und sehen dann am rechten Ufer die nach der Verlagerung des Flußlaufs nun ›trocken‹ stehende Brücke.

Um die Talwanderung fortzusetzen, biegen wir ungefähr 200 m unterhalb der Hauptstraße nach links in einen Wiesenweg ein, der uns aus Aquila hinausführt. Durch ebenes Wiesengelände erreichen wir parallel zur Hauptstraße nach 500 m eine Straßenunterführung und steigen den Hang hinauf in das Dörfchen **Dangio**. Wir folgen dem Wegweiser in den alten Ortskern zur Kirche (2.30 Std.). Dangio wird seit jüngster Zeit durch eine großzügige Brücke, die das Val Soi überspannt, umfahren, so daß wir bequem auf der alten Straße durch den Ort wandern können. Vorbei an einer Schokoladenfabrik erreichen wir an der südlichen Talseite eine Abzweigung, die links des Hanges ansteigt. Hoch über uns türmen sich die höchsten Gipfel des Tessins, Rheinwaldhorn und Grauhorn, die zur Adulagruppe gehören.

Wir überqueren eine mit Lärchen bewaldete Kuppe und treten nach Durchqueren der Wiesenhänge oberhalb von **Torre** ein. Durch die engen Gäßchen kommen wir bei der Kirche

San Stefano wieder zur Hauptstraße und müssen nun dieser ein paar hundert Meter folgen. Bei der Trattoria al Barraca führt der Weg rechts den bewaldeten Hang abwärts und in einem steilen Hohlweg zum Weiler **Grumo**. Wir überwinden den Hügel Grumascio, der eine Talstufe unterhalb von Torre bildet. Der Brenno hat eine tiefe Schlucht in den Taleinschnitt gegraben. Südlich breiten sich zu beiden Flußseiten weite Wiesengelände aus. Sie sind übersät mit den typischen Tessiner Steinhäuschen mit den kunstvollen Steindächern. Wir sehen auf die sanften Hänge des Monte Molare und des Bassa di Nara, über den die Strada alta ins Leventina-Tal verläuft. Von Grumo aus zieht ein sanfter Wiesenweg parallel zum Brenno südwärts und trifft bei einer Bogenbrücke über den Brenno auf die Fahrstraße nach Ponto Valentino. Wir folgen der Fahrstraße in Richtung Süden und erreichen nach zwei Serpentinen wieder die Höhe der Talstraße. Am linken Straßenrand zweigt die kleine Zufahrtsstraße zum Weiler **Lottigna** ab, der etwas erhöht am linken Talrand auf den Sonnenterrassen liegt (2.55 Std.). Das malerische Dorf, in dem wir die sehenswerte Pfarrkirche und das Historische Museum des Blenio-Tales mit reicher Waffensammlung besichtigen können, besteht immer noch aus typischen Landhäusern, so dem Palazzo dei Pretori oder der Casa

Aquila im Blenio-Tal

dei Landvogti. Wir durchqueren das Örtchen und treffen am Südrand auf einen nach rechts abzweigenden Wiesenweg, der durch die Hangterrassen führt. Gleich gelangen wir auf den breiten Waldweg, der in leichtem Auf und Ab nach Acquarossa führt. Ein wenig mehr als einen Kilometer legen wir auf diesem bequemen Weg durch den Fichtenwald zurück, ehe wir bei der Straßenbrücke von **Acquarossa** wieder auf die Hauptstraße treffen (3.25 Std.). Wir halten uns links, der alten Straße entlang, die am linken Ufer des Brenno aus dem Örtchen führt. Es wurde durch die eisenhaltigen Mineralquellen bekannt, die das ehemalige Thermalbad speisten. Vom

Straßenrand sehen wir das am Westhang oberhalb von Acquarossa liegende Kirchlein von **Negrentino**.

Wir gehen auf der alten Straße, die eine Weile am steilen und felsigen Ufer des Brenno führt, talauswärts. Nach 1 km überqueren wir nördlich von Dongio wieder die Hauptstraße. Wir wechseln auf die rechte Talseite und biegen nach links in Wiesengelände ab. Über einen breiten Weg erreichen wir **San Remigio**, ein weiteres wertvolles Kulturdenkmal des Blenio-Tales (4.20 Std.). Die Kirche wurde im 11. Jahrhundert auf einem Felssockel gegründet und zeigt heute noch romanische Fresken aus dem 13. Jahrhundert. Südlich der Kirche verläuft der Weg weiter durch Wiesen und tritt in den steiler werdenden Hang des Brenno ein. Nach einiger Zeit im kühlen Wald treffen wir auf die Lichtung Monastero mit der Kirche Santa Maria. Über den romantischen Fußweg, der stellenweise mit Steinplatten als alter Saumweg ausgebaut ist, erreichen wir einen Forstweg, der stets am Fuße des Talhanges oberhalb des Brenno nach Ludiano verläuft. Dieser Weg endet bei einer asphaltierten Straße. Wir gehen links und sehen schon im Wiesengelände die romanische **Kapelle von San Pietro** stehen. Die mit mittelalterlichen Fresken geschmückte Kirche ist über den Wiesenweg, der von der Hauptstraße abweicht, schnell erreicht. Bei den ersten Häusern von **Ludiano** steigen wir nach rechts in den Wald hinauf und erreichen über einen steinmauergesäumten Weg den **Grotto al Spruch**, in dessen kühlem Gastgarten wir unter Ahornbäumen eine Erfrischung genießen (5 Std.). In Ludiano folgen wir den Wegweisern in Richtung Serravalle und wandern durch die Weinterassen südlich vom Ort. Wir halten uns rechts und gelangen durch Rebhänge und Kastanienwald zur **Festungsanlage von Serravalle**, deren Mauerreste aus dem

Burgkapelle von Serravalle

satten Grün des Waldes hervorstechen (5.30 Std.). Der Weg leitet uns durch die Burgruine und vorbei an der gut erhaltenen Burgkapelle Santa Maria del Castello. Jetzt durchschreiten wir die Talenge bei Semione, die in den Zwischeneiszeiten durch einen Bergsturz verursacht wurde. Unterhalb der Burg treffen wir bei einem Gehöft auf einen Feldweg, der uns nach **Semione** bringt. Durch enge Gäßchen, Weinterrassen und einen Laubengang aus Granitsäulen durchwandern wir die Ortschaft, die aus pittoresken Häuschen mit gemütlichen Gärten besteht. Am Südende des Dorfes treten wir wieder in Wiesengelände ein und kommen über eine Brücke zu einem neu angelegten Fahrweg. Er folgt stets einem Wassergraben und führt durch das als Naturschutzgebiet ausgewiesene Augelände des Brenno auf sandigen Wegen durch diese vom Fluß geprägte Landschaft. Wir treffen schließlich auf die Straße, die nach **Loderio** führt. Links erkennen wir bereits hinter der Bogenbrücke über den Brenno die Bushaltestelle, bei der wir unsere Busfahrt ins Blenio-Tal am Morgen begonnen haben (6.30 Std.).

AM WEGE

Die Überreste der **Burg von Serravalle** (zu deutsch »Talsperre«) stehen auf einem vorspringenden, im Tal liegenden Felsriegel hinter Semione: der Rest eines mächtigen Rundturmes und die Ruinen der alten Trutzburg. Sie ist Zeugnis der Machtkämpfe um Besitz und Freiheit des Blenio-Tales. Neben dem Turm aus dem 12. Jahrhundert sind noch Mauern, drei Steinsäulen, ein halbrunder Wehrturm und eine Freitreppe erhalten. Alcherius da Torre, ein Abgesandter des deutschen Kaisers, erbaute die Burg, in der Friedrich I. Barbarossa 1176 während seines Mailänder Feldzuges verweilte. Nach der Niederlage des Kaisers bei Legnano wurde sie zerstört und 1230 wieder aufgebaut. Die Landvögte der Mailänder machten sie in der Folge zu ihrem Hauptsitz. 1402 stürmten die Blieneser die Festung, erschlugen den verhaßten Landvogt Taddeo dei Pepoli und zerstörten die Burg. Gut erhalten blieb die Schloßkapelle Santa Maria di Castello, die eine wertvolle Freskenfolge von 1587 enthält.

Das Ticino granito

Valle Maggia und Valle Verzasca

In den Tälern nördlich des Lago Maggiore scheint alles aus Stein erbaut: In den alten Ortskernen und auf den höher gelegenen Almen finden wir mit Granitplatten gedeckte Steinhäuser, die sich hervorragend in die herbe Landschaft einfügen. Die kegelförmigen Steindächer der Campanile und die kunstvollen Kamine setzen zusätzliche Akzente. In den Weinbergen und an den Wanderwegen begegnen uns Trockenmauern, aus Granitblöcken oder Gneisplatten kunstvoll zusammengeschichtet. Selbst die Pfähle, um die sich die Weinreben ranken, und die Tische und Bänke der Grotti sind aus Granit. Wir befinden uns im ›steinernen Herzen des Tessins‹.

Bei Ponte Brolla, dem Tor zum **Valle Maggia**, verstellt ein Felsriegel den Zugang zu einer der weitläufigsten und abwechslungsreichsten Talschaften der Alpensüdseite. Finden wir am Taleingang mit der Zistrose einen Boten der Flora des nahen Mittelmeerraumes, so beherrschen vergletscherte Höhen den Talschluß. Ausgedehnte Laubwälder und mutig angelegte Weinbergterrassen bedecken im unteren Talabschnitt die Berghänge, unterbrochen von kleinen Seitentälern und Felswänden. Zwischen den Orten Avegno und Aurigeno gehört die Talsohle der Maggia, die, von Schotterbänken und Auwäldern begleitet, gemächlich dahinfließt. Nur bei Hochwasser zeigt der durch Kraftwerke gezähmte Fluß seine ursprüngliche Gewalt, die sich auch im mächtigen Geschiebekegel manifestiert, den die Maggia im Lago Maggiore abgelagert hat und auf dem sich heute Locarno und Ascona ausbreiten.

Cevio ist der historische Hauptort des Tales und war Sitz der Statthalter aus Mailand und der eidgenössischen Landvögte. Die Piazza des Ortes hat durch die freskengeschmückten Fassaden der Herrenhäuser einen städtischen Charakter. Die Front des Pretorio (Gerichtsgebäude der Landvögte) trägt die Wappen der zwölf Gemeinden der Vogtei und das Wappen der Landvögte. Im nördlichen Ortsteil ist in einem schönen Patrizierhaus aus dem 17. Jahrhundert ein interessantes Volkskunde-Museum eingerichtet (Museo di Valmaggia).

Das **Valle Verzasca** dringt nicht so weit nach Norden vor wie das Valle Maggia. Es ist ein in sich abgeschlossenes, einsames Tal, das zu schönen Wanderungen entlang des Flusses einlädt. Seit 1965 versperrt eine mächtige Staumauer den Talausgang, und der Vogorno-Stausee erfüllt den unteren Talabschnitt. Weiter oben prägt der Fluß das von steilen Berghängen eingezwängte Tal. Serizitgneis verleiht dem Wasser der Verzasca eine grünliche Färbung, die dem Fluß den Namen gegeben hat (ital. *verde aqua* = grünes Wasser). Sein Bett hat bei Lavertezzo eine beeindruckende Schlucht mit Erosionsflächen, polierten Steinblöcken und Gletschermühlen gebildet. An schönen Wochenenden bevölkern viele sonnenhungrige Städter die glatten Felsflächen am grünen Fluß. Wegen der sonnigen Lage war dieses abgelegene Tal schon in prähistorischer Zeit besiedelt, wie Felsinschriften aus der Jungsteinzeit belegen. Aber das enge Tal konnte seine Bewohner auch in späterer Zeit kaum ernähren. Deshalb erwarben viele in der nahen Magadino-Ebene sogenannte Terricciuoli, Landgüter, die als Weiden, Äcker und Weinberge genutzt wurden. Trotzdem mußten viele auswandern, wie das traurige Beispiel des Dorfes Corippo zeigt, das in den letzten hundert Jahren Dreiviertel seiner Bevölkerung eingebüßt hat.

Lavertezzo im Verzasca-Tal

6

Natur und Kultur im unteren Valle Maggia

Von Ponte Brolla über die Hochfläche von Dunzio bis Gordevio

Diese Wanderung gewährt schöne Einblicke in die Landschaften des Pedemonte, der fruchtbaren Schwemmebene der Melezza, und des unteren Maggia-Tals. Wir beginnen in Ponte Brolla, wo sich der Fluß tief in das Gestein gefressen hat. Von Tegna aus steigen wir hoch zu dem über dem Pedemonte gelegenen Oratorio Sant' Anna und wandern das romantische Tälchen des Ri da Riei hinauf. Beim Abstieg können wir einen Abstecher nach Aurigeno unternehmen, Geburtsort des Malers Giovanni Antonio Vanoni. Den Abschluß der Wanderung bildet der Auwald von Gordevio, der so manche interessante Naturbeobachtung verspricht.

WEGVERLAUF: Ponte Brolla – Oratorio Sant' Anna (55 Min.) – Streccia (50 Min.) – Maggia-Brücke bei Terra di fuori (1.35 Std.) – Gordevio (45 Min.); Variante: Terra di fuori – Aurigeno: 10 Min. in eine Richtung

DAUER: 4.05 Std.

LÄNGE: 11 km

HÖHENDIFFERENZEN: Von Tegna steiler Anstieg zum Oratorio Sant' Anna (232 Höhenmeter) und dann etwas flacher nach Streccia hinauf (141 Höhenmeter), 300 m Abstieg von der Hochfläche von Dunzio in den Talgrund des Valle Maggia

SCHWIERIGKEITSGRAD: Wanderung auf gut angelegten und markierten Wegen; von Dunzio bis Terra di fuori führt die Route auf einer kleinen, wenig befahrenen Asphaltstraße. Vorsicht ist beim Abstieg von Ponte Brolla in die Schlucht der Maggia geboten.

KARTEN: Landeskarte der Schweiz 1:50 000 Blatt 276 Val Verzasca bzw. Blatt 5007 Locarno-Lugano, Kümmerly + Frey Wanderkarte 1:60 000 Tessin Sopraceneri

EINKEHRMÖGLICHKEITEN: Restaurants oder Grotti in Ponte Brolla, Tegna, Aurigeno und Gordevio

ANFAHRT: Mit dem **PKW** von Locarno Richtung Valle Maggia und Centovalli nach Ponte Brolla (4 km). **Öffentliche Verkehrsmittel**: Von Locarno-Bahnhof mit dem Bus (FART-Linie 10) nach Ponte Brolla (Fahrtzeit 13 Min.) Zug: von Locarno mit der Centovallibahn nach Ponte Brolla oder Tegna. **Rückfahrt**: Von Gordevio mit der FART-Linie 10 nach Ponte Brolla oder Locarno.

DER WANDERWEG

Wir beginnen unsere Wanderung am besten mit einem Besuch der sehenswerten Maggia-Schlucht **Orrido di Ponte Brolla**. Vom Gastgarten des Ristorante al orrido (Eintritt) gelangen wir über eine steile, manchmal glitschige Steintreppe hinunter in die Schlucht.

Von Ponte Brolla sind es nur etwa 10 Minuten auf der Straße bis **Tegna**. Der Dorfplatz mit Brunnen ist von einigen netten, mit Steinen gedeckten Häusern umgeben. An der Ostseite des Platzes liegt ein Restaurant mit einem stimmungsvollen Gastgarten. An der Südseite des aus dem 17. Jahrhundert stammenden Gebäudes befindet sich eine zweigeschossige Säulenarkade. Etwas im Hintergrund steht die Pfarrkirche Santa Maria Assunta mit ihrem freistehenden Campanile. Gegenüber dem Dorfplatz führt uns ein kleines Hinweisschild (»sentiero di montagna«) eine Gasse hinauf. Wenige Schritte weiter informiert ein größerer Wegweiser über Wanderziele und Gehzeiten. Wir wandern zunächst durch den am Hang liegenden Ortsteil. Der mit Kopfsteinen und Platten befestigte Weg geht an schönen Gärten mit üppiger Vegetation vorbei. Überall wachsen Feigen, Palmen und andere tropische Pflanzen. Hinter den letzten Häusern erreichen wir einen lichten Eichenwald, durch den der Weg steil ansteigt. Der Unterwuchs erinnert etwas an die Macchie der Mittelmeerländer. Einige alte Kastanienbäume wirken besonders imposant. Immer wieder öffnen sich schöne Blicke auf die fruchtbare Ebene von Pedemonte, die durch den Zusammenfluß von Melezza und Maggia entstanden ist. In der Ferne erkennen wir die Bergketten des Gambarogno. Kurz vor dem **Oratorio Sant' Anna** verläßt der Weg den schattigen Wald. Nun ist der Ausblick frei, und wir sehen auf die Ortschaften Tegna und Verscio hinunter. Weiter im Westen, am Eingang zum Centovalli, liegt Intragna. Der Name leitet sich von lat. *inter amnes* (= zwischen den Flüssen) her, und weist auf die Lage des Ortes zwischen den Flüssen Melezza und Isorno hin. Der weithin auffallende Campanile der

Pfarrkirche San Gottardo ist mit 69 m der höchste Turm des Tessins. Im Hintergrund erahnt man das silbern glitzernde Band des Lago Maggiore. Von der Säulenarkade der Kirche Sant' Anna können wir diese Aussicht in aller Ruhe genießen (55 Min.).

Ein schmaler, gut angelegter Pfad führt eben in westlicher Richtung weiter. Knorrige Kastanienbäume, verfallene Steinmauern und alte Bildstöcke säumen den Weg. An den Bildstöcken sind die Fresken nur noch bruchstückhaft zu erkennen; so erscheinen auf dem weißen Putz nur noch einzelne Gesichter oder Ornamente. Die ehrwürdigen Gemälde erhalten dadurch einen eigenartigen, fast impressionistischen Charakter. Anschließend wendet sich der Weg nach Norden, einem kleinen Tal folgend. Er wird gesäumt von mit Farnkraut umwucherten Steinblöcken, Eichen, Kastanien und Birken. Auf einer neu angelegten Steinbrücke queren wir das Bachbett des **Ri da Riei**. Dort liegt ein gemütlicher Picknickplatz mit Brunnen, Steintisch und -bänken. Manchmal wird der Weg rechts und links durch malerische Steinmauern gesäumt. Wiesen- und Waldstücke wechseln einander ab, bis wir auf einer Anhöhe **Streccia** erreichen (1.45 Std.). Der Ort ist eine Ansammlung von teilweise verlassenen und verfallenen Steinhäusern. Trotzdem können wir hier einige romantische Winkel entdecken, etwa einen Bildstock oder eine von wildem Wein umrankte Pergola.

Auf einem Stein ist in Handschrift der nächste Wegabschnitt, der Abstieg nach Dunzio, angezeigt. Gleich hinter Streccia sehen wir zum erstenmal ins Valle Maggia hinunter. Der Abstieg ist zunächst recht steil. In einem Waldstück überqueren wir einen Bergbach auf einer Holzbrücke und kommen etwas später an Weingärten und einfachen Landhäusern vorbei. Auf einer Asphaltstraße durchqueren wir die kleine Ortschaft **Dunzio** (2.05 Std.) und steigen bis Dunzio di dentro wieder leicht an. Anschließend gelangen wir zur Anhöhe bei Forcarella di Dunzio, wo ein Bildstock steht. Bei einer Straßenkehre eröffnet sich ein beeindruckender Blick tief hinab ins Maggia-Tal. Wir erkennen die naturnahe Flußlandschaft der Maggia mit Kiesbänken, Schwemmflächen und Auwäldern – eine Seltenheit in den Alpen –, den Ort Gordevio und leider auch ein riesiges Schotterwerk, das die Harmonie der Landschaft stört. Nun folgt ein längerer Abstieg auf Asphalt nach **Terra di fuori** (3.20 Std.).

Von hier aus lohnt sich ein **Abstecher nach Aurigeno** (10 Min.): Kurz vor dem Ort kommen wir an einem restaurierten Bildstock des Heimatmalers Giovanni Antonio Vanoni vorbei, der 1810 in Aurigeno geboren wurde. Vanoni hat zahlreiche Votivbilder und Wandgemälde in Kirchen und Kapellen der Umgebung von Aurigeno und Maggia geschaffen. Sein Hauptwerk können wir in der Pfarrkirche von Aurigeno bewundern. In der vorgetäuschten Kuppel erkennen wir zahlreiche Heiligenfiguren und eine Auferstehungsszene. Warme, leuchtende Farben und barocke Ornamentik zeichnen den Malstil Vanonis aus.

In **Terra di fuori** halten wir uns abwärts, Richtung Fluß (Wegweiser Richtung Ronchini, Gordevio), den wir auf der nahen Brücke überqueren wollen. Die Träger der Hängebrücke ragen weithin sichtbar über die Baumwipfel des Auwaldes und dienen uns so als Orientierungshilfe. Elegant spannt sich diese moderne Konstruktion über das breite Flußbett der Maggia. Am anderen Ufer angekommen, nehmen wir den breiten Schotterweg, der nach Süden führt, und folgen dem Wegweiser Richtung Gordevio. Da es hier ein regelrechtes Wegenetz (und eine Fitneß-Meile) gibt, müssen wir auf die kleinen gelben Sentiero-Schilder achten. Die Schotter-

Maggia-Schlucht bei Ponte Brolla

straße geht bald in einen Pfad über. Ein Wasserlauf wird auf einem Holzsteg gequert. Wir folgen diesem dicht bewachsenen Graben. Wasserläufer tummeln sich auf der Wasseroberfläche, Libellen schwirren durch die Luft, und da und dort sitzt auch ein Frosch. Am Campingplatz von Gordevio müssen wir die Auwald-Idylle verlassen. Durch die Anlagen des Zeltplatzes gelangen wir zur Hauptstraße hinauf, wo wir gleich das Wartehäuschen der Bushaltestelle erkennen (4.05 Std.).

AM WEGE

Die **Maggia-Schlucht** ist nach der Eiszeit entstanden, als eine Moräne den Fluß in ein neues Bett drängte. So hat sich das Wasser tief in den Felsriegel gefressen, der nördlich des Pedemonte den Eingang zum Valle Maggia versperrt. Von der alten Römerbrücke, die sich hoch über die Schlucht spannt, kann man die ersten Ausblicke in den Abgrund auf die Gesteinsformationen des Flußbettes wagen. Im Westen sehen wir die Druckleitung des Wasserkraftwerkes von Ponte Brolla, das bereits zwischen 1904 und 1906 erbaut wurde und Strom für die Standseilbahn zur Wallfahrtskirche Madonna del Sasso und für die (heute nicht mehr existierende) Bahnlinie Locarno – Bignasco lieferte. Der letzte Teil des Abstieges in den Orrido di Ponte Brolla artet in eine kleine Kletterpartie aus, aber Umweg und Mühen lohnen sich, denn es gibt zu Wellen und Buckeln geschliffene Felsen, Strudellöcher, Tümpel und andere bizarre Erosionsformen zu bewundern. Bei schönem Wetter laden die glatten Felsplatten zu einem Sonnenbad ein.

7

Durch das Tal der Felsstürze

Durch das Val Bavona von Bignasco nach San Carlo

Auf einer Wanderung durch das Val Bavona erhält man einen Einblick in eine ursprüngliche und in sich abgeschlossene kleine Welt. Im Abstand von etwa einem Kilometer reihen sich die Weiler des aneinander. Es sind insgesamt zwölf ›Terre‹, wie die Ortschaften hier genannt werden. Früher verbrachten die Bauern aus dem Maggia-Tal den Großteil des Jahres in diesen Weilern oder auf den höher gelegenen Almen. Nur im Winter mußten sie das karge Tal verlassen. Heute sind die einfachen Steinhäuser des Tals Zweitwohnsitze und Sommerhäuschen.

WEGVERLAUF: Bignasco – Fontana (1.30 Std.) – Foroglio (50 Min.) – San Carlo (1.40 Std.)

DAUER: 4 Std.

LÄNGE: 12 km

HÖHENDIFFERENZEN: Die Höhendifferenz von 500 m zwischen Bignasco und San Carlo verteilt sich recht gleichmäßig auf die gesamte Strecke.

SCHWIERIGKEITSGRAD: Leichte Talwanderung auf guten Wald- und Wiesenpfaden, teilweise auf Asphaltstraße

KARTEN: Landeskarte der Schweiz 1:50 000 Blatt 265 Nufenenpaß, Kümmerly + Frey Wanderkarte 1:60 000 Tessin Sopraceneri

EINKEHRMÖGLICHKEITEN: Mehrere Restaurants in Bignasco; Grotti in Fontana, Foroglio, Sonlerto; Restaurant Basodino in San Carlo.

ANFAHRT: Mit dem **PKW** von Locarno durch das Maggia-Tal bis Bignasco (ca. 30 km), wo es südlich des Ortes, in der Nähe der Busgaragen, genügend Parkmöglichkeiten gibt. **Öffentliche Verkehrsmittel**: Mit der FART-Linie 10 (entspricht der Postbuslinie 630.60) von Locarno-Bahnhof bis Bignasco (Fahrtzeit ca. 50 Minuten). **Rückfahrt**: Von San Carlo mit dem Postbus der Linie 630.70 zurück nach Bignasco (Haltestellen beim Ristorante Basodino in San Carlo oder bei der Talstation der Robiei-Bahn).

HINWEIS: Da man für den Rückweg von San Carlo nach Bignasco den Bus nimmt, empfiehlt es sich, schon in Bignasco den Fahrplan für die Rückfahrt zu studieren, da der Bus von San Carlo am Nachmittag nur selten verkehrt.

DER WANDERWEG

Der Ausgangsort Bignasco liegt am Zusammenfluß von Bavona und Maggia, die ab hier talaufwärts Lavizzara genannt wird. **Bignasco** hat sein ur-

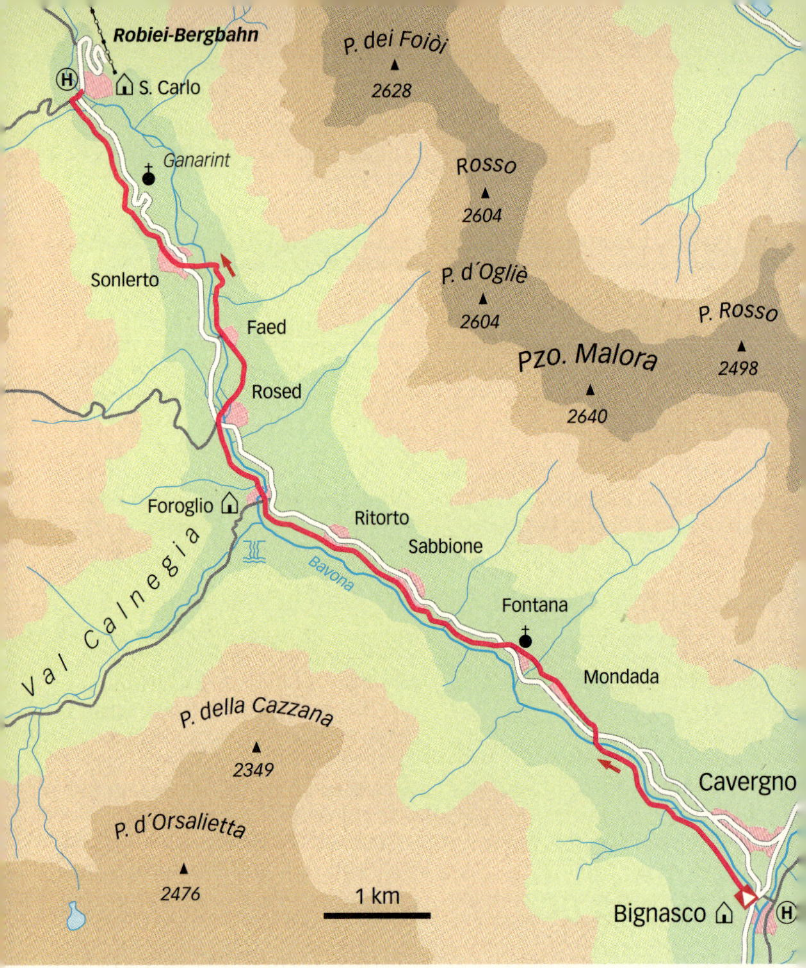

sprüngliches Ortsbild größtenteils erhalten können. Vor allem im Ortsteil Bignasco vecchio (Alt-Bignasco) finden wir zum Teil renovierte Häuser aus Bruchstein, aus Holz in der typischen Strickbauweise mit Mäusesteinen und Häuser mit bemalten Fassaden. Die dem Erzengel Michael geweihte Pfarrkirche wurde im 19. und 20. Jahrhundert umgebaut, der Campanile stammt aber noch aus dem Spätmittelalter (15. Jahrhundert). Die Brücke von San Rocco aus dem 17. Jahrhundert hat mit den beiden asymmetrischen Steinbögen als einzige Brücke Bignascos ihre ursprüngliche Form bewahren können. Gleich nebenan steht die in derselben Zeit errichtete Kapelle San Rocco, deren Laubengang der alten Maggia-Brücke zugewandt ist. Von der Bushaltestelle bis zur Maggia-Brücke sind es nur wenige Meter.

Wer keinen Rundgang durch den alten Ortskern unternehmen möchte, nimmt noch vor der Brücke den Weg nach San Carlo (Wegweiser). Linker Hand erkennen wir bald den Kirchturm der spätbarocken Pfarrkirche Sant' Antonio von **Cavergno**. Der breite, aber steinige Weg führt zunächst eben und schattig durch einen Kastanienwald. An manchen Stellen stehen die Bäume zwischen großen, abgerundeten Felsblöcken, die dicht mit Moos bewachsen sind. Gedanken an einen Märchenwald steigen bei diesem Anblick auf. Weiter unten rauscht die Bavona. Ein Bergbach hat sich sein Bett in den Granit gefressen. Er wird auf einer Holzbrücke überquert. Etwas oberhalb ist ein kleiner Wasserfall zu erkennen. Bei einer Wehranlage überqueren wir die Bavona und kommen zum Asphaltsträßchen, das nach San Carlo führt.

Schon bald verlassen wir die Straße wieder (Wegweiser), denn der Wanderweg führt uns nun durch den Wald am Hang nördlich des Flusses. Wir steigen leicht an und queren etwas oberhalb den Weiler **Mondada**. Unter großen Kastanien steht ein Gebäude, dessen ›Bauweise‹ für das ganze Tal typisch ist: Unter einem riesigen Granitblock wurde einfach eine Höhle ausgehoben und deren Öffnung mit einer Steinmauer verschlossen. So entsteht auf einfache, aber einfallsreiche Art und Weise ein kühler Vorratsraum oder ein geschützter Stall. Steinmauern säumen den Waldweg und eine kleine Hängebrücke spannt sich über einen Bergbach. Wenige Minuten nachdem wir die Brücke überquert haben, gelangen wir zum Weiler **Fontana** (1.30 Std.). Auf Kopfsteinpflaster gehen wir durch die Gassen des Ortes. Die Kapelle Santi Giacomo e Filippo ist buchstäblich an einen riesigen Granitblock angebaut, der den hübschen Bau fast zu erdrücken droht. Wir begeben uns zur Straße im Talgrund hinunter, überqueren diese und nehmen den Wiesenweg, der parallel zur Straße verläuft. Aber schon bald mündet der Wanderweg wieder in die Straße ein, der wir nun folgen. Links fließt die Bavona, die von einer hübschen Erlenaue begleitet wird. Auf der Straße kommen wir rasch nach **Sabbione**. Um diesen ausgesprochen malerischen Weiler liegen Wiesen und Äcker, die mit Steinmauern umgeben sind. Dazwischen steckt so mancher Granitblock im Boden. Es sind wohl Zeugen des gewaltigen Bergsturzes, der im Jahre 1595 dieses Tal heimsuchte und es beinahe unbewohnbar machte. Einen Kilometer weiter liegt der Weiler **Ritorto**, der durch seine nette Kirche und durch einige traditionelle Tessiner Steinhäuser gefällt.

Hinter dem Ort zweigt der Sentiero links von der Straße ab und führt, immer in Straßennähe, durch einen Er-

Bildstock bei Rosed

lenwald. Wieder auf der Straße, erblicken wir bald den beeindruckenden **Wasserfall von Foroglio**. Die Wassermassen stürzen im freien Fall aus dem Val Calnegia herunter und zerstäuben an den harten Granitblöcken zu einer nebeligen Gischt, die wieder aufsteigt und weit den Berghang entlang zieht. Der **Weiler Foroglio** ist sorgfältig renoviert worden. Die Häuser drängen sich eng um die Kapelle Santa Maria Assunta, in der ein geschnitzter Flügelaltar aus dem Jahr 1553 steht. Hier können wir uns in einem Ristorante ausruhen, während wir den Ausblick auf den Wasserfall genießen (2.20 Std.). Wer zum Fuß des Calnegia-Wasserfalls hinaufsteigen will, braucht für diesen Abstecher nur einige Minuten, allerdings ist die Zeit zum Fotografieren, Herumsteigen und Staunen nicht berücksichtigt. (Fototip: Der Calnegia-Wasserfall liegt schon ab dem frühen Nachmittag im Schatten; nur wer zeitig vor Ort ist, kann die weiße Gischt wirkungsvoll ins Bild setzen.)

Wir wandern am Ufer der Bavona leicht aufwärts weiter. Nachdem wir bei **Rosed** wieder die Straße und die Bavona überquert haben, gehen wir durch den Ort hinauf. Die gelben Markierungen leiten uns durch die engen Gassen. Hinter Rosed beginnt in einer Wiese ein romantischer Wegabschnitt. Der Pfad wird rechts und links durch Steinmauern begrenzt, an denen Gartenblumen wachsen. Hier steht auch ein schöner Bildstock. Es geht nun ein Stück bergab, und wir überqueren auf einer Holzbrücke einen der vielen Bergbäche, die über die steilen Berghänge aus den Karen der flankierenden Berge herabschießen. Danach taucht der Weg in einen schönen Erlenwald. So gelangen wir nach **Faed**. Dieser Ort muß erst kürzlich von einer Mure heimgesucht worden sein, denn die Häuser liegen im Schutt eines ausgedehnten Geröllfeldes.

Abwechslungsreich auf und ab, durch Wiesen und Waldstücke sowie über eine Holzbrücke gelangen wir nach **Sonlerto**. Kurz vor dem Ort kommen wir an einem riesigen, gespaltenen Granitblock vorbei. Wir bleiben vorläufig auf der Straße, bis der Sentiero plötzlich nach links abzweigt (Markierung beachten). Hier im oberen Teil des Val Bavona tritt die Buche teilweise an die Stelle der Kastanie als dominierender Baum, daneben gibt es Ulmen, Erlen, Haseln, Birken und Ahorn.

Nun wird der Weg etwas steiler. Wir besteigen den mächtigen **Bergsturzkegel von Ganarint**, der mit Geröll und Felstrümmern übersät ist. Kurz bevor wir wieder auf die Straße gelangen, die hier die Steilstufe in einigen Kehren überwindet, kommen wir an einer offenen Kapelle vorbei. Wir bleiben auf der Straße, bis wir San Carlo erreichen. Wenig später sehen wir den kleinen Ort, der sich auf einem sonnigen Hang ausbreitet. An der westlichen Talflanke, oberhalb des Ortes, verläuft die Trasse der Robiei-Bergbahn, die uns mühelos in die Wanderregion um Basodino und Cristallina bringen kann (s. Wanderung 8). Etwa einen Kilometer vor San Carlo kommen wir an dem einsam gelegenen Kirchlein **Santa Maria delle Grazie** (1595) vorbei. Jedes Jahr findet im Mai eine Prozession von Cavergno hierher statt. Von der Kirche aus erreichen wir leicht ansteigend auf der Straße unseren Zielort **San Carlo** (4 Std.).

In San Carlo sehen wir neben dem Ristorante Basodino die Bushaltestelle. Ein Kuriosum ist das winzige Postamt von San Carlo, das als das kleinste Postamt der Schweiz eine gewisse Berühmtheit genießt. Eher von kunsthistorischem Interesse sind dagegen die 1523 erbaute Kapelle San Carlo und die Kapelle La Presa, die etwas oberhalb des Dorfes einsam in einem Kastanienwald liegt. Von San Carlo kehren wir mit dem Postbus nach **Bignasco** zurück.

Der Calnegia-Wasserfall bei Foroglio

Die Steindächer des Tessins

Das Bild, das wir uns von einer Region und ihren Orten machen, wird wesentlich von den Dachkonstruktionen der Häuser beeinflußt. Sie sind gleichsam die Visitenkarten traditioneller Bauweisen und ursprünglicher Ortsbilder. Dies gilt für das Tessin in besonderem Maße, zählen doch die mit Steinplatten gedeckten Häuser und Kirchen der Bergdörfer zu den Sehenswürdigkeiten der Täler des Sopraceneri. Da das Baumaterial der Dächer aus der Umgebung stammt, fügen sich die Häuser harmonisch in die Landschaft ein und verleihen den Ortschaften eine herbe Schönheit.

Steinhaus im Val Bavona

Im Tessin gibt es aber nicht nur Steindächer. Die Vielfalt der Tessiner Dächer ist erstaunlich groß: Im Norden, im Val Bedretto, im oberen Valle Leventina und in Fusio (Val Lavizzara) treffen wir auf Schindeldächer aus Lärchenholz, wie wir sie auch in den benachbarten Kantonen Wallis, Graubünden und Uri finden können. Neben den Schindeldächern gibt es die mit Gneisplatten gedeckten Steindächer. Regelmäßige Dachplatten finden wir dort, wo der *Béola*, ein schieferartig brechender Granit, vorhanden ist, (etwa im Valle Maggia). In anderen Gegenden sind es brüchige Kalkschieferplatten (wie im Val Muggio im Sottoceneri). Dächer aus minderwertigen Steinplatten werden als *Técc a Piüma* bezeichnet (*Piüma* = Flaumfeder), weil die Struktur des Daches an ein Vogelgefieder erinnert. In den Städten Locarno und Bellinzona und südlich des Monte Ceneri werden die Dächer mit handgeformten *Coppi* (Hohlziegeln aus Ton) gedeckt.

Nicht nur das Material der Dachschindeln ändert sich je nach Region, sondern auch die Dachneigung. Die steilsten Dächer (41°) finden wir im Val Verzasca, Valle Maggia, Centovalli, Val Onsernone und im Valle Leventina, weniger steil sind sie im Val Blenio und Val Bedretto (33°). Im Sottoceneri sind die Dächer am flachsten (25°).

Doch wenden wir uns dem typischen Tessiner Steindach genauer zu: Der Dachstuhl eines einfachen Satteldachs ist eine Holzkonstruktion, bestehend aus *Catena* (Ankerbalken), *Radice* (Mauerpfette) und *Montante o puntone* (Sparren), die mit Holznägeln zusammengehalten wird. Jetzt ist es die Aufgabe des *Teciatt* (Dachdecker), die größten und ebenmäßigsten Steinplatten unmittelbar auf die Mauer zu legen und sie etwa 20 cm über den Mauerrand vorspringen zu lassen. Sobald diese Traufsteine verlegt sind, schichtet der Dachdecker die übrigen Platten in möglichst gleichmäßigen Reihen übereinander. Eine Reihe flacher Platten bildet den First des Steindaches. Neben dem einfachen Dach finden wir auch zusätzliche Elemente, wie Kamine, Vordächer über den Eingängen, Dachrinnen und eingearbeitete Dachfenster. Besonders kunstvoll sind die Steinplatten für die kegelförmigen Kirchturmspitzen aufeinandergeschichtet. Um einen Quadratmeter zu decken, braucht es vier Quadratmeter Platten, was einem Gewicht von ca. einer halben Tonne entspricht. Es ist erstaunlich, welche Last die Holzbalken zu tragen imstande sind, vor allem wenn man bedenkt, daß in manchen Wintern eine erhebliche Schneedecke auf den Dächern ruhen kann.

8

Im Reich der Gletscher und Bergseen

Bergwanderung von Robiei zur Capanna Cristallina

Den Abschluß des wild-romantischen Val Bavona bildet die durch die Erosionskräfte der Gletscher entstandene Seenplatte von Robiei. Mit Hilfe der Seilbahn gelangen wir rasch 1891 m hoch zum Lago di Robiei. Zuerst prägen noch die Kraftwerksanlagen das Bild, doch dann führt ein steiler Pfad in eine unberührte Hochgebirgswelt. Am einsamen Lago Sfundau vorbei erreichen wir in 2568 m den Passo Cristallina. Vom Wendepunkt der Wanderung, der Hütte Capanna Cristallina, erkennen wir das Gotthard-Massiv im Norden und erahnen tief unter uns das Tal des Ticino, ehe wir wieder zur Bergbahn zurückkehren.

i

WEGVERLAUF: Bergstation Robiei-Bahn – Passo Cristallina (3 Std.) – Capanna Cristallina (30 Min.) – Bergstation Robiei-Bahn (3 Std.)

DAUER: 6.30 Std.

LÄNGE: 13 km

HÖHENDIFFERENZEN: Von der Bergstation Robiei bis zum Lago Bianco geht es relativ sanft aufwärts (185 m), dann folgt ein sehr steiler Anstieg (300 m) bis zum Vermessungspunkt Pt. 2340 m. Von dort sind es noch 200 Höhenmeter bis zum Passo Cristallina. Zur Capanna Cristallina Abstieg von 220 Höhenmetern, die beim Rückweg wieder bewältigt werden müssen, ehe ein langer Abstieg von fast 700 m folgt.

SCHWIERIGKEITSGRAD: Aussichtsreiche, aber anstrengende Bergwanderung mit langen und teils steilen An- bzw. Abstiegen. Die Wege sind durchgehend gut markiert, doch ist bei Nebel von dieser Wanderung abzuraten. Feste Bergschuhe und warme Kleidung sind notwendig.

KARTEN: Landeskarte der Schweiz 1:50 000 Blatt 265 Nufenenpaß, Kümmerly + Frey Wanderkarte 1:60 000 Tessin Sopraceneri

EINKEHRMÖGLICHKEITEN: Albergo Robiei (nahe der Bergstation), Capanna Basodino (etwa 15 Min. unterhalb der Bergstation), Capanna Cristallina (in der geräumigen Berghütte können 160 Personen übernachten; Reservierungen unter ✆ 091/ 54 66 83)

ANFAHRT: Mit dem **PKW** von Locarno durch das Maggia-Tal bis Cavergno (30 km) und durch das Val Bavona bis zur Talstation der Robiei-Bahn oberhalb von San Carlo (10 km ab Cavergno), wo es genügend Parkmöglichkeiten gibt. **Öffentliche Verkehrsmittel**: Mit der Linie 10 (entspricht der Postbuslinie 630.60) von Locarno-Bahnhof bis Bignasco und von dort mit der Postbuslinie 630.70 zur Talstation der Robiei-Bahn.

HINWEIS: Die Robiei-Seilbahn verkehrt zwischen 8 und 17 Uhr jede volle Stunde (Bergfahrt), die letzte Talfahrt erfolgt bereits um 17.20 Uhr.

DER WANDERWEG

Etwas oberhalb von San Carlo im Val Bavona befindet sich die Talstation der **Robiei-Bergbahn**. Diese Bergbahn befördert zwar meist Touristen und Bergwanderer, aber sie dient(e) in erster Linie als Materialbahn für die Robiei-Kraftwerksanlagen. In 15 Minuten bringt uns die große, rote Kabine auf eine Höhe von 1891 m. Wir ersparen uns einen Anstieg von 900 Höhenmetern bzw. drei Stunden, um in die herrliche Bergwelt von Basodino und Cristallina zu gelangen. Die Bergfahrt eröffnet schöne Ausblicke auf den herb-romantischen Talschluß des Val Bavona. Wir blicken auf die breite Talsohle, die von steilen Berghängen begrenzt wird. Im Talgrund erkennen wir die Spuren einiger zerstörerischer Bergstürze. Kurz vor der Bergstation öffnet sich im Westen der Blick auf den Basodino-Gletscher, und wir fahren über die Capanna Basodino (1856 m) hinweg. Weniger erbaulich als die Bergwelt sind die Staumauer, Materialseilbahnen und Werksstraßen des Robiei-Kraftwerkes der OFIMA (Maggia Kraftwerke AG). Auch das turmförmige Betongebäude des Albergo Robiei stört den Gesamteindruck.

Von der **Bergstation** führt eine Asphaltstraße unterhalb der Staumauer des **Lago di Robiei** nach Westen. Wir folgen dieser Werksstraße, die in einem weiten Bogen nach Norden in ein kleines Tal führt. Im Westen taucht bald wieder der mächtige Bergstock des Basodino auf, der für kurze Zeit hinter einem Bergrücken verschwunden war. Wir befinden uns schon lange oberhalb der Waldgrenze: Bergmatten und Blockhalden prägen diese Gebirgslandschaft, Murmeltiere pfeifen, Hausrotschwänze zucken aufgeregt mit ihren Schwänzen,

und man kann Steinschmätzer, Wasserpieper und Alpenbraunellen beobachten.

Bei einem kleinen Wasserfall überquert die Straße den Bach, und wir sehen vor uns den **Lago Bianco** in einer Mulde liegen. Im Hintergrund, 250 Höhenmeter über uns, steht die Staumauer des Lago dei Cavagnöö. Sobald die Straße oberhalb des Lago Bianco vorbeiführt, zweigt der Weg zum Passo Cristallina rechts ab. Die Abzweigung ist gut beschildert. Auf dem steilen Pfad gewinnt man schnell an Höhe, und schon bald liegen die Werksstraße und der Lago Bianco tief unter uns. Die Sicht auf die Bergwelt wird immer freier, die überragende Gestalt ist nach wie vor der Basodino mit seinem ausgedehnten Gletscher. Auf einem Bergrücken teilt sich der Weg in Richtung Lago Nero und Richtung Passo Cristallina. Ab dieser Wegkreuzung (Punkt 2340 m) steigt der Weg weniger steil an und wendet sich nach Norden.

Nur ein paar Ziegen können sich von den kargen Bergrasen ernähren. Gelegentlich begleiten sie die Bergsteiger ein Stück des Weges. Der Berghang, den wir nun queren, ist ausgesprochen steil und mit Felsen durchsetzt. Obwohl der Pfad gut angelegt und markiert ist, sollten wir bei schlechter Sicht lieber vorsichtig sein und die Wanderung abbrechen. Es geht um eine Kuppe herum, und wir sehen den **Lago Sfun-**

dau und den Weg, der sich oberhalb des Sees zum markanten Einschnitt des **Passo Cristallina** hinaufzieht. Schön ist der Blick nach Westen: Über dem Lago Cavagnöö erhebt sich das Marchhorn mit dem Cavagnöö-Gletscher. Knapp unterhalb des Passes kann auch im Hochsommer Schnee die Schotterflächen bedecken. Am Paß eröffnet sich der Blick auf die Berge des Gotthard-Massivs im Norden (3 Std.).

Von der Anhöhe geht es zuerst durch schroffes Blockwerk hinunter. Bald erkennen wir tief unter uns das große Gebäude der **Capanna Cristallina**. In einer knappen halben Stunde sind wir schließlich bis zur Hütte abgestiegen und können von der Terrasse aus die Aussicht genießen (3.30 Std.). Gut zu erkennen ist im Westen der Passo del Naret. Dieser Übergang führt ins Val Sambuco und schließlich nach Fusio im Val Lavizzara. Im Süden bildet der 2912 m hohe Cristallina-Gipfel den Abschluß der weiten Karmulde, über der auf einem wenig ausgeprägten Rücken die Hütte liegt. Mit etwas Geduld (und einem Feldstecher) können wir in den Blockfeldern unterhalb der Hütte Murmeltiere beobachten. Wir kehren auf derselben Route wie auf dem Hinweg zum **Cristallina-Paß** und nach **Robiei** zurück. Für den Rückweg müssen wir 3 Stunden einkalkulieren.

Blick auf den Basodino

9

Lärchenwälder, Almen und ein stiller Bergsee

Rundwanderung hoch über dem Val Lavizzara von Fusio zum Lago di Mognola

Der steile Anstieg zum Lago di Mognola lohnt sich wegen der ländlich-friedlichen Atmosphäre, die uns auf der Almfläche der Corte di Mognola erwartet. Schwarze Verzasca-Ziegen suchen auf den mit Blockwerk übersäten Wiesen nach Futter, begleitet von einigen Rindern und Schweinen – ein Anblick von Harmonie zwischen Mensch, Vieh und Landschaft, wie er leider immer seltener wird. Die Wanderung führt uns zu einem Wasserfall, bei dem wir die Karmulde des Lago di Mognola betreten. Der kristallklare Bergsee und die Rauheit der umgebenden Felsgipfel strahlen eine stille Erhabenheit aus. Ein steiler Abstieg mit beeindruckenden Blicken tief hinab in das Val Sambuco beschließt diese Rundwanderung.

i

WEGVERLAUF: Fusio – Vacarisc di fuori (50 Min.) – Corte Mognola (1 Std.). – Lago di Mognola (50 Min.) – Fusio (2.20 Std.)

DAUER: 5 Std.

LÄNGE: 9 km

HÖHENDIFFERENZEN: Auf dieser Wanderung sind steile An- und Abstiege von ca. 800 Höhenmetern zu überwinden.

SCHWIERIGKEITSGRAD: Teilweise sehr steile Bergwanderung, die auch oberhalb der Waldgrenze verläuft. Festes Schuhwerk ist auf den steinigen Pfaden wichtig. Die Orientierung ist dank der guten Markierung kein Problem.

KARTEN: Landeskarte der Schweiz 1:50 000 Blatt 266 Val Leventina, Kümmerly + Frey Wanderkarte 1:60 000 Tessin Sopraceneri

EINKEHRMÖGLICHKEITEN: Geschäfte und Gaststätten gibt es nur in Fusio, dem Ausgangs- und Endpunkt der Wanderung.

ANFAHRT: Mit dem **PKW**: Von Locarno durch das Maggia- bzw. Lavizzara-Tal bis Fusio (ca. 50 km); Parkplatz bei der Maggia-Brücke an der Straße zum Sambuco-Stausee. **Öffentliche Verkehrsmittel:** Von Locarno-Bahnhof mit der FART-Linie 10 bis Bignasco und von dort mit der Postbuslinie 630.72 nach Fusio (Fahrtzeit ca. 2 Stunden)

DER WANDERWEG

Fusio ist der letzte Ort des langen Tales der Maggia, das ab Bignasco Val Lavizzara genannt wird. Interessanterweise finden wir in Fusio nicht nur die typischen Tessiner Steinhäuser, sondern auch Holzbauten, wie wir sie in der Gotthard-Region entdecken können. Hier treffen also südliche und nördliche Bauweisen aufeinander, woraus man Rückschlüsse auf die Siedlungsgeschichte dieser Bergregion ziehen kann.

Am Fuße des Ortes gibt es einen Parkplatz mit Telefonzelle und öffentlichen Toiletten. Ein kleines Hinweisschild mit der Beschriftung »Alpe Vacarisc« und »Lago Mognola« weist uns auf einen breiten Weg, der die östliche Talseite hochsteigt (rot-weiß-rote Markierung). Schon bald geht der Weg in einen schmalen Pfad über, der zunächst südlich, d.h. talauswärts, führt. An einigen imposanten alten Buchen vorbei, geht es sehr steil aufwärts. Nach 20 Minuten treffen wir auf einen breiten Weg, folgen aber dem mit Steinplatten befestigten Pfad und lassen rechter Hand ein Almgebäude unter uns. An einem kleinen Bergbach taucht der Weg in einen Erlenbruchwald. Wenig später gelangen wir auf eine Schotterstraße und wandern an einigen Ferienhäuschen vorbei. Wir haben **Vacarisc di fuori** erreicht (50 Min.) und folgen der Schotterstraße bis zur nächsten Kehre. Dort zweigen wir von der Straße ab. Auf einem Stein ist hier in Handschrift unser Wanderziel Lago Mognola angeschrieben. Der Weg taucht in einen lichten Lärchenwald mit einem netten Bergbach. Hier ist der Verzweigungspunkt unserer Rundwanderung.

Wir halten uns rechts, Richtung Corte Mognola (Wegweiser). Dazu überqueren wir den Bach auf einigen Trittsteinen. Steil geht es durch den Lärchenwald hinauf. Später lichtet sich der Wald etwas, und man hat so einen freieren Ausblick auf die Berge jenseits des Val Lavizzara, den Sambuco-Stausee und Fusio, tief unten im Talgrund gelegen. Je höher wir steigen, desto mehr bilden Alpenrosen-, Heidelbeer- und Preiselbeersträucher den Unterwuchs des Lärchenwaldes. Der Weg nähert sich dem Bergbach Ri di Mognola und wir erreichen über eine Steilstufe hinweg das Hochplateau der **Corte Mognola** (1.50 Std.). Inmitten der Almweide liegen die einfachen Almgebäude. Eine niedrige und teilweise verfallene Steinmauer erinnert uns daran, daß dieses Gelände früher in zwei Almwirtschaften aufgeteilt war. Die Alm wird im Sommer mit Rindern, Ziegen und Schweinen bewirtschaftet. Entlang des Baches, der weiter oben als Wasserfall herabstürzt, erkennen wir die Route unseres Wanderweges. Wir folgen dem Pfad, der in Bachnähe verläuft, und lassen schon bald die Hochfläche mit der Alm unter uns. Nun folgt ein besonders schöner Wegabschnitt. Wir steigen direkt neben dem Wasserfall durch wunderschöne Zwergstrauchheiden und Lärchenwald steil bergan.

Sobald wir den Wasserfall hinter uns gelassen haben, betreten wir die Hochfläche des **Lago di Mognola** – nur wenige Schritte, und die Szenerie der Landschaft ändert sich grundsätzlich. Der See liegt in einem von eiszeitlichen Gletschern gebildeten Kar, umrahmt

von Schotterhalden und felsigen Berggestalten. Ruhig und kristallklar ruht der Bergsee in einer nahezu baumlosen Mulde vor uns (2.40 Std.). Der Pfad geht nur kurz dem Nordufer entlang, denn schon nach etwa hundert Metern zweigen wir nach links ab und steigen einen Rücken hinauf. Von dem etwas erhobenen Standpunkt aus ergibt sich ein wunderbarer Blick hinunter auf den See; gut erkennt man die runde Form und seine Lage in einer Karmulde. Es geht über eine Kuppe hinweg, und der See verschwindet leider allzubald aus unserem Blickfeld. Allerdings eröffnet sich nun ein beeindruckender Ausblick in das leicht gebogene Val Sambuco mit dem Stausee. Im Hintergrund erhebt sich der gletscherbedeckte Basodino (3223 m). Wir kommen an dem verlassenen Almgebäude der **Corte della Sassina** vorbei und queren den mit Zwergstrauchheiden und Bergmatten bewachsenen Hang in nördlicher Richtung. Nach einem kurzen Ansteig überqueren wir den Bergbach Ri di Vacarisc und kommen zur **Alpe Cana** (3.15 Std.). Am Weg zwischen der Alpe Cana und der Corte del Sasso können wir noch Reste einer alten Wasserleitung erkennen. Ab der Alpe Cana geht es steil abwärts. Manchmal muß man über größere Steine steigen und auf rutschige Wegpassagen achten. An der Corte del Sasso vorbei, geht es zuerst noch über Bergmatten, ab der Corte di Mezzo kommen wir wieder in den Lärchenwald. Wir folgen den vielen Kehren, bis wir wieder bei **Vacarisc di fuori** auf die Aufstiegsroute treffen. Vom Verzweigungspunkt unserer Rundwanderung geht es auf demselben Weg wie beim Anstieg zurück nach **Fusio** (5 Std.).

Beim Abstieg vom Lago di Mognola

10

Im äußeren Valle Verzasca

Von Mergoscia durch das Tal des ›grünen‹ Flusses Verzasca

Das Valle Verzasca ist eine Landschaft voller Stille und herber Schönheit. Bei dieser Wanderung lernen wir den vorderen Teil des Tales kennen. Steindächer, Weinberge und Tiefblicke zum Stausee Lago di Vogorno sind die eindrucksvollen Elemente des ersten Wegabschnittes. Dann tauchen wir in einen ›Zauberwald‹ aus alten Kastanien ein und gelangen kurz nach Corippo in den Talgrund, wo die smaragdgrüne Verzasca regiert. Berühmt sind die glattgeschliffenen Felsformationen der Verzasca-Schlucht und die reizvolle Steinbogenbrücke Ponte dei Salti, Endpunkt dieser Talwanderung.

WEGVERLAUF: Mergoscia – Corippo (1.50 Std.) – Lavertezzo (50 Min.)

DAUER: 2.40 Std.

LÄNGE: 7,5 km

HÖHENDIFFERENZEN: Von Mergoscia steigen wir zunächst etwa 100 Höhenmeter an, dann, ab der Lichtung von Bedeglia, folgt ein teilweise steiler Abstieg nach Corippo (ca. 280 Höhenmeter). Der Wegabschnitt nach Lavertezzo weist keine größeren An- oder Abstiege auf.

SCHWIERIGKEITSGRAD: Leichte Talwanderung auf guten Wegen, die auch hervorragend beschildert sind. Einige Hindernisse (Geröllhalde mit grobem Schotter, Steilstücke) erfordern gutes Schuhwerk und etwas Trittsicherheit.

KARTEN: Landeskarte der Schweiz 1:50 000 Blatt 276 Val Verzasca bzw. Blatt 5007 Locarno-Lugano, Kümmerly + Frey Wanderkarte 1:60 000 Tessin Sopraceneri oder Tessin Sottoceneri

EINKEHRMÖGLICHKEITEN: Grotti oder Restaurants in Mergoscia, Corippo und Lavertezzo

ANFAHRT: Mit dem **PKW** von Locarno über Tenero und Contra auf der kurvigen und aussichtsreichen Bergstraße nach Mergoscia (ca. 12km); Parkmöglichkeit vor und hinter der Kirche. **Öffentliche Verkehrsmittel**: Von Locarno-Bahnhof mit dem Bus der FART-Linie 24. **Rückfahrt**: Von Lavertezzo mit dem Postbus (Linie 630.55) nach Locarno

HINWEIS: Da man von Lavertezzo mit dem Bus nicht direkt nach Mergoscia gelangen kann, müssen Benützer von PKW entweder zu Fuß zurückkehren oder zunächst mit dem Postbus nach Tenero fahren und dort in den FART-Bus nach Mergoscia umsteigen, um zum Auto zu gelangen.

VARIANTE: Diese Wanderung läßt sich gut mit Wanderung 11 kombinieren.

DER WANDERWEG

Allein die Fahrt nach Mergoscia ist wegen der landschaftlichen Schönheit einen Ausflug wert. Zuerst geht es von der Magadino-Ebene in vielen Kehren den sonnenüberfluteten Berghang nach Contra hinauf. Dann windet sich die Straße hoch über dem Lago di Vogorno taleinwärts. An manchen Stellen ist die Trasse kühn in den Fels gehauen. Diese *Strada nuova* wurde Ende des 18. Jahrhunderts angelegt und ist nach wie vor die einzige Verkehrsverbindung nach **Mergoscia**. Die Ortschaft ist von den anderen Gemeinden im Verzasca-Tal isoliert und hat sich seit jeher mehr am Umland von Locarno orientiert als an den restlichen Dörfern im Valle Verzasca.

Der Ortskern, bestehend aus Pfarrhaus, Kirche, Campanile und Friedhofsanlage, ist in seiner Art im ganzen Kanton einmalig. Die Pfarrkirche Santi Carpoforo e Gottardo geht auf einen gotischen Bau zurück, der in den letzten Jahrhunderten gründlich umgebaut worden ist. Die ursprüngliche Kirche wurde in ihrer Länge und Höhe fast verdoppelt, doch konnte der Bau nicht entsprechend verbreitert werden, ohne Platz für Prozessionen um die Kirche zu verlieren. So entstanden die etwas eigenwilligen Proportionen. Im Innenraum sind vor allem die Gemälde des Tonnengewölbes von Antonio Vanoni (1810–1886) erwähnenswert, einem Maler aus dem benachbarten Valle Maggia (s. Wanderung 6). Die Aussichtsterrasse am Kirchvorplatz bietet einen wunderschönen Blick auf die weiter unten gelegenen Häuser, die teilweise mit traditionellen Steinplatten gedeckt sind, und den Lago di Vogorno. Ein geringer Wasserstand des Stausees kann allerdings diesen idyllischen Ausblick erheblich stören. Bei guter Sicht ist in der dunstigen Ferne sogar der Lago Maggiore zu erkennen.

Wir gehen links an der Kirche vorbei und steigen über Treppen zum oberen Ortsteil **Benitti** hinauf. An diesem sonnigen Hang kommen wir an Steinmauern vorbei und wandern durch kleine Weingärten, wo zahlreiche Mauereidechsen leben. Bald haben wir einen hübschen Blick zurück zur Kirche von Mergoscia und über den Lago di Vogorno hinweg. Der Wanderweg geht nun von einer kleinen Straße in einen engen, steinigen Pfad über, der in einigen Kehren aufwärts führt. Rechts, an den steilen Berghang gedrückt, liegt ein Weingarten, der durch Steinmauern abgestützt wird. Der Weg taucht in einen schattigen Kastanienwald, und wir erreichen bald die **Lichtung von Bedeglia**, den höchsten Punkt unserer Wanderung. Es bietet sich ein wildromantisches Bild: Große Steinblöcke, blankgeschliffene Felsen und uralte, schon großteils vermoderte Baumstämme liegen zwischen den Kastanien. Im nächsten Wegabschnitt geht es steil in vielen Kehren durch den Wald hinunter. Dem Abstieg folgt ein kurzer Gegenanstieg; dann geht es abwechselnd kurzzeitig bergauf und bergab, immer wieder kleine Seitentälchen querend und an einigen verlassenen Steinhäusern vorbei: Zuerst gelangen wir nach Redond, dann folgen Monti di Gresina, Bolla und Liano. In **Monti di Gresina** sticht uns ein Fresko aus dem 17. Jahrhundert an der Wand eines Stalles ins Auge. Es stellt die Madonna und den Tod dar, ein Motiv, das diesem verlassenen Ort einen fast unheimlichen Charakter verleiht. Vor uns erscheint in der Ferne Corippo, dessen Häuser sich eng an einen steilen Hang drängen. Besonders reizend ist der Blick auf den kleinen Ort kurz nach der aus mehreren Gebäuden bestehenden **Alm Liano**. Bevor wir Corippo erreichen, müssen wir noch das tief eingeschnittene Val di Corippo queren. Wir überschreiten den schluchtartigen Bachlauf auf einer romantischen, mit Moos überwachsenen Steinbrücke. Über Stufen gelangen wir zum Kirchplatz hinauf, wo wir in einer Osteria einkehren können (1.50 Std.).

Ein Rundgang durch die engen Gassen des Ortes lohnt sich, denn **Corippo** zählt zu den schönsten Bergdörfern des Tessins. Heute steht das gesamte Dorf unter Denkmalschutz, was aber nicht über aktuelle Probleme hinwegtäuschen kann. Die Gemeinde Corippo leidet stark unter der Abwanderung der einheimischen Bevölkerung. Noch vor hundert Jahren lebten fast 300 Menschen in Corippo, heute sind noch knapp 50 Einwohner übrig geblieben. Manche Steinhäuser sind so an den steilen Hang gebaut, daß man auf der Vorderseite direkt in die unten gelegene Küche, auf der Rückseite ebenerdig in die eigentlich im Obergeschoß gelegene Kammer gelangen kann.

Blick auf Corippo von Liano

Grobe, in das Mauerwerk eingelassene Granitplatten dienen als Stiegen. Typisch für die Häuser von Corippo sind auch die offenen Giebelseiten und die weiß umrandeten Fenster. Dem Volksglauben zufolge soll der weiße Rahmen Mäuse, Ungeziefer und wohl auch Dämonen abhalten. Sicher ist, daß die helle Laibung für etwas mehr Lichteinfall durch die kleinen Fenster in die dunklen Stuben sorgt.

Wir verlassen den Ort auf der kleinen Straße, die von der Kirche aus taleinwärts führt. Bei einer Kehre zweigt der Wanderweg nach Lavertezzo von der Straße ab (Wegweiser). Wir hören Wasser rauschen und werden der rechts unterhalb gelegenen, schönen Felsstrukturen der **Verzasca-Schlucht** gewahr. Nun erreichen wir den Talgrund, und es geht auf und ab durch Kastanienwälder, immer entlang dem bemerkenswerten Flußbett. Kurz vor Lavertezzo erreichen wir Oviga di fuori. Vor den Häusern weist uns ein Hinweisschild Richtung Lavertezzo nach rechts unten. (Geht man geradeaus weiter, gelangt man am westlichen Ufer der Verzasca direkt zur Ponte dei Salti). Wir gehen über Treppen abwärts und kommen zur modernen Brücke, die hier die Verzasca überspannt. Von dort aus läßt sich der Blick hinab in die Schlucht mit ihren typi-

schen Erosionsformen genießen. Die Verzasca ist ein wilder, schäumender Gebirgsfluß, dessen smaragdgrünes Wasser sich tief in das Gestein gefressen hat. Die Färbung des Wasser rührt vom grünlichen Serizitgneis im Bachbett her. Die skurrilen Erosionsformen haben die Schluchten der Verzasca weithin bekannt gemacht, und die glatten Felsplatten und angenehm runden Steine haben dieses sonnige Tal zu einem Mekka für Bade- und Sonnenhungrige werden lassen. Wir überqueren die Brücke und gehen den letzten Abschnitt der Wanderung auf bzw. neben der Straße, bis wir Lavertezzo erreichen (2.40 Std.).

Mit ca. 600 Einwohnern ist **Lavertezzo** wesentlich größer als Mergoscia oder Corippo. Zur Zeit der eidgenössischen Landvögte war Lavertezzo Gerichtssitz. Am Ortseingang steht die barocke Pfarrkirche Santa Maria degli Angeli. Die eigentliche Sehenswürdigkeit des Ortes ist aber die berühmte Verzasca-Brücke **Ponte dei Salti**. Fünf Minuten nach Lavertezzo erreichen wir diese mittelalterliche Steinbogenbrücke. Wir können von hier aus der Verzasca entlang nach Brione und Sonogno weiterwandern (s. Wanderung 11) – oder wir kehren nach Lavertezzo zurück und besteigen dort den Postbus, der uns nach Locarno bringt.

AM WEGE

Die **Ponte dei Salti**, die fälschlicherweise manchmal als »Ponte Romano« bezeichnet wird, stammt zwar ursprünglich aus dem Mittelalter, wurde allerdings 1906 zerstört und wiederaufgebaut und mußte 1958 abermals gründlich renoviert werden. Die Brücke zählt zu den bekanntesten Bauwerken des Tessins. Und tatsächlich geht von diesem harmonischen, aus grobem Stein errichteten Brückenbau, der sich elegant in zwei Bögen über das felsige Bachbett der Verzasca spannt, eine besondere Ausstrahlung aus. Der mittlere Pfeiler steht auf einer reizvollen Felsinsel im Fluß. Von der Brücke aus sehen wir auf die kühnen Felsformen im Flußbett, die hübschen Auwälder entlang der Verzasca und auf den Campanile der Pfarrkirche von Lavertezzo.

Die Ponte dei Salti bei Lavertezzo

Die Ziege
Das traditionelle Haustier im Tessin

Die Haustiere, die uns auf unseren Wanderungen im Tessin am häufigsten begegnen, sind Ziegen. In kleinen Herden weiden sie im Sommer auf den Almflächen, teilweise in über 2000 m Höhe. In den vergangenen Jahrtausenden ermöglichten es diese genügsamen Tiere dem Menschen, sich in kargen Regionen, wie den unwirtlichen Tälern an der Alpensüdseite, niederzulassen. Andererseits verursacht die Ziege durch Verbiß und Rindenfraß Schäden an der Vegetation, die die Bodenerosion und Verkarstung beschleunigen können.

Von den verschiedenen Rassen ist die Nera Verzasca, die Schwarze Verzasca-Ziege für das Tessin am typischsten. Die Rasse ist nach dem Valle Verzasca benannt, das etwas östlich von Locarno in die Magadino-Ebene mündet. Im Hauptort des Tales, in Sonogno, werden die Verzasca-Ziegen noch in größerer Zahl gezüchtet. Im Frühjahr weiden sie frei im Talgrund. Im Sommer können wir diese Tiere auch auf den Almen des Val Maggia und seiner Seitentäler antreffen. Die *Nera Verzasca* ist kurzhaarig und meist vollständig schwarz oder schwarz mit rotbraunen Oberschenkeln und trägt mittellange, leicht gebogene Hörner. Sie galt schon immer als besonders anspruchslose und widerstandsfähige Ziegenrasse, die auch extreme Temperaturunterschiede verträgt.

11

Auf dem Sentierone durch das Verzasca-Tal

Von Sonogno nach Lavertezzo

Der Sentierone führt auf alten Saumpfaden entlang des Verzasca-Flusses vom Talschluß bei Sonogno bis zur Steinbogenbrücke bei Lavertezzo. Links und rechts des Flusses wandern wir gemütlich in der Kühle des Tales mit ständigem Blick auf den Fluß talauswärts. Wir überqueren Seitenbäche, Schuttkegel, Gebirgsauen, alte Weidegebiete und wandern durch Waldstücke, ehe wir zur bekannten Doppelbogenbrücke gelangen.

WEGVERLAUF: Sonogno – Frasco (30 Min.) – Cordasc (20 Min.) – Brione (45 Min.) – Ganne (50 Min.) – Lavertezzo (1.05 Std.)

DAUER: 3.30 Std.

LÄNGE: 13 km

HÖHENDIFFERENZEN: Sonogno 918 m, Frasco 885 m, Cordasc 835 m, Brione 756 m, Ganne 669 m, Lavertezzo 536 m (382 m Gefälle)

SCHWIERIGKEITSGRAD: Leichte bis mäßig schwierige Saumpfade und Hangwege, bei oder nach Regen ausgewaschen und stellenweise morastig

KARTEN: Blatt 276 Val Verzasca 1:50 000 oder regionale Wanderkarte Tenero e Valle Verzasca 1:50 000

EINKEHRMÖGLICHKEITEN: Grotto in Sonogno und an der Ponte dei Salti, Ristorante in Lavertezzo, Grotto in Motta

ANFAHRT: Von Locarno mit dem Bus (Fahrplanfeld 630.055) ab Stazione Centrale bis Sonogno; **Rückfahrt**: ab Lavertezzo bis Locarno

VARIANTE: Die Kombination mit Wanderung 10 ist möglich.

DER WANDERWEG

Von allen Tälern des Tessins ist das Valle Verzasca wohl am eindrucksvollsten und, sehen wir vom Stausee im vorderen Teil ab, noch sehr ursprünglich. Tief zieht das Tal in den grauen Granit und Gneis der Tessiner Alpen und weitet sich bei Sonogno kesselartig. Der »berauschendste« Abschnitt beginnt sicherlich bei Lavertezzo taleinwärts, denn hier hat der Fluß kunstvolle Gebilde, Gletschermühlen und Schluchten aus dem Granit und dem Schiefer herausgearbeitet.

Wir beginnen mit unserer Wanderung am Talschluß von **Sonogno**. Zuvor lohnt sich ein Rundgang durch das ursprüngliche Dörfchen, in dem beinahe alles aus Granit zu sein scheint – Häuser, Dächer, Zäune, Straßenbelag. Der Ort hat sich in den letzten Jahren ein wenig dem Tourismus angepaßt. Neben dem großen Parkplatz am Ortseingang fallen rasch Souvenirläden auf, die zum Teil Kunstgewerbe aus der Gegend an-

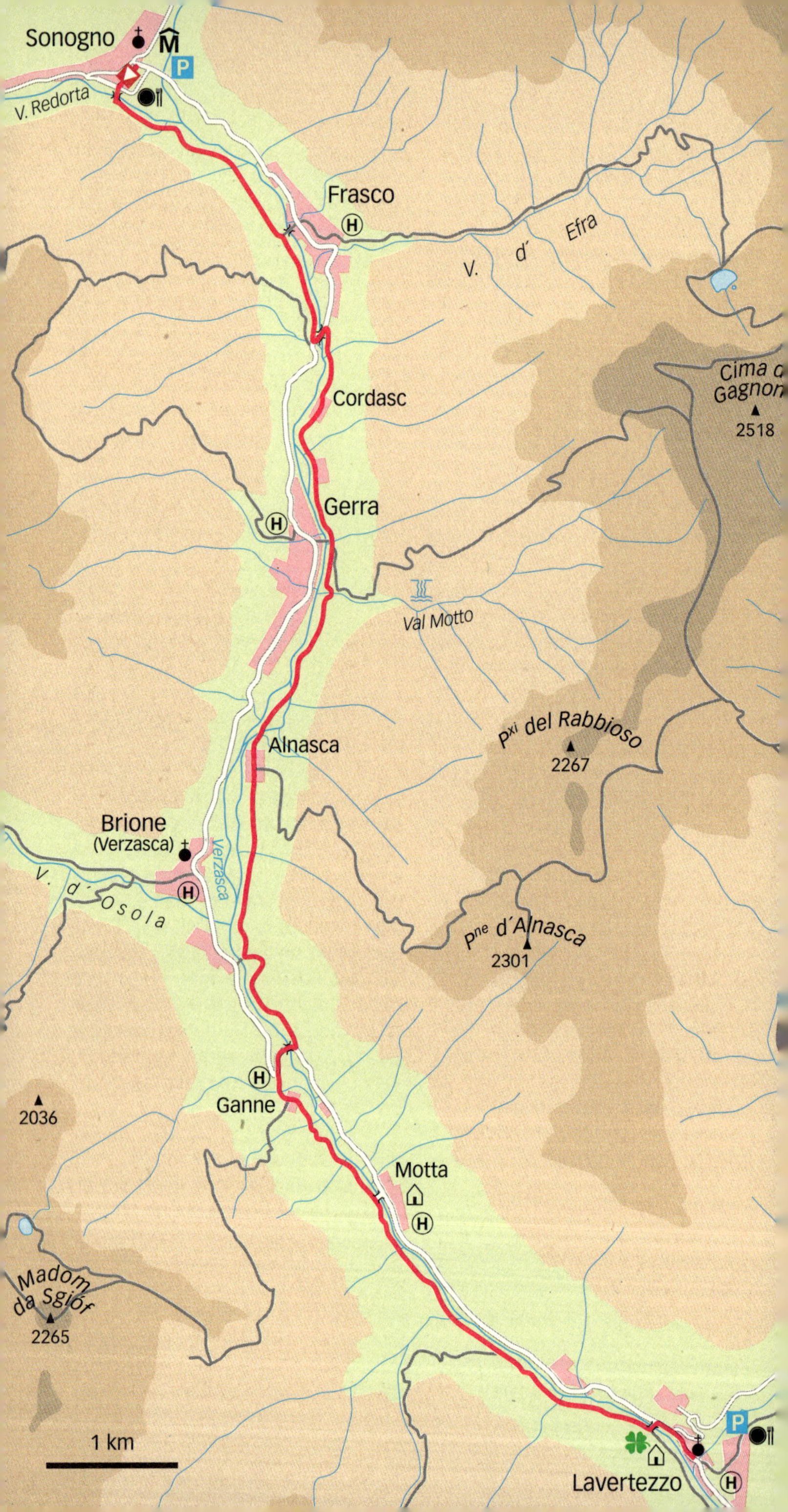
Sonogno
V. Redorta
Frasco
V. d´ Efra
Cima di Gagnone
2518
Cordasc
Gerra
Val Motto
Alnasca
Pxi del Rabbioso
2267
Brione (Verzasca)
Verzasca
V. d´Osola
Pne d´Alnasca
2301
Ganne
2036
Motta
Madom da Sgióf
2265
1 km
Lavertezzo

bieten. Das mit 930 m höchstgelegene Dorf des Tales ist Ausgangspunkt für alpine Bergtouren zu den höchsten Gipfeln des Talschlusses, dem Monte Zucchero (2736 m), der Corona di Redorta (2804 m) sowie im Norden zum Pizzo Barone (2864 m). Noch vor 200 Jahren mußten die Bewohner wegen der Armut und des kargen Lebens – bedingt durch die steilen Hänge – aus Sonogno abwandern. Dennoch empfanden die Menschen das Kapital der wildreichen und übermächtigen Natur als beglückend. »Hier lebt man voller Freuden«, steht in einem Grotto im Tal. Und schon bei der Fahrt mit dem Autobus wird uns klar, daß Wasser, Stein und Farben den Reiz des Verzasca-Tales bestimmen.

Doch zurück zum Ausgangspunkt: Am Hauptplatz von Sonogno befindet sich das **Museo Val Verzasca**, das einen guten Einblick in die Traditionen und Handarbeiten des Tales gibt. Die traditionelle Handarbeit war einst das Stricken; zur Belebung dieses Brauchtums wurde in Sonogno eine Wollzentrale eingerichtet. Entlang des Hauptweges, der weiter ins Val Redorta führt, sind Kunsthandwerksläden eingerichtet, die Aufschriften wie »Casa della Lana« oder »Artigianato pro Verzasca« tragen. Vorbei am Grotto Retorta gelangen wir zum restaurierten, tief schwarz verrußten Gemeindebackofen. Bei diesem führt eine Steintreppe zur Kirche hinab, die um 1850 erbaut wurde. Zwischen Kirche und Kirchturm kommen wir durch den schmalen Durchgang auf den freien Platz vor der Kirche, wo wir nach rechts in unseren Wanderweg einbiegen.

Wir überqueren den Fluß auf der modernen Stahlbrücke und steigen am gegenüberliegenden steilen Flußufer etwas aufwärts. Auf einem steinigen und ausgewaschenen Steig geht es über der Talsohle durch einen Lärchenwald dem Wildbach entlang talauswärts. Nachdem wir Seitenbäche überquert haben, erreichen wir einen breiteren Feldweg, der durch Wiesengelände in Richtung Frasco führt. Wir stoßen auf den Schuttfächer, der im Laufe der Zeit durch den Zusammenfluß der Verzasca mit dem Bach des Valle Redorta entstanden ist. Am gegenüberliegenden Ufer liegt das Örtchen **Frasco**; eine moderne Hängebrücke überquert die hier sehr breite Verzasca. Wir bleiben am rechten Ufer und folgen dem Pfad rechts unterhalb der Brücke. Nach etwa 800 m entlang dem Ufer treffen wir nach Überquerung eines weiteren Seitenbaches auf die Talstraße. Auf der Straßenbrücke überqueren wir die Verzasca und biegen unmittelbar am Ende des Geländers in den rechts der Brücke abwärtsführenden Uferweg ein. Jetzt geht es eine Weile auf mäßig breitem Pfad mit leichtem Auf und Ab durch den Auwald, dem linken Ufer entlang. Es eröffnen sich herrliche Einblicke in das mit riesigen Steinblöcken gefüllte Bachbett des Verzasca-Flusses, durch das er sich mit steter Gewalt den Weg bahnt. Bald erreichen wir das verlassene Maiensäss **Cordasc** (50 Min.), durch das der Weg über Steinstufen und durch die verfallenen Steinhäuser führt.

Über einen als Saumpfad befestigten Hangweg setzen wir unsere Wanderung fort und gelangen zu zwei Hängebrücken, die nach **Gerra** ans andere Ufer führen. Wir überqueren den Schuttkegel eines Seitenbaches, der in früherer Zeit durch einen Bergsturz entstanden ist. Nach ein paar hundert Metern zuerst im Augehölz des weit ausladenden Schuttfächers, dann wieder entlang des Flusses, müssen wir die Schlucht des **Val Motto** auf einer modernen Stahlbrücke überqueren und genießen den romantischen Blick auf den zirka 25 m hohen Wasserfall. Weiter führt der Weg in der vom Bach geprägten Landschaft entlang des Steilufers, durch Auwaldabschnitte, über Schuttkegel und vorbei an ausgewaschenen Felsnasen. Schon tauchen die ersten

Bei Motta

Häuser von Brione auf und nach Überwindung einer kleinen Anhöhe, die eine Engstelle umgeht, erreichen wir den Weiler von **Almasca**. Wir durchqueren den Wiesengrund und müssen am Ende der Weideflächen sogleich, durch eine Felssturzlandschaft hindurch, den Hang ein wenig ansteigen. Zwischen riesigen Felsblöcken schlängelt sich der Weg den Schuttkegel hinauf und führt an zwei Wegweisern vorbei. Bei beiden halten wir uns in Richtung Lavertezzo, und bald beginnt der Abstieg durch das dicht bewaldete Geröllfeld mit den bis zu 10 m hohen Felsklötzen. Dieses Wegstück ist durch die rot-gelben Markierungen gut gekennzeichnet. Durch den lichten Wald hindurch sehen wir direkt auf den Hauptort des Tales, **Brione** (1.35 Std.). Wir steigen über den teilweise durch Treppen befestigten steilen Hang ab und gelangen wieder nah an die Schlucht der Verzasca heran. Das Flußbett nimmt nun einen immer mehr schluchtartigen Charakter an, wird steiler und schneidet sich immer tiefer in das Tal ein. Große ockerbraune, eisenrote und graue Felsblöcke reichen in das türkisblaue Wasser und werden mit weißer Gischt umspült. Der Weg führt an einer steilen Felswand vorbei, die von sprühenden Wasserschleiern überrieselt wird.

Bei der Doppelbogenbrücke der Verzasca-Straße unterhalb von Brione folgen wir der Straße ungefähr 400 m taleinwärts auf die rechte Uferseite, bis wir in einer Spitzkehre der alten Poststraße auf ein verfallenes Gehöft treffen. Unmittelbar hinter der Bushaltestelle setzt sich der Pfad, links von der Straße abbiegend, am rechten Ufer fort. Noch sind ungefähr 1 Stunde und 10 Minuten bis zu unserem Zielpunkt Lavertezzo zu gehen. Vorbei am Weiler **Ganne** müssen wir nun zahlreiche Seitenbäche und Runsen überqueren (2.25 Std.). Der Weg wird von farnbewachsenen Steinmauern gesäumt, durchschneidet altes Kulturland mit verfallenen Steinhütten und bietet so einen vielfältigen Wechsel typischer Landschaftsformen. Nach gut einem Kilometer bewegtem Auf und Ab treffen wir auf die Weiden gegenüber von **Motta**. Diese sind durch eine kühne Hängebrücke mit dem Örtchen verbunden, in dem die verlockende Osteria Motta zur Rast lädt.

Nun haben wir den letzten Abschnitt unserer Wanderung erreicht. Dieser wird durch den ständig am kastanienbewachsenen Steilufer auf- und abführenden Weg gekennzeichnet. Unvermittelt treffen wir auf eine 200 m breite Geröllandschaft, die von sprudelnden Bächen durchflossen wird. Über uns stürzen die Wasserfälle über blanke Felswände herab und bilden ein äußerst romantisches Wegstück aus. Wir bahnen uns mit etwas Geschick und Zurhilfenahme der Hände den Weg, größere Felsblöcke sind mit Stahlbrücken verbunden. Weiter verläuft der Weg gut befestigt, teils über kleine Wiesen, teils nahe am Bachufer, teils durch Kastanienwald, bis wir nach wenigen hundert Metern oberhalb eines kleinen Steinhauses auf die Bogenbrücke von Lavertezzo sehen. Der Weg senkt sich ab und nach der Überquerung einer kleinen Wiese biegt er zur **Ponte dei Salti** (s. S. 91) ein. Auf der anderen Uferseite liegt Lavertezzo. Geradeaus können wir weiter talauswärts nach Mergoscia wandern (s. Wanderung 10).

Knapp oberhalb der Brücke tritt die Verzasca in die Schlucht ein, die durch die farbigen Granite und die weiße Quarzbänderung geprägt wird. Der Fluß durchschneidet ein buntes Gesteinsband, das er zu den seltsamsten Formen abgeschliffen hat. Zahllose in der Fließrichtung liegende farbige Linien ergänzen sich mit dem Türkis des Flusses zu einem begeisternden Farbenspiel. Auf den glatt gehobelten Steinblöcken können wir mühelos herumwandern, Gletschermühlen erforschen, Kieselsteine sammeln, die Bewegungen des Wassers zwischen den Steinen verfolgen und im Sommer ein erfrischendes Bad nehmen. Oberhalb der Brücke gegenüber dem Parkplatz auf der anderen Flußseite liegt ein typischer Grotto, der auf Steintischen in der Laube Erfrischungen anbietet. Nach 300 m auf der Asphaltstraße, erreichen wir die Busstation und die Kirche Santa Maria degli Angeli, die die einzige Barockkirche des Tales ist. **Lavertezzo** selbst hat sich ein romantisches Ortsbild erhalten. Hier endet unsere Wanderung (3.30 Std.), und wir kehren mit dem Postbus entweder nach Locarno oder zum Ausgangspunkt nach Sonogno zurück.

Verzasca-Schlucht bei Lavertezzo

Am Lago Maggiore

Locarno, Ascona, Centovalli, Onsernone

Der obere Lago Maggiore stellt neben Lugano das zweite mondäne Zentrum des Tessins dar, jedoch gestaltet sich das Hinterland der Orte Locarno und Ascona weit alpiner. Die wilde Maggia schuf in jahrtausendelanger Arbeit den Raum, auf dem in den letzten zwei Jahrtausenden zwei Orte von weltweiter Bekanntheit entstanden: **Ascona**, das ›Weltdorf‹, ist berühmt für seine feudalen Hotels, die luxuriöse Altstadt mit Boutiquen und Galerien und den Monte Verità.

Ganz anders hingegen wirkt **Locarno**. Es richtet seit mehreren Jahrzehnten ein Internationales Filmfestival aus, verfügt über größere und der Côte d'Azur ähnlichere Hotelanlagen als Ascona, vor allem in Muralto, kann aber keinen so intensiven Charme entwickeln. Durch die Lage an der Eingangspforte zu den Tälern der Melezza, der Maggia, des Isorno und der Verzasca, aber auch als Umschlagplatz für den Güterverkehr über die Alpenpässe entwickelte sich Locarno rasch zu einer betriebsamen Stadt. Der Name geht auf das keltische Wort *Leukera* zurück, was soviel wie »die Weiße« bedeutet. Damit ist die Maggia gemeint, die in der Vergangenheit das Geschick von Locarno prägte. Geschätzt werden aber auch die Lagen oberhalb der Stadt: die Wallfahrtskirche Madonna del Sasso in Orselina oder die Höhen der Cardadta und Cimetta mit ihrer schönen Aussicht. Schon ein Spaziergang in den Parkanlagen der Hafenpromenade zwischen den Stadtteilen Muralto und Minusio läßt die besondere Lage Locarnos erkennen. Weit sieht man über den See zu den schneebedeckten Alpen im Norden und steil ragt die Flanke der Cimetta in unmittelbarer Nähe empor. Diese Abgeschlossenheit verschafft Locarno das mildeste Klima der Schweiz. Daher kann man direkt am See unter Palmen, Kamelien, Lorbeer und Magnolien wandern, in den Gärten an den Hängen gedeihen Orangen, Zitronen und sogar Bananen.

Abendstimmung am Lago Maggiore

Von Locarno fährt die kleine Schmalspurbahn in die Talschaft der »hundert Täler«, das **Centovalli**. Zuvor überquert sie bei Ponte Brolla die Brücke über die wild zerklüftete Schlucht der Maggia, die, aus dem Tal kommend, in die Ebene des Pedemonte austritt. In dem fruchtbaren Talboden im Hinterland von Locarno und Ascona münden die drei Flüsse der Seitentäler: die Melezza aus dem Centovalli, die Maggia und der Isorno aus dem engen Val Onsernone.

Das **Val Onsernone** war in der Vergangenheit für seine Korbflechter bekannt, während die Bevölkerung des Centovalli immer schon gerne Arbeit im nahen Italien suchte. Beherrscht wird die Region vom Lago Maggiore, von dessen 212 km^2 ein Fünftel zur Schweiz gehört. Der *Lacus Verbanus*, wie er bei den Römern hieß, ist 65 km lang und maximal 370 m tief. Er reicht weit in die Lombardische Tiefebene, in die einst der Gletscher des Ticino geflossen ist und den See entstehen ließ. Wie wunderbare Anlandungen wirken die beiden Brissago-Inseln, die dem Langensee, so der deutsche Name des Lago Maggiore, noch auf Schweizer Seite zugehören.

12

Auf alten Saumpfaden im Onsernone-Tal

Von Loco nach Intragna ins vordere Centovalli

Die kurze, an Aussichten reiche Halbtageswanderung verläuft auf einem alten Saumpfad aus dem steilen Onsernone-Tal, an den Hängen hoch über dem Isorno, vorbei an Weilern, Waldweiden und Weinbergen. Entlang des Weges sind zahlreiche alte Steinmauern, Brunnen und Bildstöcke erhalten, der Weg selbst zeigt noch die Steinbefestigungen der früheren Tessiner Saumpfade.

i

WEGVERLAUF: Loco – Isorno-Brücke (30 Min.) – Scherpia (35 Min.) – Vosa (10 Min.) – Pila (15 Min.) – Intragna (40 Min.)

DAUER: 2.10 Std.

LÄNGE: 6 km

HÖHENDIFFERENZEN: Loco 678 m, Isorno-Brücke 406 m (272 m Abstieg), Pila 590 m (Anstieg 184 m), Intragna 339 m (Abstieg 251 m)

SCHWIERIGKEITSGRAD: Leichte und gut befestigte Saumpfade, kaum Abzweigungen, diese aber gut beschildert. Bis auf die Querung des Isorno auf einer Metallbrücke, wobei man ca. 50 m in die Schlucht sieht (Schwindelfreiheit anzuraten!), keinerlei Schwierigkeiten.

KARTEN: Topographische Wanderkarte 1:50 000 Valle Maggia e Valle Onsernone, Verkehrsverein Valle Maggia oder Kümmerly + Frey Wanderkarte Brissago–Ronco–Ascona–Losone 1:35 000

EINKEHRMÖGLICHKEITEN: Gaststätten befinden sich erst in Intragna, dafür aber sehr einladende, vor allem am Hauptplatz bei der Kirche mit Möglichkeit, in schattigen Lauben zu sitzen. In Loco gibt es ein Grotto.

ANFAHRT: Von Locarno aus entweder mit der Centovalli-Bahn ab der Stazione Centrale bis Cavigliano und dann weiter mit dem Bus oder ab Locarno mit dem Postbus 630.50 ins Onsernone-Tal bis Loco. **Rückfahrt:** Ab Intragna mit der Centovalli-Bahn bis Locarno/ Stazione Centrale (Fahrplanfeld 620)

DER WANDERWEG

Um ins **Val Onsernone** zu kommen, verlassen wir bei Cavigliano das hintere Pedemonte. Zwar sind auch die Seitentäler des Maggia-Tales und das Centovalli durch enge und schluchtartige Bachläufe charakterisiert, aber das Onsernone übertrifft sie nochmals an Enge und Steilheit: Von der alten Poststraße, die von Cavigliano kurven- und serpentinenreich zuerst nach Auressio und weiter über Loco, Mosogno und Russo bis ans Talende nach Crano führt, ist der Isorno, der dem Tal den Namen gab, fast nie zu sehen. Tief eingeschnitten in die bis weit in die Schlucht hinunter bewaldeten Hänge des schroffen Tales, hören wir entlang der alten Saumpfade nur sein dumpfes Rauschen. Weil die Straße erst um die Jahrhundertwende erbaut wurde, galten bis dahin diese kunstvoll angelegten Steige in den steilen Hängen als einzige Verbindung in das Talbecken des Pedemonte und weiter nach Locarno.

Wenn wir mit dem Postbus die Fahrt auf der schmalen Straße nach Loco antreten, können wir uns kaum vorstellen, daß der Bus in der Enge des Tales vorwärts kommen kann. Bald schwenkt der Tallauf nach Westen und gibt herrliche Blicke auf die Bergwelt frei, die das Onsernone umrahmt. Trotz der Enge und Abgeschiedenheit fanden im 16. Jahrhundert Auswanderer aus Flandern den Weg ins Tal, die die Kunst des Strohflechtens mitbrachten. Die Menschen im Onsernone übernahmen das Handwerk und gelangten bis ins 19. Jahrhundert zu einem geringen Wohlstand. Heute erinnern noch die alten Häuser mit den umlaufenden Holzbalkonen an die frühere Volkskunst: Sie dienten zum Trocknen des Strohs. Aus den Halmen flochten Frauen wie Männer Hüte, Taschen und Körbe, die sie über die Saumpfade aus dem Tal zu den Märkten nach Italien brachten.

Unsere Wanderung beginnt in **Loco**. Hier befindet sich das Heimatmuseum des Onsernone mit zahlreichen Schaustücken und Dokumenten zur Strohflechterei. Ein paar Minuten oberhalb von Loco liegt das ›Künstler- und Literatendörfchen‹ **Berzona**, in dem sich Max Frisch, Golo Mann und auch Alfred Andersch eine Zeit aufhielten. Wir starten unsere Wanderung in einer Höhe von 678 m. Von der Postbushaltestelle wandern wir zuerst ein paar hundert Meter auf der Hauptstraße taleinwärts, um am westlichen Dorfende beim Postamt auf einen Wegweiser zu treffen. Wir verlassen die Hauptstraße und steigen auf einem gut markierten Fußweg den Hang abwärts ins Tal zum Isorno.

Alte efeu- und farnbewachsene Steinmauern säumen den leicht gestuften Pfad. Der Weg führt zuerst durch Hangterrassen und Weinberge, und bald erreichen wir den Weiler **Niva**, wo das Kirchlein San Giovanni Nepomuco und die Cappelletta del Signor Bianco zu sehen sind. Weiter führt der Weg aus dem Wiesengelände heraus und erreicht die bewaldeten Hänge. In kleinen, mäßig steilen Serpentinen und zahlreichen Steinstufen schlängelt er sich durch den kühlen Eichenwald an die Schlucht des Isorno heran, die wir bald erreichen. Wir sind nun schon fast 270 Höhenmeter abgestiegen. Die alte Steinbrücke, die kunstvoll auf den felsigen Ufern aufgesetzt war, wurde vor ein paar Jahren durch Unwetter zerstört und durch eine moderne Stahlbrücke ersetzt. Diese liegt hoch über der Schlucht und gewährt schwindelerregende Tiefblicke zum ungefähr fünfzig Meter unter der Brücke fließenden Isorno.

Auf der gegenüberliegenden Seite folgen wir dem alten Saumpfad, der mit seiner typischen Befestigung mittels Granitplatten zuerst leicht den Hang hinauf in den Kastanienwald ansteigt. Lichtungen zwischen den Bäumen geben uns den Blick frei ins Tal hinunter zum Isorno, der mit seinem türkisblauen Wasser in dem granitgrauen Bachbett dem Pedemonte entgegenstürzt. Jetzt verläuft der Weg mit leichtem Auf und Ab, vorbei an Wegkreuzen und Bildstöcken, durch den Kastanienwald und überwindet immer wieder kleinere Bachrunsen. Der Weg, der schon 1768 auf Privatinitiative der Gebrüder Remonda angelegt wurde, ist gut befestigt und teilweise mit alten Holzgeländern vor dem Abgrund gesichert. In neuerer Zeit kamen moderne Eisengeländer hinzu.

Wir müssen nun wieder etwas an Höhe gewinnen, denn **Scherpia**, der nächste Weiler an unserem Weg, liegt 532 m hoch (1.15 Std.). Die Lichtung mit den Steingehöften und Gärten wird umrahmt von einem schönen Mischwald aus Akazien, Ahorn, Eichen und Eschen. Nun säumen kleine Weinkulturen mit Streuobstwiesen unseren Weg, ehe wir wieder in den Mischwald gelangen. Wiederum leicht ansteigend auf

Intragna im Val Onsernone

dem gut markierten Weg wandern wir in Richtung der nächsten Ansiedlung, Vosa. Wir haben nun seit der Überquerung des Isorno 170 Höhenmeter hinzugewonnen und befinden uns hoch über dem äußeren Onsernone-Tal. Kleine Bachläufe werden von Steinbrücken überspannt, teilweise wird der Weg auf der Bergseite von einem zaunähnlichen Wall aus Granitblöcken gesäumt. Efeu und Farn überwuchern den Stein und lassen erkennen, daß dieser Weg als Verkehrsverbindung schon lange ausgedient hat. Nach einer kleinen Holzbrücke steigen wir noch ein paar Meter aufwärts und haben nach zehnminütiger Gehzeit die Lichtung von **Vosa** erreicht. Ein kleiner Durchlaß im dichten Saum des Waldes entlang des Weges gibt erste Blicke auf das sonnige Pedemonte und äußere Maggia-Tal frei. Doch noch immer führt der Weg leicht aufwärts in Richtung **Pila**, das 590 m

auf den sonnigen, dem Pedemonte zugewandten Hängen liegt (1.30 Std.). Das Gehöft wird noch bewirtschaftet und durch eine Materialseilbahn aus dem Tal versorgt.

Schon leuchten der Kirchturm von Intragna und die kühne Bogenbrücke der Centovalli-Bahn, die die Schlucht der Melezza überspannt, aus dem Tal herauf. Weit reicht der Blick nach Osten bis zum Monte Generoso und den Luganeser Bergen. Nach links sehen wir zur Cimetta und zum Cima della Torre. Über einen mit Eisengeländer gesicherten Weg geht es hinunter nach Intragna. Bei einer Abzweigung, die nach Costa ins Centovalli führt, halten wir uns links und gelangen auf dem mit Steinstufen gesicherten Pfad in zahlreichen Kurven zu einem Aussichtspunkt, wo uns Intragna förmlich zu Füßen liegt. Der hochaufragende, schlanke Kirchturm, der für sich in Anspruch nehmen darf, der höchste des Tessins zu sein, liegt zusammen mit den Steinhäusern von Weinterrassen umgeben. Nach zwei, drei Serpentinen durch die Wiesenhänge tritt man bei den ersten Häusern in die engen Gassen von **Intragna** ein (2.10 Std.). Ein kleiner Rundgang durch das Örtchen, das einiges an Volksgut und architektonischen Kostbarkeiten bereit hält, bietet sich an. Malerisch ducken sich zu Füßen des Turmes die bruchsteingefügten und granitgedeckten Häuser in den engen Gäßchen. Stolz und großzügig erscheint dagegen die Casa Maghetti mit Loggia und Balkonen. Auf dem weiträumigen Platz rund um die Kirche laden gemütliche Ristorante zur Rast. Zum Abschluß kann man dem **Regionalmuseum** in der Casa Maghetti einen Besuch abstatten, das handwerkliche Gegenstände aus dem Pedemonte und Centovalli vorstellt. Nach Überquerung der Centovalli-Straße gelangen wir direkt zum Bahnhof der Schmalspurbahn, die uns rasch nach Locarno zurückbringt.

13

An den Sonnenhängen des Centovalli

Von Intragna über den Monte di Comino nach Camedo

Unsere Wanderung verläuft von Intragna, dem ersten Ort im Centovalli, über alte Saumpfade hinauf auf die sonnigen Höhen oberhalb von Verdasio. Auf dem Bergrücken zwischen dem Centovalli und dem Val Onsernone treffen wir auf die Wallfahrtskirche von Madonna della Segna. Über herrliche Bergmähder, vorbei an alten Maiensässen und Weilern streben wir dem Tal und dem alten Festungsdorf von Verdasio entgegen. Auf versteckten Pfaden geht es oberhalb des Stausees von Palanegra zum Zielort Camedo.

WEGVERLAUF: Intragna – Calezzo (20 Min.) – Monte di Comino (2.50 Std.) – Madonna della Segna (20 Min.) – Verdasio (1 Std.) – Camedo (1 Std.)

DAUER: 5.30–6 Std.

LÄNGE: 16,5 km

HÖHENDIFFERENZEN: Der Gesamtanstieg zur Madonna della Segna (1166 m) von Intragna (339 m) beträgt 827 Höhenmeter; Camedo liegt auf 549 m

SCHWIERIGKEITSGRAD: Gut befestigte Wege, zu Beginn schmale geschotterte Fahrstraßen, dann typische, gut erhaltene und gepflegte Saumpfade, nach Camedo asphaltierte Straßen

KARTEN: Topographische Wanderkarte Locarno-Ascona Dintorni e Valli, Orell Füssli 1:25 000; Carta escursionistica, Kümmerly + Frey 1:60 000

EINKEHRMÖGLICHKEITEN: Gemütliches Bergristorante auf dem Monte di Comino, Grotti in Camedo, Grotti und Ristorante in Intragna

ANFAHRT: Von Locarno mit der Centovalli-Bahn bis Intragna oder mit dem PKW (gebührenpflichtiges Parkhaus in Intragna, auch für Wohnmobile).

DER WANDERWEG

Die malerische und enge Talschaft der »hundert Täler«, wie man das Centovalli übersetzen könnte, verläuft vom Talkessel des Pedemonte aus in westlicher Richtung ansteigend nach Domodóssola ins benachbarte Italien. Das enge und zum Teil schluchtartige Tal, das von einer kurvenreichen Straße durchzogen wird, erhält seinen landschaftlichen Reiz besonders durch die plateauartigen Höhenlagen. Die schattige Nordseite wirkt zerklüfteter und wilder, hingegen breiten sich auf den sonnigen Hängen des Monte di Comino auf der Südseite sanfte Almwiesen und Bergwälder aus. Die romantischen Dörfchen liegen, der Steilheit der Hänge entsprechend, nicht am Talgrund, sondern an den bewaldeten Rücken hoch über der Melezza.

Wir beginnen unsere Talwanderung im Hauptort **Intragna**, der am Ausgang des Centovalli auf einer Anhöhe über dem Zusammenfluß der Melezza mit dem Isorno aus dem Val Onsernone liegt. Dies deutet auch schon der Name an, denn Intragna leitet sich von lat. *inter amnes* ab, was »zwischen den Flüssen« bedeutet. Schon die Römer erkannten diesen sonnigen Platz auf einem Steinbalkon über dem Pedemonte als günstig und errichteten eine Ansiedlung. Heute erstrahlt der 69 m hohe Kirchturm – der höchste im Tessin – als Wahrzeichen von weitem durch Tal und Ebene. Von der Station führt die Centovalli-Straße an den westlichen Ortsrand, vorbei am neu errichteten Parkhaus. Gleich danach überqueren wir bei der einladenden Grotta di Ri den Riale di Mulitt und biegen nach rechts ab auf einen gut ausgebauten Steig den Hang hinauf. Gemächlich wandern wir auf dem leicht ansteigenden Pfad in Richtung Calezzo und blicken noch durch Lichtungen im Wald auf das Tal und die Trasse der Centovalli-Bahn. Wir treten unterhalb von **Calezzo** in die terrassierten Obsthaine der Siedlung ein und durchqueren das Dörfchen (20 Min.).

Bei einer dreiteiligen Straßengabelung wählen wir die mittlere und wandern auf einer schmalen geschotterten Fahrstraße dem Wald entgegen. Am Gegenhang des Centovalli sehen wir im grünen Flaum des Eichen- und Kastanienwaldes auf kleine Weideflächen, die im Tessin »Maiensäss« genannt werden. Nach einiger Zeit erreichen wir das Ende der erst kürzlich erbauten Straße, die direkt in den alten Tessiner Saumpfad mündet.

Jetzt beginnt der eigentliche Aufstieg zum Monte di Comino. Der Weg umrun-

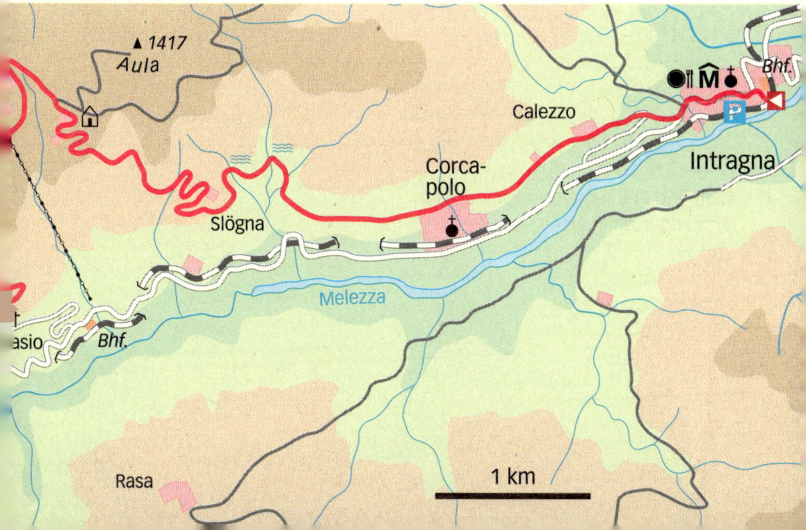

det in der Folge kühn zahlreiche kleinere Schluchten und Bachrunsen. Manch felsiger Steilhang, an den sich der Weg anschmiegt, eröffnet schwindelerregende Blicke in die Tiefe. Doch sind diese Stellen stets mit Stahlseilen gut gesichert. Rasch fällt uns das konstante Gepräge des Weges auf: Die dem Tal zugewandte Kante ist mit Steinschlichtungen und Steinplatten gut abgesichert und gibt dem Weg eine angenehme Breite. Zudem nimmt er eine gleichbleibende Steigung ein, die auch durch die Serpentinen beibehalten wird. Diese Anlage ermöglicht ein rhythmisches und angenehmes Gehtempo.

Nach der ersten größeren Bachrunse, erreichen wir die Lichtung von **Slögna** in ungefähr 800 m Höhe. Oberhalb einer Steinmauer, die die Lichtung vom Wald trennt, führt unser Weg weiter aufwärts in den Kastanienwald. Durch das Blätterdach erhaschen wir ab und zu wieder einen Blick auf den Gegenhang, auf dem das Örtchen Rasa immer näher rückt. Wir sind nun schon so hoch über dem Talboden, daß die enge Schlucht der Melezza nur mehr als schwarzer Einschnitt ersichtlich ist. Ab und zu wird der Hang so steil, daß der Weg auf dem nackten Fels verläuft und wir die Wärme der Sonne voll zu spüren bekommen. An solchen Stellen findet man Pflanzen wie Ginster, Felsenbirne und Föhren, die gerne auf trockenen und warmen Hängen wachsen.

Die meiste Zeit wandern wir aber in der Kühle des Kastanienwaldes. Gelegentlich passieren wir alte verfallene Steinhäuschen und Bildstöcke. An der sich ändernden Baumvegetation – Birken und Buchen werden nun häufiger – bemerken wir, daß wir an Höhe gewinnen. Nachdem wir eine letzte Bachfurt überquert haben, treten wir direkt unterhalb der neu erbauten Gondelbahn, die die Centovalli-Station Verdasio mit dem Monte di Comino verbindet, aus dem Wald heraus. Nun haben wir die ersten Wiesen des **Monte di Comino** erreicht und gelangen direkt unterhalb des Berggasthofes Ritrovo Romantico auf die üppigen Bergmähder (3.10 Std.). Nach einer kurzen Rast im gemütlichen Albergo, das mit seiner Terrasse in einem Kirschbaumhain liegt und als Spezialität die typische Tessiner Brottorte anbietet, wandern wir auf ebener Strecke durch die Bergwiesen. Entlang des schmalen Pfades mit bei Regen weichem Untergrund blühen unzählige farbenprächtige Bergkräuter: Lichtnelken, Kartäusernelke, Schwertlilien, Teufelskralle, Graslilie, Salbei und Stiefmütterchen. Die sanften, ins Tal abfallenden Wiesenhänge dieser alten Kulturlandschaft, die vom Bergwald umrahmt werden, bieten herrliche Aussichten auf das Centovalli und das Val Vigezzo. Auf ebenem Weg gelangen wir am Hang auf den Sattel Pian Segna unterhalb des Aula (1461 m), in dem die Wallfahrtskirche **Madonna della Segna** malerisch im Buchenwald angelegt wurde.

Wir befinden uns nun am Übergang vom Val Onsernone ins Centovalli, den die Menschen früher von Mosogno aus kommend benutzten, um das enge Onsernone-Tal in Richtung Italien zu verlassen. Das auf 1166 m Höhe gelegene Gotteshaus stellt den höchsten Punkt unserer Wanderung dar, und wir haben gut die Hälfte der Weglänge zurückgelegt (3.30 Std.). Scharf nach links wenden wir uns von der Kirche ab und wandern auf einem feinsandigen Wiesenweg aus dem Pian Segna. Bald beginnt sich der Pfad in Richtung Verdasio abzusenken. Nach wie vor begleiten üppige Blumenwiesen den Weg: Sonnenröschen, Skabiose, Bärtige Glockenblume, Heidekraut, Blutwurz, Orchideen und Honiggras.

Unterhalb von kleinen Ferienhütten tritt der Weg wieder in den Wald ein; zwischendurch treffen wir gelegentlich auf kleine Gehöfte. Wir haben die Hänge des Haupttales wieder erreicht und streben über etliche Serpentinen im lichten Föhren- und Flaumeichenwald **Verdasio** entgegen, das

Am Monte di Comino

wegen der Steilheit des Tales von hier oben wie ein Vogelnest wirkt. Wir treffen knapp oberhalb des Örtchens auf alte Steintreppen und durchwandern die engen Gassen teilweise durch finstere Durchgänge (4.30 Std.). Rund um die spätbarocke Pfarrkirche sind noch herrschaftliche Palazzi mit kunstvollen Portalen und Gittern erhalten.

Wir verlassen das Dorf unterhalb der Kirche auf sanften Wiesenwegen, die zum Tobel des **Ri di Verdasio** führen. Durch Reben, Obstbaumhaine und Feldterrassen steigen wir bis zu einer Hausruine ab, an der ein handgeschriebener Wegweiser auf einen zum Bach hinunter führenden Weg deutet. Lionza ist die Richtung, die wir einzuschlagen haben. Dazu müssen wir zuerst den Ri durchqueren. Der wilde Gebirgsbach hat zwar bei Unwettern die Brücke zerstört, die großen Granitblöcke im Bachbett geben uns aber die Möglichkeit, problemlos die rauschenden Fluten zu überqueren.

Am Gegenhang steigen wir eine Weile auf einem schmalen Saumpfad den etwas steilen Hang hinauf und überqueren mehrere kleine Seitenbäche. Bei einer gelb bemalten Kapelle mit blauem Dachgewölbe gelangen wir auf Wiesengelände. Unser Weg zieht nun leicht ansteigend durch Weideflächen rechts hinauf in Richtung der Kirche von Lionza. Bei der ersten Spitzkehre vor dem Ortsschild von **Lionza** biegen wir links hinunter auf einen nicht markierten Wiesensteig ab. Er bringt uns zu einem alten Saumpfad, der die Schlucht des Riale di Mulitt durchquert. Wir befinden uns auf der alten Via Locarno, die zum Teil schon asphaltiert wurde und wandern auf ebenem Weg nach **Borgnone**, dem kleinen Dörfchen oberhalb von Camedo. Beim malerischen, baumbestandenen Hof der Kirche biegen wir von der Fahrstraße ab, durchqueren den Hof und steigen auf der Fahrstraße über einige Serpentinen nach **Camedo** ab (5.30 Std.).

Bald sehen wir von oben auf die Bahnstation, die wir über ein paar Steinstufen und kleine Gassen erreichen. Im zierlichen kleinen Bahnhof besteigen wir den bequemen Zug und fahren in wenigen Minuten am Stausee von Palanegra entlang das Tal auswärts bis Verdasio, Intragna oder Locarno.

14

Unterwegs auf den Höhen von Locarno

Cimetta – Cardada – Cima della Trosa – Madone

Die Wanderung führt zu den schönsten Aussichtsplätzen oberhalb von Locarno. Mit den Seilbahnen in drei Sektionen ab Locarno wird der Aufstieg erheblich erleichtert. Man gelangt zur Cima della Trosa, einem der schönsten Aussichtsgipfel des Tessins. Der Weg erreicht zwei Gipfel und drei Almgebiete, ehe man durch die bewaldeten Hänge oberhalb von Locarno vorbei am Weiler San Bernardo nach Orselina absteigt. Zuletzt erwartet uns die Wallfahrtskirche Madonna del Sasso, ehe die Wanderung direkt in der Altstadt von Locarno endet.

i

WEGVERLAUF: Cimetta – Alpe di Bietri (1.40 Std.) – Alpe Cardada (40 Min.) – Cardada (40 Min.) – Orselina (2 Std.) – Locarno (30 Min.);
Madone-Besteigung: Cimetta – Cima della Trosa (1.20 Std.) – Madone (1.30 Std.) – Alpe di Bietri (50 Min.)

DAUER: 5.30 Std. (mit Madone-Besteigung 7.30 Std.)

LÄNGE: Rundweg 15,5 km, mit Besteigung des Madone 18 km

HÖHENDIFFERENZEN: Cimetta 1672 m, Cima della Trosa 1869 m, Madone 2039 m, Aufstieg 207 m (mit Madone 368 m), Alpe di Bietri 1500 m, Alpe Cardada 1473 m, Cardada 1332 m, Orselina 385 m (Abstieg 947 m), Locarno 198 m (Abstieg 187 m)

SCHWIERIGKEITSGRAD: Breite Bergpfade, gut angelegt, mäßig steil, bequem begehbar, mäßig schwierig (Rundweg), schwierig (Madone); durchgehend ausgeschildert, dennoch wird die Mitnahme einer Wanderkarte empfohlen

KARTE: Landeskarte der Schweiz Blatt 1312 Locarno 1:25 000

EINKEHRMÖGLICHKEITEN: Albergo Cardada mit Möglichkeit, Zimmer zu reservieren, ✆ 093/31 55 91; Ristorante Colmanicchio, ebenfalls auf der Cardada gelegen, mit Zimmervermietung, ✆ 093/31 18 25; Capanna Osteria Lo Stallone auf der Cardada, Zimmer mit 4–12 Betten, ✆ 093/33 61 46; Capanna Cimetta, Capanna Cardada, Grotto in Orselina, Buffet der Bergstation der Standseilbahn in Orselina

ANFAHRT: Mit der Standseilbahn von Locarno bis Orselina (378 m), von dort mit der Seilbahn auf die Cardada (1332 m), weiter mit dem Sessellift auf den Gipfel der Cimetta (1610 m)

DER WANDERWEG

In Locarno überqueren wir, vom Bahnhof her kommend, die Piazza Stazione, die durch den Durchgangsverkehr ziemlich entstellt wirkt. Nicht weit davon liegt, beinahe versteckt, am Beginn der Altstadtlauben die Talstation der Standseilbahn nach **Orselina**.

Wir überwinden mit dieser Bahn die erste Sektion unseres Aufstieges durch das enge Tal unterhalb der Kirche von Madonna del Sasso, der wir sogleich bei der Bergstation in Orselina auf gleicher Höhe gegenüberstehen. Der malerischen Kirche, die – vor dem Hintergrund des blauen Langensees und des Häusermeeres von Locarno – mit ihrem gelborangen Anstrich deutlich sichtbar auf einem Felsen liegt, werden wir am Rückweg unserer Wanderung einen Besuch abstatten. Von der nur unweit der Bergstation der Standseilbahn angelegten Talstation der Gondelbahn fahren wir in 15minütiger Fahrt hinauf zur Cardada. Hoch über den Wipfeln des Kastanienwaldes schwebend, mit stetem Blick auf den Lago Maggiore, Locarno und Ascona, erreichen wir den Sonnenbalkon **Cardada** in einer Höhe von 1332 m. Nach ungefähr fünfminütiger Wanderung auf einem gepflasterten Weg gelangen wir zum Sessellift, von dem wir uns auf den Gipfel der **Cimetta** tragen lassen. Jetzt befinden wir uns am eigentlichen Ausgangspunkt unserer Wanderung, die zuerst auf einem Höhenrundweg zurück zur Cardada und schließlich ins Tal nach Locarno führt.

Nachdem wir unmittelbar beim Ausstieg die herrlichen Ausblicke mit unglaublicher Fernsicht in fast alle Himmelsrichtungen genossen haben, beginnen wir unsere Wanderung auf dem Weg links unterhalb der Liftstation. Der Wegweiser »Cimetta« zeigt uns neben der Meereshöhe von 1671 m die zahlreichen Routen an, die hier oben die Hänge und Berggrate erschließen. Zunächst führt der Weg zum Gipfel der Cima della Trosa breit und gut ausgebaut leicht abwärts an den letzten Buchen des Berghanges vorbei und tritt sogleich in das baumlose, nur mit Grasheiden und Birkengebüschen bewachsene Gelände ein. Tief reicht der Blick

Die Wallfahrtskirche Madonna della Sasso

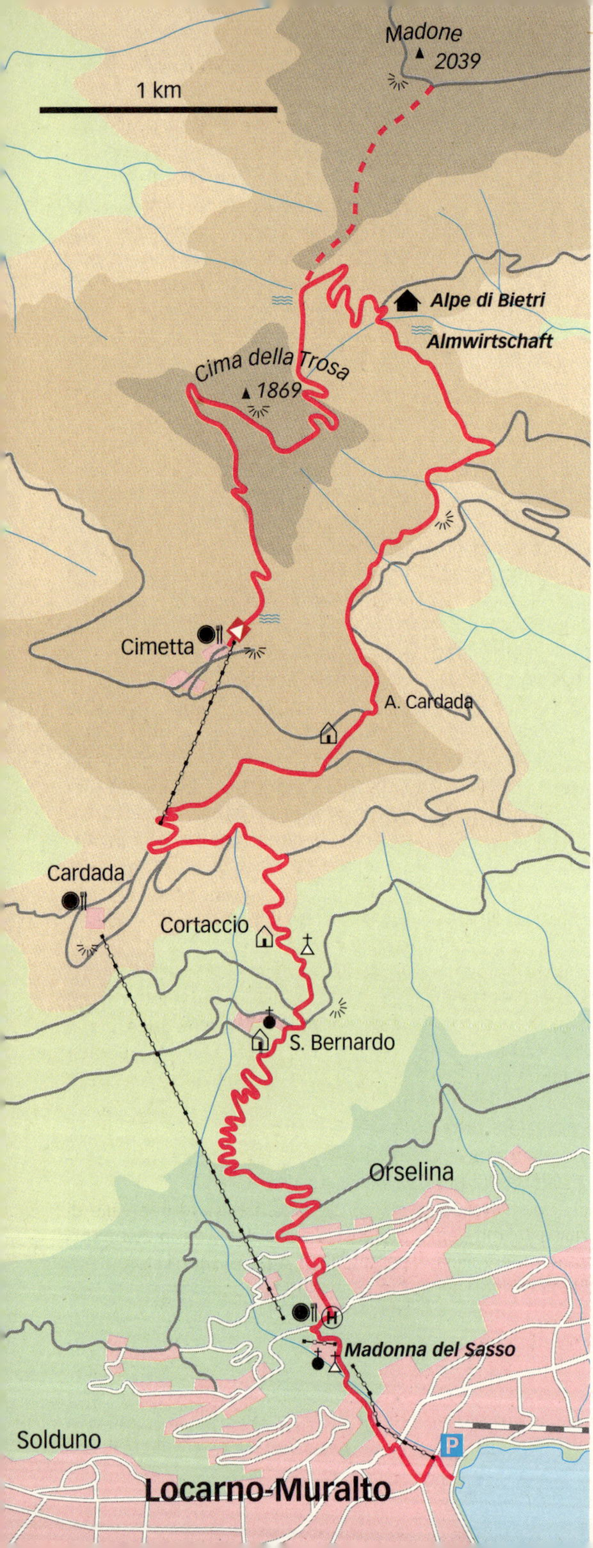

Im Almgebiet oberhalb von Locarno

über die Hänge hinunter ins Valle Maggia, ins Pedemonte und das Centovalli. Wir erreichen einen kleinen Sattel unterhalb der Cimetta, den Bassa di Cardada, von dem ein breiter Pfad den Hang hinauf zur **Cima della Trosa** führt. In einigen Serpentinen gelangen wir in gut einer Stunde Gehzeit auf den Grat des Bergrückens. Der Gipfel selbst liegt etwa 300 m abseits von unserem Rundweg (1.20 Std.). Er bietet ein umfassendes Panorama: Nach Norden sehen wir tief ins Verzasca-Tal mit dem Stausee und dem Örtchen Mergoscia, nach Süden erstreckt sich der Lago Maggiore in seiner gesamten Länge mit den gegenüberliegenden Hängen des Gambarogno, mit dem Monte Tamaro und Monte Lema. Über die Ceneri-Senke hinweg steigen die Luganeser Berge aus dem Dunst, nach Südwesten überragt der Gridone den Langensee und teilt das Tal des Centovalli ab. Deutlich zeigt sich der Unterschied zwischen den sanften Bergketten rund um das Malcantone und Lugano und den schroffen Gipfeln des Tessiner Hinterlandes entlang des Valle Maggia. Wie in die Ferne rückende Schattierungen werden die »hundert Seitentäler« immer schemenhafter, bis wir nach Camedo weit in den italienischen Teil nach Domodóssola schauen. Weiter nach rechts breitet sich das schneebedeckte Monte-Rosa-Massiv aus, es folgt im Vordergrund die tiefe Talkluft des Val Onsernone. Direkt uns zu Füßen erstreckt sich das Maggia-Tal mit der granitgrauen Schlange des Flusses, darüber erkennen wir die dunkle Pyramide des Finsteraarhorns.

Auf gleichem Wege kehren wir nach kurzer Rast zu unserem Rundweg zurück, der zuerst um eine Felsnase herum auf den Nordhang der Cima della Trosa führt. Umgeben von Grünerlen und rot leuchtenden Alpenrosenpolstern, zieht sich unser Weg in Serpentinen gut ausgebaut den Hang hinab. Nach gut 25 Minuten kommen wir zur auf 1657 m liegenden Einsattelung zwischen Cima della Trosa und Madone. Fleißige Wanderer können von hier aus einen **Abstecher zum Madone** (2039 m) unternehmen, der in ungefähr 1 bis 1 1/4 Stunden auf steilem Bergpfad zu bewältigen ist. Der in mehreren Steilstufen über den südöstlichen Berghang verlaufende Steig kann nur mit guter Trittsicherheit bewältigt werden.

Auf der linken Talseite des Valle di Mergoscia zieht der Weg in zwei Serpentinen zur **Alpe di Bietri** (1.40 Std.). Die Sennhütten bestehen fast zur Gänze aus Granitgestein und besitzen steinplattengedeckte Dächer. Wir setzen von der Alpe di Bietri den Weg fort und wandern zuerst ziemlich eben auf einem breiten Weg in Richtung der

Alpe Cardada. Nachdem wir einige erlenbestandene Wasserrinnen überquert haben, treten wir bald in einen lichten Buchenwald ein, der den vor uns liegenden Bergrücken überzieht. Wir gelangen zum Bassa di Bietri, wo mit scharfer Grenzlinie der Wald in Farn- und Ginstergebüsch übergeht. Nun sehen wir vor uns – durch das Val Resa getrennt – auf dem nächsten Sattel die Alpe Cardada liegen. Ein leicht geschwungener Weg durchzieht die steilen Hänge unterhalb der Cima della Trosa und wird durch einen kleinräumigen Wechsel der Landschaftsformen gekennzeichnet: Blockhalden, Trockenstandorte mit Ginster- und Rosensträuchern, kühler Buchenwald, aufgelassene und mit Adlerfarn dicht verwachsene Weiden, dazwischen verstreut Alpenkräuter wie Teufelskralle, Sterndolde und Leimkraut. Der alte Saumpfad tritt dann am Anstieg zur Alpe Cardada in einen Buchenwald ein und trifft auf eine Kreuzung, wo Wege nach Mergoscia, Brione und Minusio abzweigen. Nach wenigen Minuten Steigung erreichen wir das Plateau der **Alpe Cardada** mit dem Berggasthof, der 1490 m hoch liegt (2.20 Std.). Fast ohne Höhenunterschiede wandern wir nun auf den Hängen unterhalb der Cimetta durch lockeren Buschbestand zur Schihütte von Locarno-Solduno. Ein leicht absteigender und gesandeter Weg verbindet die Schihütte mit der Bergstation **Cardada**, die wir nach ungefähr 15 Minuten erreichen.

Gegenüber der Talstation des Sesselliftes auf die Cimetta zweigt nach links ein breiter Weg ab, der zuerst an Ferienhäuschen vorbeiführt. Bald gelangen wir leicht absteigend zu einer Weggabelung im Kastanienwald. Wir wählen links den Weg zur Kapelle von San Bernardo, und nach 300 m sanften Anstieges beginnt der Weg wiederum bei Ferienhäuschen in Serpentinen abzufallen. Nachdem wir eine Asphaltstraße überquert haben, erreichen wir nach kurzer Wanderung das auf 1176 m Höhe gelegene Maiensäss von **Cortaccio**. Nun windet sich der Steig in zahllosen Serpentinen durch den lichten und infolge von Waldbränden jungen Eichen- und Kastanienwald zur Kirche von San Bernardo. Nach kurzer Zeit erreichen wir die Lichtung von **San Bernardo** mit dem kleinen Dörfchen. Über einige Stufen durchqueren wir das Dorf. Nach 200 m auf einer Asphaltstraße gelangen wir zu einem Wegweiser, der uns nach Orselina leitet. In ungefähr einer Stunde erreichen wir über den sorgfältig gepflasterten Saumweg die Via Eco, die oberste Straße von Orselina (5 Std.). Ein Stück dem Sentiero Collina Alta folgend, steigen wir zwischen Villen und südländisch anmutenden Gärten über die Gradinata alle Grotte zur Via Patocchi ab. Beim Hotel Orselina treffen wir auf die Hauptstraße, die uns zur Bergstation der Standseilbahn Orselina führt.

Vorbei am Ristorante Funicolare steigt eine steile Treppe ins Tal hinab zur Kirche von **Madonna del Sasso**, der wir noch einen Besuch abstatten können. Wie eine Burg thront die Klosteranlage auf dem hohen Felsen über Locarno und prägt von weit her das Bild der Uferlandschaft. Die Gründung geht auf den Franziskaner Bartolomeo d'Ivrea zurück, im 16. Jahrhundert errichtete man die Grundlage der heutigen Kirche. Der romantische, schluchtartige Weg zu Füßen der Bogenbrücken der Standseilbahn verläuft über schmale Treppen der Scalinata della Ciesa, Ai Mött und Scalinata del Roncaccio vorbei an sprühenden Wasserfällen und mündet oberhalb der Altstadt von **Locarno** in die Via Prof. Mariani (5.30 Std.). Nach Lust und Laune haben wir noch Gelegenheit, ein wenig die schöne Altstadt von Locarno mit den lombardischen Bürgerhäusern und lieblichen Cafés zu erkunden, um am großzügigen Piazza Grande die Wanderung zu beenden.

15

Zum Monte Verità

Die Altstadt von Ascona, der ›Berg der Wahrheit‹ und der Aussichtspunkt Balladrum

Unsere Wanderung führt uns am Vormittag durch die pittoreske Altstadt von Ascona, vorbei an den zahlreichen Geschäften, Galerien und kulturellen Sehenswürdigkeiten. Nach dem Mittagessen steigen wir aus der Altstadt zum Monte Verità auf, dem sagenumwobenen ›Berg‹ oberhalb von Ascona. Vom Parco Parcifal wandern wir zur Anhöhe des Balladrum und verschaffen uns einen guten Überblick über den Lago Maggiore und das Hinterland Asconas bis ins Pedemonte. Diese Wanderung eignet sich besonders gut als Einstieg für Neuankömmlinge.

i

WEGVERLAUF: Ascona (ohne Altstadtspaziergang) – Monte Verità (25 Min.) – Balladrum (50 Min.) – Parco Parcifal (45 Min.) – Ascona (30 Min.)

DAUER: 2.30 Std. (ohne Altstadtspaziergang)

LÄNGE: Monte Verità – Balladrum 8 km

HÖHENDIFFERENZEN: Ascona 199 m, Monte Verità 321 m, Balladrum 482 m (Anstieg: 283 m)

SCHWIERIGKEITSGRAD: Sehr gut gepflegte, parkähnliche Wege mit leichten Anstiegen und Gefällen, bis zum Monte Verità asphaltierte Fahrstraßen. Orientierung wegen der Vielzahl an Wegen und Wegweisern in diesem Gebiet etwas schwierig, jedoch führen fast alle parallel und erreichen entweder Ascona oder den Monte Verità.

KARTEN: Landeskarte der Schweiz Blatt 1312 Locarno und Blatt 1332 Brissago

EINKEHRMÖGLICHKEITEN: Zahlreiche Restaurants, Cafés, Eisdielen und Gasthöfe in Ascona, feudales Restaurant im Hotel Monte Verità

ANFAHRT: **PKW**: In Ascona gebührenpflichtiger Parkplatz östlich der Hafenpromenade, gebührenfreier Parkplatz am Monte Verità.
Öffentliche Verkehrsmittel: Von Locarno mit dem Bus FART Nr. 31 bis Ascona Post alle 15 Minuten von 6 Uhr bis Mitternacht

HINWEIS: In der Casa Serodine ✆ 093/35 00 90 befindet sich das Touristenbüro von Ascona

SPAZIERGANG IN DER ALTSTADT VON ASCONA

Ascona, das vielgepriesene Tessiner Örtchen, wurde in den letzten Jahrzehnten zum vielbesuchten Touristenziel. Viele Umstände trugen dazu bei, vor allem aber die herrliche und sonnige Lage am Lago Maggiore. Die bunte Hafenpromenade mit der Altstadt dahinter ist nach Süden ausgerichtet und blickt stets erwartungsvoll auf den in der Talung zwischen dem Pizzo Leone und den Bergen des Gambarogno liegenden See. Ascona, das nicht umsonst als ›die Königin des Lago Maggiore‹ bezeichnet wird, besticht vielleicht gerade durch den Kontrast, den sein mediterraner und feudaler Stil, der eher an die Côte d'Azur erinnert, gegenüber den steingeformten Eigenheiten des alpinen Tessin setzt.

Wir beginnen an der Seepromenade, die seit jeher in Ascona **La Piazza** genannt wurde. An der platanenbestandenen Hafenmole haben sich gemütliche Cafés und Eisdielen angesiedelt, an schönen Sommertagen ist der Platz mit zahllosen bunten Stühlen und Sonnenschirmen gefüllt. Einer Abbildung des Hafens von 1920 kann man allerdings entnehmen, daß an der Stelle der prächtigen Fassaden noch vor 70 Jahren verfallene Fischerhäuschen standen und eine ärmliche Romantik ausstrahlten. Direkt gegenüber des Schiffsanlegeplatzes bietet ein Tabakwarengeschäft in einer klimatisierten Kammer das größte Sortiment der Schweiz an Havanna-Zigarren an. Am Ostende der Piazza liegt das **Castello Ghiriglioni**, das um 1250 erbaut wurde. Früher, vor dem Bau der Strandpromenade, lag es an der Asconeser Bucht und besaß einen eigenen Hafen. Bis zum 17. Jahrhundert war die Burg im Besitz der Familie Ghiriglioni aus Mailand, heute ist darin ein Hotel und Gasthaus untergebracht. Am

Hafenpromenade von Ascona

Westende der Hafenpromenade treffen wir auf das Municipale, das **Rathaus**, das im früheren Palazzo Papio eingerichtet ist. Es besticht durch den der Seepromenade zugewandten Laubengang. Rechts führt eine kleine Gasse zur Piazza San Pietro, auf der die Kirche Peter und Paul steht. Wir kommen an der **Casa Serodine** vorbei, dem Bürgerhaus mit der schönsten Barockfassade aus dem 17. Jahrhundert. Früher lag das Haus direkt am Seeufer und hatte an der Südseite einen Portikus. Durch ein reich verziertes Tor betreten wir den Innenhof, in dem das Tourismusbüro untergebracht ist. Links hat sich in einem Geschäft die Buchhandlung Libreria della Rondine angesiedelt, die neben interessanten Antiquarien alle Bücher anbietet, die je über das Tessin geschrieben wurden. Ein Rundgang lohnt sich, nicht nur für Bücherfreunde. Gleich daneben liegt auf dem stattlichen Platz die **Kirche Santi Pietro e Paolo**, eine dreischiffige Säulenbasilika mit dreiseitig geschlossenem Chor. Bei einem Besuch im Inneren können wir Werke von Giovanni Serodine und Gewölbefresken von Pietro Francesco Pancaldi-Mola besichtigen. Links der Kirche führt die Passaggio S. Pietro in die Via Borgo. An der Ecke steht die **Casa Vacchini** aus dem 16. Jahrhundert, die im geschmiedeten Wappen am Balkongeländer ein Rind zeigt. In der engen Passage können wir einem Buchbinder bei der Arbeit zusehen, der nur durch eine Glasscheibe von der Straße getrennt ist und praktisch im Schaufenster arbeitet. Nach rechts wandern wir vorbei am Museo Comunale durch die Via Borgo zur Piazetta Abrosoli. Der kleinstädtische Platz mit dem kunstvollen Brunnen bietet neben einem Café auch einige interessante Geschäfte, so die Konditorei Il Goloso-ne, die – rosa wie ein Bonbon – Panettoni, Amaretti, Schokoladenriegel, kandierte Früchte und andere Tessiner

Spezialitäten aus eigener Herstellung verkauft. Die **Via Borgo** lädt, seit der Autoverkehr in den Umfahrungstunnel verbannt wurde, so richtig zum Flanieren ein. An ihr liegen schöne Boutiquen, Parfümerien und Geschäfte, z. B. Bogner. Adresse Nummer eins für Schmuckliebhaber ist die Boutique Pancaldi, eine wahre Quelle für modische Accessoires. Wir gehen ein wenig weiter und treten durch die Carrà dei Nasi wieder in die engen Gassen der Altstadt ein. Zwischen dieser Straße und der Contrada Maggiore treffen wir auf die Galleria Carrà und eine Boutique, die Geschenkartikel aller Art anbietet. Kristalle glänzen, Silber strahlt, dazu noch kunstvolle Gläser. In der Galleria Carrà hat auch das Atelier Flückinger seinen Sitz. Durch die Passaggio della Carrà gelangen wir hinter der Kirche San Pietro zu einem romantischen Winkel mit der Boutique Bruноni und dem Juwelier Zenger. »Bruni« verfügt über die größte Auswahl von Ledergürteln der ganzen Welt. Wir kehren zurück in Richtung See und machen bei der Galleria Sacchetti halt. Zeitgenössische und moderne Kunst auf internationalem Niveau gehört zum ständigen Programm der Kunsthandlung. Durch die Via Sacchetti gelangen wir wieder an die Seepromenade und stehen an der Stelle, wo früher die Burg dei Carcani stand. Wir gehen um den östlichen Häuserblock herum und gelangen auf die Via Beato P. Berno. An der Ecke zur Via Collegio treffen wir auf die **Casa Berno**. Sie soll das Geburtshaus des Jesuitenmönchs Pietro Berno gewesen sein, der im 16. Jahrhundert als Missionar nach Indien ging. Wir wandern durch die Via Collegio nordwärts und sehen nach links in die gut erhaltene **Contrada Maggiore**, ein Gäßchen, das Elemente verschiedenster architektonischer Stilrichtungen zeigt. Vorbei an der Casa Vacchini sehen wir zum **Collegio Papio** hinüber, das heute eine Privatschule beherbergt. Am Platz Landamano Caglioni wenden wir uns nach links in die Via Papio, die uns nach wenigen Schritten, vorbei an der Bushaltestelle der Linie Ascona – Locarno zum **Postgebäude** an der Via Locarno bringt.

WANDERUNG MONTE VERITÀ UND BALLADRUM

Wir beginnen unsere Wanderung bei der **Post von Ascona**. Gegenüber beginnt die Fahrstraße zum Monte Verità, der wir über mehrere Serpentinen durch die mit Villen verbauten Hänge folgen. Wir kommen an den »Viel-Sterne-Hotels« und den feudalen Häusern von Ascona vorbei. Nach ungefähr 20 Minuten erreichen wir über eine Abzweigung unmittelbar unterhalb des Monte Verità, bei der wir uns rechts aufwärts halten, die Zufahrt zur Hotelanlage. Gleich bei der Auffahrt zum **Hotel »Monte Verità«** zweigt in der ersten Kurve ein Steig ab, der den Beginn dieses Museumspfades bildet. Zuerst kommen wir zur Casa Semiramis. Links davon liegt das Nobelhotel, das einen modernen Anbau im neuen Tessiner Architekturstil aufweist und von Palmen und anderen exotischen Pflanzen umgeben ist. Auf dem Plateau östlich des Hotels treffen wir noch auf Relikte der Gemeinschaften und geistigen Strömungen, die die Geschicke des Berges zu Beginn dieses Jahrhunderts bestimmten, als Lebensreformer hier einen ›alternativen Kurbetrieb‹ etablierten. Auf kleinen Gartenwegen spazieren wir vorbei am Schwimmbad, Tennisplatz, alten Duschanlagen, Terrassen zum Sonnenbaden und einem Pavillon, der als Ausstellungsgebäude dient. Die alten Einrichtungen werden mit Hinweisschildern erklärt, allerdings nur in italienischer Sprache. Alte Abbildungen auf den Schildern zeigen, wie alles in seiner Blütezeit ausgesehen hat.

Wir verlassen Berg und Hotelanlage über den Steig, der auf der Südseite des Hotels durch den exotischen Garten hinabführt und wenden uns bei der Einmündung in die Hauptstraße nach rechts. Sogleich kommen wir zu einem Kreisverkehr, überqueren diesen in südwestlicher Richtung und wählen bei einem Wegweiser den Sentiero del Betulle. Dieser führt als gut ausgebauter Steig meist parallel zu einem Fitneß-Parcours den bewaldeten Hang hinauf. Nach ein paar hundert Metern über Stufen und aufwärtsführende Abschnitte treffen wir auf einen breiten Waldweg, in den wir nach links einbiegen und zum Ca di Pastoo gelangen. Bei diesem verlassenen Steinhäuschen unter dem Blätterdach, inmitten des Kastanienwaldes, zweigen wir vom breiten Weg ab und beginnen den Aufstieg zum **Balladrum**. Wir müssen das Häuschen auf der rechten Seite umwandern und zuerst steil den Hang hinaufsteigen, bis wir auf einen kleinen Taleinschnitt treffen. Bei einem kleinen Sattel, der durch einen leuchtenden roten Hydranten gekennzeichnet ist, zieht sich ein schmaler Steig noch ein paar Meter auf die felsige Anhöhe. Wir nehmen diesen Abstecher, der uns nach wenigen Minuten über die Baumwipfel des umgebenden Waldes erhebt und den Blick auf das herrliche Panorama freigibt. Wir befinden uns zwar nur auf 482 m, glauben jedoch, wegen der Schroffheit dieses Felsbalkons, in luftiger Höhe zu stehen (1.15 Std.). Wir kehren auf gleichem Wege zum Hydranten zurück und setzen unsere Wanderung, dem Hang des Sattels abwärts folgend, nach links fort.

Wir treffen nach wenigen Minuten auf die Waldstraße, die von Ronco nach Arcegno führt und folgen dieser nach rechts. Nach ein paar hundert Metern zweigt rechts ein breiter und leicht abfallender Weg ab, der Sentiero dei Mughetto, der zuerst auf der Nordseite, dann auf der Ostseite um den Hügel Gratena herum verläuft und zum Ca di Pastoo führt. Unterhalb des Ca halten wir uns stets links und wählen den breiten, bald asphaltierten Spazierweg, der in einigen Windungen zum **Parco Parcifal** hinabführt und mit dem Fitneß-Parcours identisch ist. Wir treffen an der Ostseite auf den Park (2 Std.), durchqueren diesen und biegen am östlichen Abhang des Monte Verità auf den Sentiero dei Pini ein. Der bequeme Parkpfad führt uns am Fuße des Monte Verità auf die Hänge oberhalb von Losone, wo auch die Kapelle Signore del Croce steht. Über ein paar Serpentinen kommen wir zu einer Abzweigung und wählen den geradeaus führenden Weg. Dieser mündet oberhalb des Hotels Ascona in die Via Signore in Croce, der wir bis zu einem Wegweiser folgen. Wir biegen nach links ab und gelangen unterhalb der Auffahrt zum Hotel Ascona auf die Hauptstraße zum Monte Verità. Über drei Spitzkehren erreichen wir End- und Ausgangspunkt unserer Wanderung, die **Post von Ascona** (2.30 Std.).

Monte Verità
Der Berg der Wahrheit

Menschen, die sich von Pflanzenkost ernährten, nackt ihren Gemüsegarten jäteten, leidenschaftlich diskutierten und meditierten, suchten auf dem Monte Verità bei Ascona nach der seligmachenden Wahrheit. Henri Oedenkoven und Ida Hofmann gründeten im Spätherbst 1900 eine »Naturheilanstalt für solche Menschen, die in der Befolgung einfacher natürlicher Lebensweisen« Erholung finden sollten. Eine idyllische, sozialethisch-unpolitisch-kommunistische Siedlungsgemeinschaft sollte entstehen, in der vegetarisch lebende, reformgekleidete Menschen in Einklang mit sich und der Natur leben wollten. Was man zum Leben brauchte, wurde selbst aus der Natur geerntet und zubereitet, die Kleidung selbst genäht und dabei stets versucht, zur eigentlichen tiefen Wahrheit des Lebens vorzudringen.

Genossen waren bald gefunden. Sie liefen barfüßig, mit wildwuchernden Haaren, die ein Stirnband zusammenhielt, die Männer trugen Kniehosen, die Frauen strickumgürtete Kittel. Sie fanden am Nordostrand von Ascona ein felsigsteiniges Gelände, überwuchert von Unkraut und Gestrüpp und knorrigen, uralten Rebstöcken mit herrlicher Aussicht auf den See und nach Italien – den Monte Monescia. Der 350 m hohe Hügel, im Mittelpunkt dreier Täler gelegen, im weiteren Umkreis von hohen Bergen umkränzt, fern von allen Städten, wurde zu ›ihrem‹ Berg, zum Berg der Wahrheit. Oedenkoven kaufte den Monte Monescia für 150 000 Franken. Zu fünft rodeten sie das Land, bauten Wege, pflanzten Obstbäume und Sträucher und schufen die Grundlage zu ihren ›Lufthäusern‹. Schnell sprach sich herum, daß hier ›Naturmenschen‹ siedelten, die sich von Pflanzenkost ernährten. Haufenweise kamen Schaulustige, aber auch alle Arten von Zivilisationsverdrossenen, die hier verwandte Seelen wähnten. Man diskutierte, debattierte, meditierte und zerstritt sich auch. 1902 erhielt der Monte Monescia seinen amtlich und kartographisch sanktionierten Namen Monte Verità, Berg der Wahrheit, von Wahrheitssuchern den Wahrheitssuchenden gewidmet. 1909 entstand sogar ein Hotel, das heute noch als Villa Semiramis existiert.

Zahlreiche Weltverbesserer, Anarchisten, Psychologen, Mythenforscher, Sektengründer, Künstler und Dichter besuchten den Monte Verità oder ließen sich sogar am Hügel nieder: der Lebenskünstler Karl Gräser, die Schriftsteller Stefan George und Hermann Hesse, die Anarchisten Erich Mühsam und Fritz Brupbacher, die Sozialisten August Bebel, Karl Kautsky und Eduard Bernstein, der Freud-Schüler Otto Groß, die Maler Ernst Frick, Arthur Segal, Marianne von Werefkin, Filippo Franzoni, die dadaistischen Künstler Hugo Ball und Hans Arp. Mit dem Ersten Weltkrieg verblaßten die Wahrheiten des Berges, und Mitte der zwanziger Jahre erwarb der deutsche Bankier Baron Eduard von der Heydt den gesamten Naturpark am Monte Verità. Es entstand das heutige Hotel, ein Meisterwerk des rationalen Bauhausstils der zwanziger Jahre, in dem der kunstliebende Baron Meisterwerke außereuropäischer Kunst und Werke der klassischen Moderne von Picasso bis Monet, Gauguin und Dalí präsentierte. Diese zweite Blütezeit sah im Gegensatz zur früheren vor allem Leute der Hochfinanz, Politik und Industrie am Berg, zog aber auch Künstler an.

1964 erbte der Kanton Tessin das Gelände und baute den Berg zu einer »einzigartigen Kultur- und Kunststätte inmitten unberührter Natur aus«. In der Casa Anatta wurde das Museum der Geschichte des Monte Verità eingerichtet und die vielschichtige Vergangenheit des Berges in Dokumenten und Bildern erhalten. Die Weltanschauungen seiner Bewohner sind in zahlreichen Beschreibungen und Büchern für die Nachwelt dokumentiert. Sie verstehen sich als Anstrengungen schöpferischer Menschen, Formen, Gedanken und Ideen zu schaffen, die vor fast 100 Jahren die Gesellschaft revolutionierten und heute noch als progressiv und exotisch gelten: die Suche nach der objektiven Wahrheit und dem eigentlichen Sinn des Lebens.

Der Lago Maggiore auf einer Postkarte aus den zwanziger Jahren

16

Im gletschergeformten Hinterland von Ascona

Der Naturlehrpfad in der Collina di Maia bei Losone

Die kurze Wanderung im Hügelland zwischen Losone und Arcegno nördlich von Ascona bietet die Möglichkeit, Wissenswertes über die Natur, Vegetation und Landschaftsformen des unteren Pedemonte und der gletschergeformten Rundhöckerlandschaft im Hinterland von Ascona zu erfahren. Dabei trifft man auch auf alte, kulturgeschichtlich wertvolle Nutzungsformen, die auf dem Lehrpfad erläutert werden. Die Wanderung auf schattigen Waldwegen ist in gut drei Stunden zu bewältigen, zum Lesen der Tafeln und Genießen der vielfältigen Landschaft sollte eine weitere Stunde eingeplant werden.

i

DAUER: 3.30 Std. Geh- und Beobachtungszeit

LÄNGE: 5,9 km

HÖHENDIFFERENZ: 214 m

SCHWIERIGKEITSGRAD: Gut ausgebauter und leicht begehbarer Waldpfad. Problemlos, zur Gänze eigens mit blauen Tafeln markiert, jede Abzweigung mit den gelben Wegweisern versehen.

KARTE: In der Broschüre zum Lehrpfad (s. Hinweis)

EINKEHRMÖGLICHKEITEN: Grotto La Risata am Beginn des Val d'Orthighese an der Straßenverbindung Losone – Arcegno in schattiger Tallage am Bach, mit eigenem Rotwein und Steinpilz-Risotto; weitere Grotti in Arcegno, Supermarkt Mercato Cadore in Losone.

ANFAHRT: Mit dem FART-Bus Nr. 22 ab Locarno bis zur Via Renecón in Losone oder mit dem eigenen PKW; es besteht aber keine Parkmöglichkeit direkt am Wegbeginn.

HINWEIS: Der Lehrpfad enthält 13 Stationen, die nur mit numerierten Tafeln in der Landschaft gekennzeichnet sind. Es empfiehlt sich der Kauf der kleinen Broschüre, die im Tourismusbüro von Ascona erhältlich ist.

DER WANDERWEG

Nordwestlich von Ascona erstreckt sich rechts der Maggia der Ort Losone, der touristisch weit weniger frequentiert wird als das mondäne Ascona. Trotzdem sind in der Umgebung, vor allem des beliebten Ausflugsortes Arcegno, schattige Grotti entstanden, die viel Alt-Tessiner Flair aufkommen lassen. Unsere Wanderung beginnt in **Losone** bei der Via Renecón. Rechts einer Bachrunse zeigt ein Wegweiser

unmittelbar an der Straße zum Monte Verità den Hang hinauf zum *Sentiero educativo*, dem Lehrpfad. Wir wandern etwas ansteigend zuerst über eine Betonstiege, dann auf breitem, gut ausgebautem Weg, vorbei an den letzten Villen von San Rocco-Losone in den Laubwald hinauf. Wir kommen zu einer blauen Markierung, die uns nun entlang des Naturlehrpfades begleiten wird. Nach etwa 150 m im Wald treffen wir auf die erste Station, **Renecón**. Wir befinden uns auf einem offenen Platz innerhalb des eichenbestandenen Waldes und erfahren einiges über diesen Waldtyp, der durch anspruchsvolle Laubhölzer geprägt wird. Früher wurde hier, man glaubt es kaum, Roggen angebaut. Der Wald setzt sich aus Sommereiche, Winterlinde, Kastanie und Süßkirsche zusammen, ausnahmsweise sind auch Buche und falsche Akazie vorhanden. Der gut begehbare Pfad führt uns weiter zu einer Kuppe, hinter der schon die zweite Station angelegt ist. Riaa d Credee heißt die kleine Senke, in der ein Bach fließt. Wiederum wird uns der **Mischwald** vorgestellt, der aufgrund der Bachsenke einen nährstoffreicheren Boden vorfindet. Schwarzerlen, Eschen, Sauerklee und Waldgeißbart kommen vor, am Ufer des Baches wächst Quellmoos. Links von der Station sehen wir noch alte Kulturterrassen des früheren Maisanbaus. Auf einer kleinen Steinbrücke überqueren wir den Bach und wandern hangaufwärts zur Station 3, die wir nach fast 1 km erreichen. Bei einem Wegweiser halten wir uns rechts Richtung Maia und Bolletina lunga. Lichtere Abschnitte im Wald erlauben den Blick auf die unteren Hügel rund um Losone am Nordabfall des Pedemonte. Nach ungefähr 15 Minuten erreichen wir die Station 3, **Selva castanile**, auf 405 m gelegen. Früher wurde hier die Kastanie gepflegt und ihre Früchte im Herbst als Nahrungsmittel gesammelt. Heute sehen wir auf einen verlassenen Niederwald, der früher alle 10 bis 15 Jahre geschnitten wurde.

Auf dem steilen und schattigen Abhang führt der Weg den Hang querend weiter, bis wir fast auf ebenem Niveau zur Station 4 gelangen. Nach Überquerung einer Kuppe sehen wir schon rechts unterhalb in einer Mulde das Moor der Station **Bolezzina longa** liegen. Das binsen- und seggenbestandene Moor, das im Sommer austrocknen kann, hat sich durch gestautes Wasser in der Felsmulde gebildet. Weiter nach Westen gelangen wir zur Station 4a, die uns die **Waldsanierung** vorführt. Bei einer Stallung, die an einer Waldweide steht, gelangen wir zu einem Platz, an dem der Waldschlag nach modernsten Richtlinien und Erkenntnissen durchgeführt wurde. Um dem Naturlehrpfad weiter zu folgen, müssen wir uns nach der Stallung stark rechts halten. Vorbei an bewaldeten Felskuppen wandern wir leicht ansteigend und treffen auf eine kleine Asphaltstraße, die als Brandschutzstraße angelegt wurde. Bei einer **Gedenktafel** erfahren wir, daß im Krieg internierte Polen diese Straße gebaut haben. Eine in den Fels gehauene polnische Flagge erinnert an die Mühen dieser Menschen. Heute führt diese Straße bis nach Golino ins Centovalli. Bei der **Capela da Pozz d'a Butt** machten früher die Bauern auf ihrem Weg zu den

Monti di Ruino und zu den Sommerweiden nach Datore halt. Vom Schild des Naturlehrpfades aus beobachten wir einen Findling, der waghalsig auf der kahlen Felskuppe zu balancieren scheint. Wir wandern auf der Asphaltstraße etwas nordwärts, bis wir auf einen Park- und Spielplatz treffen und diesen queren. Auf einem leicht ansteigenden Wegstück, das uns an der Nordseite der Rundhöcker mit Blick auf das Pedemonte zur Station 6 und 7 bringt, besteigen wir die kahlen Gneis- und Granitkuppen der **Limadaa**. Gletscherbewegungen formten das Gelände und haben auch die Findlinge hier abgelagert.

Zur Station 6 müssen wir vom Hauptweg links ein paar hundert Meter abzweigen und einem Pfad durch den dichten Eichenwald folgen. Sie liegt auf der Spitze einer **Kuppe** auf 462 m, die hoch über das Blätterdach ragt und einen wunderschönen Rundblick auf das Maggia-Delta, das Pedemonte und die Hänge unterhalb des Pizzo Leone erlaubt. Die geschliffene Form des Hügels ist typisch für die Gletschererosion. Heuschrecken, Mauer- und Smaragdeidechsen sowie Schmetterlinge bevorzugen die warmen Kuppen. Wir nehmen den gleichen Weg zurück und überqueren den Rundweg. Nach etwa 30 m kommen wir zur Station 7, einem **Aussichtspunkt** auf 441 m Höhe. Von hier aus ist der Talboden des Pedemonte, der von den Flüssen oft überschwemmt wurde, besser zu erkennen. Wegen dieser Gefahr von Überschwemmungen wurden die Dörfer stets an die Hänge gebaut, Cavigliano und Tegna zum Beispiel, um dem Hochwasser zu entkommen. Vom Schnittpunkt der beiden Abzweigungen setzen wir den Weg zur Station 8 fort. Vorbei an der Kapelle mit dem kleinen Tümpel, der über eine malerische Holzbrücke überquert wird, umrunden wir den Rundhöcker der Limadaa. Im flachen Gelände nach der Senke zeigt uns die Station 8, Fustaia, einen **Hochwald** aus Eschen, Birken, Kirschen und Kastanien. Südlich des Tümpels führt unser Weg leicht abwärts zum Vall da Cóser, in dem die aus drei Teilen bestehende Station 9

Auf dem Naturlehrpfad

liegt. Der erste Teil der Station befaßt sich mit einem verfallenen **Steinbruch**, in dem die Steinplatten für die Dachbedeckungen der Häuser gewonnen wurden. Etwa 100 m danach gelangen wir zu einem alten Sammelbecken, das das Quellwasser auffing und zur Speisung des öffentlichen Brunnens von Losone genutzt wurde. Teil drei der Station zeigt uns den Querschnitt eines Eichenstammes gleich unterhalb des Aquäduktes, und es werden Erläuterungen zum Alter des Baumes gegeben. Wir umwandern einen Hangrücken, und nach leichtem Auf und Ab erreichen wir die Station 10, Bola di Orói. Bola bedeutet soviel wie feuchtes Gebiet, und vor uns liegt ein größerer **Teich**, der das ganze Jahr über nicht austrocknet.

Gleich nach dem Teich folgen wir einer kleinen Stufe und wandern auf einem mit Rotföhren und Weymouths-Kiefern bestandenen Rücken zu Station 11, Rocce insubriche, die uns einen typischen **Trockenstandort** auf nacktem Fels innerhalb des Mischwaldes zeigen will. Eine Besonderheit stellt sicherlich die Weymouths-Kiefer, die Strobe, dar. Sie stammt aus Nordamerika, hat im Tessin eine optimale Umgebung gefunden und breitet sich bereits selbständig aus. Wir kehren über eine kleine Serpentine zum Hauptweg zurück und kommen sofort zu Station 12, Bola d'la Crosa. In einer kleinen Mulde hat sich aus Torfmoos eine **Torfgrube** gebildet, die zur einen Seite mit Birken und Eichen bewachsen ist. Hier hält sich gerne die ungiftige Äskulapnatter auf. Am Rückweg zu unserem Ausgangspunkt wandern wir nach links und kommen zu einer kleinen Senke, in der die 13. und letzte Station liegt. Die Hänge wurden in früherer Zeit terrassiert, Trockenmauern und Hangterrassen deuten heute noch auf die Bewirtschaftung und den Roggenanbau. Zudem erkennen wir an den großen Findlingsblöcken, daß wir uns auf einer **Moräne** befinden, die durch Schuttablagerungen der Gletscher entstanden ist. Die letzte Etappe, etwa 400 m lang, führt durch den Hochwald zurück zu unserem Ausgangspunkt oberhalb von **Losone**.

17

Auf dem Römerpfad über dem Lago Maggiore

Von Ascona über Ronco in den Grenzort Valmara

Unsere Wanderung verläuft auf reizvollen Wegen an den Hängen des Pizzo Leone oberhalb des Lago Maggiore. Zum Teil sind es schmale Asphaltstraßen, zum Teil alte Römerwege, die aus der Altstadt von Ascona auf die Hänge oberhalb des Ortes führen. Stets locken die Ausblicke auf den See und auf die Inseln von Brissago. Der meist schattige Weg endet direkt beim Zollamt von Valmara, an der Grenze nach Italien. Der Rückweg läßt sich zuerst zu Fuß, dann mit dem Schiff von Brissago nach Ascona bewältigen.

i

WEGVERLAUF: Ascona – Ronco (1.30 Std.) – Valle di Crodolo (30 Min.) – Porta (30 Min.) – Incella (1.10 Std.) – Valmara (40 Min.) – Brissago (40 Min.)

DAUER: 5 Std.

LÄNGE: 14 km

HÖHENDIFFERENZEN: Ascona 199 m, Ronco 351 m, Valle di Crodolo 500 m, Porta 392 m, Incella 369 m, Valmara 198 m (Anstieg gesamt 301 m)

SCHWIERIGKEITSGRAD: Leicht begehbare Wege und teils geteerte Sträßchen, im letzten Abschnitt gut befestigte Steige, etwas schwierige Abzweigungen im ersten Abschnitt, im Sommer tagsüber recht heiß.

KARTE: Landeskarte der Schweiz Blatt 1312 Locarno und Blatt 1332 Brissago

EINKEHRMÖGLICHKEIT: Mehrere Re-staurants und Grotti entlang des Weges in Ronco, Piodina und Brissago

ANFAHRT: Von Locarno aus mit dem FART-Bus Nr. 21 ab der Piazza Stazione oder mit dem Schiff vom Hafen von Locarno nach Ascona (Achtung: Das Schiff fährt zuerst über den See nach Magadino und Vira und erst dann nach Ascona, so daß die Fahrt 1 Stunde dauert). **Rückfahrt:** Von Brissago mit dem Schiff oder wieder mit dem Bus Nr. 21.

DER WANDERWEG

Wir starten in der Altstadt von **Ascona** zu unserer Höhenwanderung. An der ehemaligen Durchzugsstraße, der Via Borgo, liegt das Ristorante Posto antigua, gleich gegenüber führt eine steil ansteigende Treppe aus dem Ort hinaus. Entlang einer mit Efeu bewachsenen Mauer steigen wir den Hang hinauf, vorbei an den ersten Villen oberhalb von Ascona in Richtung Monte Verità. Die Stiege – Scalinata del Ruga – mündet in eine steile Asphaltstraße, die nach Moscia und Ronco führt (= Strada del Rondonico). Wenn wir die Höhe dieser Straße erreicht haben, kommen wir zu einer Kreuzung und treffen auf die Fahrstraße, die von Ronco auf den Monte Verità führt. Bei der Villa Rondonico halten wir uns links und wandern vorerst etwa 400 m die Straße nach Moscia abwärts. Exotische Pflanzen begleiten uns, Zürgelbäume und mächtige Zedern. In einer leichten Linkskurve biegen wir rechts zum **Sentiero Romano** ab, der durch einen Wegweiser beschildert ist.

Der geschichtsträchtige Römerpfad beginnt mit einer Stiege und einer alten Steinbrücke. Gleich wandelt sich das Bild, denn wir haben die bewaldeten Hänge oberhalb von Ascona erreicht. Zwischen kahlen Felsköpfen und hohen Farnkräutern, Schwarzföhren, Eichen und Birken hält sich der Weg schräg aufwärts. Bedingt durch die Steilheit der Hänge und den Sonnenreichtum können nur Pflanzen vorkommen, die Trockenheit und Wärme ertragen. Der Weg führt nun mit leichtem Auf und Ab am oberen Rand der Villen vorbei und wird von alten geschlichteten Steinmauern gesäumt, in denen sich zahllose Eidechsen tummeln. Sobald der Waldsaum zurückweicht und wir genügend an Höhe gewonnen haben, bietet sich uns zum ersten Mal der eindrucksvolle Ausblick nach Süden auf den Langensee, der uns nun die gesamte Wanderung begleitet. Wie kleine Boote ragen die Brissago-Inseln aus dem schimmernden

Blau des Lago Maggiore, der sich zu beiden Seiten der hohen Bergflanken weit nach Italien windet. Trotz der Sanftheit des mediterranen Waldes, der hier die letzten Gärten umgibt und förmlich wie in grünen Wellen über die Felsstufen flutet, deuten kahle und steile Granitwände auf die schroffe geologische Vergangenheit des Tessins.

Bei der Casa Sulla Rocca zweigt nach rechts ein Serpentinenweg ab, der zum Monte Verità und nach Losone führt. Wir bleiben aber auf dem Sentiero Romano, bis wir auf die Straße zum Monte Verità treffen. Nach der Casa B. Berno passieren wir einen kleinen Wasserfall, unmittelbar danach führt der Sentiero Romano wieder rechts in leichten Serpentinen in den Wald hinauf. Haben wir bei einer einsam im Wald liegenden Villa eine Gabelung erreicht, halten wir uns geradeaus. Das folgende Wegstück wurde mit Stufen befestigt, um eine steilere Geländestufe im Kastanienwald besser überbrücken zu können. Eschen überschatten den Weg, der bei der Capella Gruppaldo auf die von Arcegno her kommende Straße trifft. Durch ein altes romanisches Tor setzen wir unseren Weg auf der kleinen Fahrstraße nach Ronco fort. Gleich nach einer Imkerei, die aus Tessiner Granit gebaut wurde, wählen wir die untere, schmalere, dafür aber weniger befahrene Straße. Auf diesem Wegstück stehen wir beinahe wie auf einem Balkon über dem See. Faszinierende, fast schwindelerregende Tiefblicke eröffnen sich auf der kleinen, sich den Felsnasen entlang schlängelnden Straße, und bald erreichen wir **Ronco** (1.30 Std.). Dieses Örtchen in luftiger Höhe über dem See war von den zwanziger bis sechziger Jahren ein beliebter Wohnort für Künstler aus aller Welt, darunter Erich Maria Remarque und seine Frau Paulette Godard. Sehenswert ist die Pfarrkirche San Martino, die um 1498 erstmals erwähnt wurde.

Beim Albergo Ronco wählen wir die Via Barcone, die oberhalb der Pfarrkirche vorbeiführt, und durchqueren den Ort. Diese Straße verläuft am oberen Ortsrand, und wir gelangen nach einer Weile leichten Anstieges ins **Valle di Crodolo** (2 Std.). Südlich dieses tiefen Bacheinschnitts beginnt sich die schmale und gemütliche Fahrstraße allmählich zu senken. Über einige Serpentinen erreichen wir die Fraktion **Porta**. Wir durchqueren den Ort weiterhin auf der Fahrstraße, bis wir auf eine Stiege treffen, die bei der Kirche steil abwärts führt. Gegenüber der Kirche, bei der Haltestelle des Postbusses, zeigt ein gelber Wegweiser auf diese Abzweigung. Wir kürzen dadurch zwei Kurven der Fahrstraße ab. Leicht ansteigend, erreichen wir in einer Serpentine die

Blick auf Ronco und den Lago Maggiore

Abzweigung einer schmalen Gasse, die vorbei an schön geschmückten Gärten in Richtung Süden führt. Sie verläuft durch die Bachschlucht von **Sacro Monte Addolorato**, in der auch die bizarre gleichnamige Kirche mit den Bildstöcken steht. Die Kirche ragt, einem Turm ähnlich, imposant aus dem Grün der Schlucht auf, am Wegesrand liegt eine Kapelle mit drei mächtigen Holzkreuzen. Kunstvoll geschwungene Brücken überqueren den Wildbach und die Schlucht. Die Kirche entstand 1767 aus der Erweiterung einer schon bestehenden Kapelle.

Nach dem Durchschreiten der kühlen Schlucht kommen wir direkt an der Kirche vorbei, gleich gegenüber lädt die Brunnenstube Fonte Vittorio mit einem Steintisch zur Rast ein. Jetzt verläuft ein Kreuzweg entlang der Straße. Bei der zweiten weiß getünchten Kapelle biegen wir nach rechts über Stufen in den Wald hinauf ab, um in die Fraktion **Cadogno** zu gelangen. In dem Örtchen bietet das Café Bella Vista Gelegenheit zur Rast. Wir setzen unseren Weg in Richtung Incella fort und müssen nun genau aufpassen, um die nächste Abzweigung nicht zu versäumen. Nachdem wir Cadogno durchquert haben, steigen wir auf einer Fahrstraße, die zu Häusern in **Incella** führt, nach einer Spitzkehre bis zu einem alten auffälligen Haus aus dem 16. Jahrhundert leicht an (3.40 Std.). Oberhalb dieses Hauses zweigt nach links ein Gäßchen ab, das zum dicht bewaldeten Valle di Ponte führt. An der Weggabelung ist der Wegweiser Piodina ange-

bracht. Ein schmaler Steig, mit geschwungenem Holzgeländer kunstvoll befestigt, führt durch den hoch gewachsenen Kastanienwald durch die Schlucht. Vogelgezwitscher und Bachrauschen wechseln einander ab. Je weiter wir zum Bach absteigen, umso stärker wird der Urwaldcharakter dieses Waldes. Der Bach wird auf einer modernen Stahlbrücke überquert, auf der anderen Talseite führen zuerst Steinstufen, dann ein etwas steiler Steig, den Hang hinauf nach Piodina. Dieser sehr romantische Abschnitt unseres Weges stellt vielleicht den am stärksten naturbelassenen dar, denn die meiste Zeit zuvor wanderten wir durch die typische Tessiner Kulturlandschaft aus Dörfern, Villen, Gärten, Wäldern und Feldterrassen.

Nach dem Durchqueren der Fraktion **Piodina** treffen wir auf eine Fahrstraße, die leicht abwärts führt. Die nach Brissago absteigende Straße holt weit nach Süden aus. Nach der zweiten Serpentine wandern wir in Richtung Süden eine wenig befahrene Gasse entlang. Villen, blumenreiche Gärten und Steinmauern begleiten den Weg. Nach ein paar hundert Metern erreichen wir das Ende der Via Cagetto. Beim Wendeplatz, der zugleich ein Aussichtspunkt mit Ruhebänken ist, beginnt unser kurzer Abstieg in die Schlucht von Valmara. Dieses Wegstück wurde 1977 im oberen Teil durch Hangrutsche zerstört, inzwischen ist der Weg jedoch wieder hergestellt. Der durch Stufen gesicherte Steig führt zuerst in Serpentinen, dann entlang des Baches als mäßig abwärts führender Steig direkt zur **Zollstation Valmara** (4.20 Std.). Zwischen den beiden Grenzstationen gelangen wir auf die Hauptstraße nach Ascona und haben den Ziel- und Wendepunkt der Wanderung erreicht. Um wieder nach Ascona zu kommen, wandern wir ungefähr 40 Minuten auf dem Gehsteig der Fahrstraße entlang nach Brissago (5 Std.). Von dort können wir mit dem Schiff oder mit dem Autobus nach Ascona gelangen, wobei die Schiffahrt reizvoller ist.

Man merkt es **Brissago** an, daß es im Mittelalter eine kleine, nur dem Kaiser unterstellte Bürgerrepublik war. Eine auffallende Zahl stattlicher Bürgerhäuser stammen aus dieser Zeit und geben dem Ort ein kleinstädtisches Gepräge. Die Casa Borrani und Casa Jelmoli bilden einen großen Baukomplex an der Hauptstraße. Den einstigen Bürgerwohlstand bezeugt vor allem die Casa Baccalà.

Auf der Rückfahrt mit dem Schiff nach Ascona, meist am Spätnachmittag, lohnt es sich, während der Fahrt an der Reling zu verweilen. Von dort aus kann man bequem den gesamten Wegverlauf noch einmal nachverfolgen und sich der zahlreichen Ausblicke auf den See erinnern. Gänzlich anders erscheinen nun die Ortsbilder an den Hängen, und die Schluchten, die vom Limidario und vom Pizzo Leone herabziehen, wirken wie tief eingeschnittene Cañons. Nach 20minütiger Bootsfahrt erreichen wir den Ausgangspunkt **Ascona**.

Auf dem Weg nach Ronco

18

Perlen der Gartenkunst und der Botanik

Die Brissago-Inseln im Lago Maggiore

Wir fahren mit dem Linienschiff zur größeren der beiden Inseln im Lago Maggiore, die für Besichtigungen offensteht. Dort besuchen wir den einzigartigen botanischen Garten, der die gesamte Insel einnimmt und von einem herrschaftlichen Palazzo gekrönt wird. Wir wandern durch den Park und lernen Pflanzen aus allen Erdteilen kennen. Die Wanderung auf der knapp 500 m langen Insel verläuft auf ebenen gekiesten Parkwegen.

i

DAUER: Je nach Interesse 2 Std. bis 1 Tag

SCHWIERIGKEITSGRAD: Gekieste Parkwege, sehr leichte Begehbarkeit, die meisten Wege sind rollstuhlgeeignet.

KARTE: Lagepläne in den Prospekten und Veröffentlichungen über die Insel, auf Tafeln im Parkgelände dargestellt.

EINKEHRMÖGLICHKEIT: Ristorante und Café im Palazzo auf der Insel mit ausgewählten Eisspezialitäten, Fruchtsäften, Milkshakes und feudalem Speisenangebot.

ANFAHRT: Mit dem Linienschiff von Ascona, Locarno, Brissago oder Porto Ronco; die Fahrt ab Locarno bietet die Möglichkeit zu einer Kreuzfahrt durch den oberen Lago Maggiore, da das Boot zuerst nach Magadino auf die östliche Seeseite fährt und bis zu den Inseln 1 Std. braucht. In Locarno steht am Hafen eine Tiefgarage zur Verfügung, Parken für Wohnmobile schwierig, in Ascona am Parkplatz östlich der Seepromenade günstiger (ebenfalls gebührenpflichtig). **Rückfahrt:** Mit dem Schiff. Wer nach Locarno fährt, dem wird empfohlen, in Ascona auszusteigen, durch die Altstadt bis zum Postamt zu wandern und mit dem Bus FART Nr. 31 nach Locarno zurückzukehren.

HINWEIS: Im kleinen Postamt im Palazzo werden Führer und Prospekte zur Insel verkauft.

DER WANDERWEG

Auf der größeren der beiden Brissago-Inseln, der Isola Grande, schuf, begünstigt durch das milde Klima und die regulierende Lage mitten im See, die Baronin Saint-Léger gegen Ende des vergangenen Jahrhunderts einen botanischen Garten. Die besondere Eigenart dieses Inselgartens, der auf 193 m Höhe liegt, ist die Kultur tropischer und subtropischer Pflanzen im Freien während des ganzen Jahres. Nur eine kleine Anzahl, vor allem Kübelpflanzen, benötigen im Winter den Schutz des

Glashauses. Bedingt wird dies durch die Eigenheiten des Klimas: Der Südfuß der Alpen ist durch die große Zahl von Sonnenstunden und durch reichliche Niederschläge gekennzeichnet. Dazu kommt, daß die Lage im See für im Durchschnitt recht hohe Temperaturen sorgt. Die mittlere Jahrestemperatur liegt bei 12,8° Celsius und ist damit um ein Grad höher als in Locarno. Vor allem im Winter und am Abend wirken sich die Unterschiede für die tropischen Pflanzen mildernd aus. Nur 15 Frosttage werden pro Jahr gezählt, deswegen können so viele kälteempfindliche Pflanzen im Freien bleiben.

Wir beginnen den Rundgang durch den Garten bei der Schiffsanlegestelle. Gleich können wir auf einem großen Plan die unterschiedlichen Regionen sehen, in denen Pflanzen aus aller Welt zusammengestellt sind: Rund um den Palazzo befinden sich mediterrane Terrassenpflanzen und die Teichanlage mit einheimischen und ausländischen Feuchtpflanzen. Den nach Süden folgenden Hügel nehmen Gewächse aus China, Korea und Japan ein, insbesondere Palmen- und Bambushaine. Im anschließenden Teil sind abwechselnd Arten aus Amerika, Australien, Neuseeland und Tasmanien untergebracht. Die Südspitze der Insel mit der terrassenartigen Beetanlage beherbergt Pflanzen aus Afrika. Im Römischen Bad an der Südostseite werden Heil- und Nutzpflanzen aus Mitteleuropa und den mediterranen Bereichen gezeigt.

Wenn wir nach dem Anlegesteg über ein paar Stufen zum **Palazzo** hin-

aufgestiegen sind, entfaltet sich vor uns schon die tropische Pracht des Parks. Von der **Terrasse** des Hauses sehen wir auf die zierliche Teichanlage, die etwas unterhalb in einer Mulde liegt. Dahinter ragt der Inselsporn auf, auf dem das Römische Bad angelegt wurde. Rechts folgt ein Dickicht aus allerlei exotischen Bäumen, vor allem Palmenarten und Bambus. Der **Palmenhain** wird durch die Hanfpalme beherrscht. Diese Art erträgt am besten tiefe Temperaturen und konnte sich daher an den Hängen im Tessin gut behaupten. Eindrucksvoll sind auch die australischen Baumfarne sowie die Sammlung der einheimischen und fremdländischen Bodenfarne. Wir schreiten durch den langen, an der Nordwestseite der Insel zum Südsporn führenden Laubengang an der Baumfarn- und Palmensammlung vorbei und erreichen die neuseeländische Florenregion. Am rechten Rand des erhöht liegenden Weges sehen wir auf die im Wasser stehenden **Sumpfzypressen** mit den auffallenden Stelzwurzeln. Links wurden Bäume und Sträucher aus Neuseeland gepflanzt, vor allem Myrtengewächse, Zylinderputzer und Cordylinen. Wir gelangen zur Südspitze, die zur Gänze Südafrika gewidmet ist. Schon am Eingang zu dem über dem See liegenden und mit Mauern befestigten Plateau stehen, typisch für diese Region, meterhohe Erikasträucher und Glockenheiden. Wir wandern zurück und folgen einer Stiege nach rechts hinunter, die vor dem Laubengang abzweigt, und treten durch Myr-

Südafrika-Terrasse auf der großen Brissago-Insel

tengewächse hindurch in das **Arboretum** der Insel ein. Hier stehen im Bereich Australien und Tasmanien vor allem hohe Eukalyptusbäume, Magnolien und Lampenputzersträucher. Zum Bagno Romano führt an der Südseite der Insel eine geschwungene Uferpromenade. Ehe wir das malerische Bad erreichen, kommen wir an einem sehr hohen Taxodium-Baum und einem **Bambushain** vorbei, den wir auf einem Pfad durchqueren können.

Das **Bagno Romano**, das Römische Bad, wurde auf dem Sporn im Südwesten der Insel angelegt. Zur Zeit der Gründerin Baronin Saint-Léger war diese Ecke ein Gemüsegarten, der spätere Besitzer Max Emden ließ ein Bad im römischen Stil erbauen. Heute gedeiht in den Beeten rund um die mit einer Plastik geschmückten Wasserfläche eine Auswahl von 200 einheimischen **Heil- und Nutzpflanzen**. Wir folgen dem befestigten steingepflasterten Weg, an dem Arten aus China wie Teestrauch, Kamelien und Falscher Kampferbaum zu sehen sind, und treffen nach einer Abzweigung nach rechts zum Teich. Die Wasseroberfläche, in der sich die Fassade des Palazzo spiegelt, ist mit Lotosblumen und Seerosen geschmückt. Im Ufersaum finden wir neben fremdländischen Papyrus einheimische Feuchtpflanzen. Auf der Terrasse nordwärts treten wir in den mediterranen Bereich ein und wandern unter Ölbäumen und Zitrusgewächsen hindurch. Salbei, Rosmarin, Ginster und Zistrosen bilden eine **Mittelmeer-Macchie** nach. Ergänzt wird sie durch Steineichen, Korkeichen und Erdbeerbaum, die an der Nordspitze angepflanzt wurden. Der Weg zieht sich in einer leichten Rundung zur Terrasse des Palazzo hinauf, die am Beginn durch Zitrusgewächse aller Art geschmückt ist. Mandarinen, Zitronen, Orange und Grapefruit gedeihen in der Tessiner Sonne. Im Winter müssen sie aber ins Gewächshaus gebracht werden.

Unser Rundgang endet beim Café des Palazzo, wo wir köstliche Eisspezialitäten und Erfrischungen genießen können. Beim Rückweg zum Anlegeplatz entdecken wir eine große Wachspalme, am Weg zum Steg sehen wir auf einen Hain aus **Kamelien**, die im Frühjahr in allen Farben blühen. Zuletzt verabschiedet uns der **Ginkgobaum** unmittelbar bei der Einstiegstelle, ein pflanzliches Relikt aus einer Zeit vor 250 Millionen Jahren. Mit dem Schiff treten wir die Rückfahrt nach Ascona an.

AM WEGE

Im Park der großen Brissago-Insel finden wir im südwestlichen Abschnitt, in der Region China, den wohl wertvollsten Baum der Anlage, den **Ur-Mammutbaum** *(Metasequoia glyptostroboides)*. Sein lateinischer Name deutet an, daß der Baum mit den Mammutbäumen Nordamerikas verwandt ist. Sie gehören zur selben Familie wie die Sumpfzypressen. Erst 1941 wurde dieser Nadelbaum in China wiederentdeckt – ein sensationeller Fund, da man ihn lange Zeit für ausgestorben hielt. Er gleicht unserer Lärche und läßt im Winter die Nadeln fallen. Im Sommer, wenn die zahlreichen Besucher auf die Insel kommen, zeigt er seine feinen, weichen und sattgrünen Nadeln. Der sehr rasch wachsende Baum wurde 1951 im Garten gepflanzt und hat bereits über 30 m erreicht. Vor 1941 kannte man das Gewächs nur aus Fossilienfunden in Ablagerungen des Tertiärs und der Kreidezeit, die aus Nordamerika und Grönland stammten. Nach dem Zweiten Weltkrieg wurde der Baum aus den Samen des Exemplars aus der chinesischen Provinz Szechuan in botanischen Gärten in aller Welt angepflanzt.

Die Geschichte der Brissago-Inseln

Bei den Bauarbeiten für den botanischen Garten auf der 256 Hektar großen Isola Grande wurde im Jahre 1950 eine römische Säule auf der Insel gefunden. Daraus schließt man, daß die Besiedelung der Insel auf die Zeit um Christi Geburt zurückgeht. Es ist jedoch nicht auszuschließen, daß man die Säule erst später, als die beiden Kirchen auf der Insel gebaut wurden, dorthin brachte. Unter den ältesten Dokumenten, in denen die Inseln erwähnt werden, sind zwei von besonderer Bedeutung. 1214 stellte der Bischof von Como die Kirche des hl. Pankraz, die auf der großen Brissago-Insel angelegt wurde, Mönchen aus dem Orden der Humiliaten zur Verfügung. Sie bauten ein Kloster auf, das 1514 verlassen wurde und in Privatbesitz überging. Das zweite Dokument ist im Gemeindestatut von Brissago erhal-

Der Palazzo auf der Brissago-Insel

ten und stammt aus der Zeit zwischen 1289 und 1307. Dort ist die Rede von einer Kirche des hl. Apollinaris, der im Dienste der Gemeinde Brissago gestanden haben muß. Aus den folgenden Jahrhunderten ist nur bekannt, daß zur Zeit des Baus des St.-Gotthard-Tunnels um 1870 eine Sprengstofffabrik auf der Insel errichtet werden sollte, was die Bürger von Brissago zu verhindern wußten. Aus dem 18. Jahrhundert ist der Name Kanincheninseln bekannt, da sich laut zeitgenössischen Berichten dort eine große Zahl von Wildkaninchen angesiedelt hatten.

Eine Wende in der Geschichte der Inseln brachte das Jahr 1885. Die Baronin Antonietta, die mit einem Irländer namens Richard Fleming Saint-Léger verheiratet war, erwarb die Eilande. Die sehr gebildete und reiche Dame entfaltete eine rege Bautätigkeit und verwandelte die steinigen Wiesen der großen Insel in einen prächtigen Park. Sie errichtete unter Rücksichtnahme auf die Grundmauern des alten Klosters eine Villa und veranstaltete Treffen mit Künstlern, Schriftstellern und Dichtern. 1927 mußte das Anwesen jedoch öffentlich versteigert werden und ging in den Besitz des Milliardärs Max Emden aus Hamburg über. Die Villa wurde abgerissen, und die Ruinen der Kirche und des Klosters in den neuen Palast miteinbezogen, den wir heute noch bewundern können. Er errichtete auch das Römische Bad und stellte die Insel unter das Motto »Leben ist auch eine Kunst«. 1940 erbte der Sohn Emdens, der sich allerdings in Chile aufhielt, die Insel. 1949 gelang es der Schweizer Regierung und den drei Gemeinden am Lago Maggiore, die Insel für die Öffentlichkeit zu gewinnen. Es entstand ein Kleinod, das heute als über die Grenzen des Tessins hinaus bekannter botanischer Garten der Wissenschaft und den Erholungssuchenden zur Verfügung steht.

Die kleinere der beiden Brissago-Inseln (82 Hektar) ist nicht zugänglich. Hier wird – unter striktem Betretungsschutz – versucht, die ursprüngliche Vegetation zu bewahren. Diese Bestrebungen haben ebenfalls wissenschaftliche Bedeutung und verfolgen daneben Naturschutzaspekte. Da keinerlei Veränderungen stattfinden, läßt sich die natürliche Vegetationsentwicklung ungestört verfolgen. Die Besonderheit der ursprünglichen Vegetation rund um den Lago Maggiore liegt darin, daß in der insubrischen Region alpine, atlantische und mediterrane Elemente enthalten sind. Man versucht, durch die Erhaltung der kleinen Brissago-Insel in ihrem ursprünglichen Zustand einer Verarmung der Tessiner Flora vorzubeugen, und erhält zudem ein kleines wertvolles Schutzgebiet.

Malcantone und Gambarogno

Mit Gambarogno wird die Gegend rund um Magadino bezeichnet, die an den dem Lago Maggiore zugewandten Hängen bis zum gleichnamigen Berg reicht. Das Malcantone hingegen bezeichnet die bewaldeten Täler an der Ostseite der Gebirgskette, die reich zerklüftet in mehreren Steilstufen zum Agno-Arm des Sees abfallen.

Das **Gambarogno** umfaßt die nördlichste Uferlandschaft am Lago Maggiore und erstreckt sich im Süden bis an die italienische Grenze. Im Herzen der Region, die auch die ›Tessiner Riviera‹ genannt wird, erhebt sich der Monte Gambarogno mit 1734 m und seinen kastanienbewaldeten Hängen hoch über den See. Entlang der freundlichen Uferlandschaft liegen liebliche Dörfer wie Vira, San Nazarro oder Gerra. Die steilen Hänge sind kaum bewohnt. In Vira zweigt die 17 km lange Paßstraße zur Alpe di Neggia ab. Dort beginnen die Wanderungen zum Monte Gambarogno und zum Monte Tamaro. Über den Sattel führt die Straße in das Veddasca-Tal mit dem einsam am Berghang liegenden Indemini. Der Reiz dieser Landschaft liegt in der Ursprünglichkeit der lieblichen Uferlandschaft und der Wildheit des tief eingeschnittenen Val Veddasca.

Das **Malcantone**, was soviel heißt wie ›Landschaft der Hammerschmieden‹ *(cantone dei magli)*, breitet sich zu Füßen des Monte Tamaro und des Monte Lema aus. Es bildet ein nach Süden ausgerichtetes Hochplateau oberhalb von Lugano und dem Agno-Arm des Luganer Sees und endet beim Monte Caslano. Die dicht besiedelte wald- und talreiche Landschaft wird von der Magliasina durchflossen, die im äußeren Bereich schon tief in die Hügel eingeschnitten ist. Wie Perlen einer Kette reihen sich die lieblichen Dörfchen aneinander, von Arosio, dem höchstgelegenen, bis Aranno. In drei Tagesetappen kann man zu Fuß entlang der Strada verde, einer alten Wegverbindung, am besten den Reiz und das Gepräge des Malcantone kennenlernen. Manche Orte liegen direkt an den Hängen des Monte Lema, andere sind auf der der Tresa zugewandten Seite angesiedelt. Das Tal wurde vor allem durch die Hammerschmieden bekannt, die durch die Wasserkraft der Magliasina betrieben wurden. Das Handwerk prägte die Region und hinterließ einen kulturellen Reichtum, den man zum Teil noch heute besichtigen kann. Überragt wird die Landschaft von den Höhen des Monte Tamaro und Monte Lema, die durch einen eindrucksvollen Bergpfad verbunden sind. Überhaupt wird das Malcantone von zahlreichen und lohnenden Wanderwegen durchzogen, manche können auch mit dem Fahrrad bewältigt werden. Dem Wanderfreund werden die gewaltigen Aussichten in Erinnerung bleiben, die man von den Gipfeln der beiden Berge aus genießen kann. Gondelbahnen ermöglichen es, die Höhen rasch zu erreichen.

Im Bergdorf Indemini

19

Im Vogelparadies Bolle di Magadino

Von Magadino durch dichten Auwald zur Ticino-Mündung

Die Runde durch den Auwald an der Ticino-Mündung dauert kaum länger als eine Stunde. Im Bolle di Magadino bietet sich die Gelegenheit, Vögel, Amphibien und Insekten in großer Zahl und Artenvielfalt zu entdecken. Doch es gilt, ruhig, ausdauernd und vor allem zur rechten Zeit am rechten Ort zu sein: Besonders ein frischer Herbstmorgen kann so manche Überraschung bieten, da viele Zugvögel Rast machen. Wer also das Bolle di Magadino für sich entdecken will, der sollte dafür viel (Beobachtungs-)Zeit ›opfern‹, und einen Feldstecher sowie ein Vogelbestimmungsbuch mitnehmen.

DAUER: 1 Std.

LÄNGE: 5 km

HÖHENDIFFERENZEN: keine

SCHWIERIGKEITSGRAD: Ebene und kurze Wanderung auf guten Waldpfaden; nach längeren Regenperioden oder bei hohem Wasserstand des Ticino sind Gummistiefel vorteilhaft. In der warmen Jahreszeit sollte man bei längeren Beobachtungstouren Mückenschutzmittel verwenden.

KARTEN: Landeskarte der Schweiz 1:50 000 Blatt 276 Val Verzasca bzw. Blatt 5007 Locarno-Lugano, Kümmerly + Frey Wanderkarte 1:60 000 Tessin Sottoceneri; Detailkarten des Naturschutzgebietes: s. Literaturhinweis

EINKEHRMÖGLICHKEITEN: Mehrere Restaurants und Kaffeehäuser in Magadino

ANFAHRT: Mit dem **PKW:** Magadino am Südufer des Lago Maggiore ist von Locarno (12 km) oder Bellinzona (15 km) leicht erreichbar. **Öffentliche Verkehrsmittel:** Von Locarno mit der Postbuslinie 630.80. Zug: Von Bellinzona mit den Zügen, die am Südufer des Lago Maggiore Richtung Luino fahren.

LITERATURHINWEIS: Bei der Fondazione Bolle di Magadino (C.P. 3253, 6900 Lugano) sind folgende Broschüren über das Naturschutzgebiet erhältlich: »Le Bolle di Magadino« (SFr 3,–, auch in Deutsch) und »Bolle di Magadino – ein kleiner Naturführer« (Gratis-Prospekt)

DER WANDERWEG

Ausgangspunkt ist **Magadino**, der östlichste Ort am Südufer des Lago Maggiore. Dieser Ort war im Mittelalter ein wichtiger Hafen- und Handelsplatz,

heute ist er ein Fremdenverkehrsort mit Strandpromenade und kleinem Yachthafen. Die Wanderung beginnt bei dem kleinen Strandbad (mit Minigolfanlage) von Magadino. Wir wandern in östlicher Richtung an der Seepromenade entlang, an einem kleinem Bootshafen vorbei. Schon bald begleiten uns kleinere Schilfbestände und wir sehen die ersten Wasservögel: Stockenten, Bläßrallen und Lachmöwen. Bei einer alten Lagerhalle biegt der Weg nach Norden. Hier informiert uns ein Hinweisschild, daß wir das Naturschutzgebiet **Bolle di Magadino** betreten. Auf dem Schild ist ein Übersichtsplan mit den Schutzzonen angebracht sowie Informationen zu den Schutzbestimmungen. Der breite Kiesweg führt über einen Damm, rechts und links befinden sich mit dichter Ufervegetation bewachsene Wasserflächen. Schilf und alte, ansehnliche Weidenbäume säumen die Wasserflächen. Vielleicht können wir zwischen dem Röhricht einen Graureiher lauern oder ein Teichhuhn paddeln sehen. Der prächtig blau schillernde Eisvogel benützt gerne einen Ast über dem Wasser als Ansitzwarte für die Fischjagd. Kleine Hinweisschilder in italienischer Sprache geben Einblicke in den Naturraum. Nachdem wir an einigen dichtbewachsenen Teichen vorbeigewandert sind, entfernt sich der Weg etwas von der Wasserzone. Es geht zunächst an einer Wiese vorbei, bald kommen wir aber wieder in ein Auwaldstück mit Schwarzerlen und Silberweiden. Besonderen Reiz erhält der Wald durch seinen von Tümpeln und Altarmen durchsetzten Untergrund.

Nun erreichen wir den **Flußlauf des Ticino**. Von einem natürlichen Flußlauf mit Mäandern und Altarmen ist hier leider nichts mehr zu entdecken, vielmehr ist der Hauptwasserlauf in ein kanalähnliches Bett gezwängt. Auf der gegenüberliegenden Flußseite erkennen wir ein Schotter- und Kieswerk. Es erinnert uns daran, wie stark bedroht das Naturparadies Bolle di Magadino ist.

Wir gehen nach Westen weiter, auf den Mündungsbereich des Ticino zu. An den kleinen Weihern und in den Auwaldabschnitten können wir immer wieder verschiedene Vogelarten beobachten. Auf den Wasserflächen schwimmen Haubentaucher, an den Baumstämmen klettern Spechte, aus dem Unterholz hören wir Zaunkönige und Rotkehlchen singen und in den Baumkronen schlüpfen Laubsänger durch das Blätterwerk. Der Weg führt geradeaus, den Ticino entlang. Bald wird der Blick etwas freier, und wir sehen den Mündungsbereich und im Hintergrund den Schwemmkegel der Maggia, auf dem sich Locarno ausbreitet. An dieser Stelle teilt sich der Weg.

Wir gehen zunächst geradeaus weiter. Rechts fließt der Ticino, der sich immer mehr in den See verbreitert. Links liegt ein wunderschöner **Auwald** mit Erlen und Weiden. Wer gewohnt ist, durch forstwirtschaftlich genutzte Wälder zu wandern, der wird sich wahrscheinlich über die vielen herabgefallenen Äste und die am Boden liegenden abgestorbenen Stämme wundern. Dieser hohe Altholzanteil ist aber ein Zeichen für die Naturbelassenheit des Auwaldes. Niemand ›räumt hier auf‹, und so bleibt der natürliche Kreislauf erhalten. Spechte und andere Vögel bauen im morschen Holz ihre Höhlen, kleine Tiere nützen Zweige und

Rinde als Versteck, und schließlich zerlegen und zersetzen Pilze das Holz.

Bald kommen wir zu einem kleinen Holzsteg, der über einen Kanal führt. In diesem Wassergraben tummeln sich Wasserfrösche und unzählige Wasserinsekten. Gleich hinter der Brücke gelangen wir zum Endpunkt dieses Wegabschnittes. Es ist ein Holzsteg, der als **Beobachtungsplattform** dient. Solange das Schilf noch nicht hochgewachsen ist, kann man auf die freie Wasserfläche blicken, steht das Schilf aber hoch, bleibt nur der Blick in den Schilfgürtel und der Ausblick auf die Kirche von Magadino. Im Röhricht lebt eine hochangepaßte Vogelgemeinschaft – möglicherweise können wir Teichrohrsänger, Drosselrohrsänger oder Rohrammern entdecken.

Wir kehren auf demselben Weg zurück, bis wir wieder zur Weggabelung gelangen. Bei der Kreuzung halten wir uns diesmal Richtung Süden. Nach einem kurzen Waldstück führt der Weg über eine große, feuchte **Wiesenfläche**. Im Sommer stehen hier Schilf, Weidenröschen und Mädesüß übermannshoch. Aus dem Schilf und dem Weidengebüsch hört man den Gesang des Schilfrohrsängers, und über der Blütenpracht schweben und schwirren Schmetterlinge, Hummeln, Libellen und andere Insekten.

Der Weg hält auf eine Reihe größerer Weidenbäume zu, die den Zugang zur freien Wasserfläche säumen. Auch hier ist ein **Beobachtungspunkt** für Naturfreunde eingerichtet. Um die rastenden Vögel möglichst wenig zu stören, hat man einen Schilfzaun angebracht. Zwei Fenster erlauben ein unaufdringliches Beobachten der Vogelwelt. Von diesem zweiten Beobachtungspunkt kehren wir auf derselben Route wie beim Hinweg zurück nach **Magadino**.

Im Naturschutzgebiet Bolle di Magadino

Das Naturschutzgebiet Bolle di Magadino

Das Bolle di Magadino ist eine für mitteleuropäische Verhältnisse sehr seltene Naturlandschaft. Es besteht aus den unverbauten Mündungsgebieten der Flüsse Verzasca und Ticino. Hier gibt es noch einen Rest der Vielfalt und Dynamik, die wilde Flußlandschaften auszeichnen. Der Fluß zweigt sich auf, schlängelt dahin, wirft Schotterflächen auf, um sie beim nächsten Hochwasser wegzuspülen und woanders wieder aufzubauen. Die Pflanzenwelt paßt sich den Kräften des Wassers an und gestaltet sie mit: Pionierpflanzen festigen die Schotterbänke, gegen Staunässe resistente Baumarten bilden einen dichten Auwald, und Schilfstreifen begleiten die ruhigen Wasserarme. Die Tierwelt reagiert auf dieses reichhaltige Mosaik an Biotopen mit einer unglaublichen Vielfalt. Zum Beispiel konnten Ornithologen bis heute 240 Vogelarten im Bolle di Magadino feststellen; das ist ein Drittel aller in der Schweiz je nachgewiesenen Vogelarten. Zur Erinnerung – das Naturschutzgebiet ist keine 700 Hektar groß! Jeder kann Lachmöwen, Stockenten, Bläßrallen, Teichhühner, Haubentaucher, Graureiher und einige kleine Waldvögel wie das Rotkehlchen oder den Zaunkönig beobachten. Wer mehr Zeit investiert, kann auch Vertreter seltener Vogelarten entdecken: Flußuferläufer und Flußregenpfeifer zählen zu den Vögeln des Bolle di Magadino, die an den Schotterflächen entlang der Verzasca noch regelmäßig brüten. An den meisten Flüssen der Alpen sind diese hübschen Vögel schon längst verschwunden. Als Besonderheit unter den Bewohnern des Auwaldes ist der Seidensänger zu nennen, der leider nur noch sporadisch hier brütet. Zu den Raritäten unter den vielen Vogelarten, die hier als Gäste nachgewiesen wurden, zählen Säbelschnäbler, Odinshühnchen und Bienenfresser. Auch für Amphibien ist das Bolle di Magadino eine Insel in einer für diese Tiergruppe lebensfeindlichen Welt. So können wir in den Weidenbüschen Laubfrösche finden und in den Wassergräben Alpenkammolchen bei ihren eigenartigen Balztänzen zusehen.

Eine Wanderung durch das Bolle di Magadino ist aber auch von einem anderen Gesichtspunkt her sehr aufschlußreich, führt sie uns doch die gigantischen Landschaftsveränderungen während der letzten hundert Jahre vor Augen. Es ist kaum vorstellbar, daß noch um 1850 fast das gesamte Gebiet der Magadino-Ebene, die heute von intensiver Landwirtschaft und Industrie geprägt ist, ein Gewirr aus Sümpfen und Flußläufen war. Die Trockenlegung dieses Gebietes brachte die Ausrottung der Malaria und den Gewinn an fruchtbarem Ackerland, zerstörte aber einen Großteil Flußwildnis. Den vergleichsweise kläglichen Rest versuchen heute Naturschützer mit wechselndem Erfolg der Nachwelt zu erhalten. Mit einer kantonalen Verfügung von 1974 stehen 185 Hektar unter strengem Naturschutz (Schutzzone A), weitere Flächen sind als Pufferzonen ausgewiesen (Schutzzonen B und C). Gemäß der Ramsar-Konvention zum Schutz der Feuchtgebiete ist das Bolle di Magadino als Feuchtgebiet von internationaler Bedeutung eingestuft. Im Jahre 1975 wurde die Fondazione Bolle di Magadino gegründet, deren Ziel der Schutz und die wissenschaftliche Untersuchung dieses Gebietes ist. Gesetzlichen Schutz und den unermüdlichen Einsatz von Wissenschaftlern und Naturfreunden hat das Gebiet dringend nötig, denn das Bolle di Magadino wird heute von allen Seiten bedrängt und gefährdet. Es zwängt sich wie ein störender Keil zwischen die industrialisierte Magadino-Ebene und den touristisch (über)erschlossenen Lago Maggiore. Aber auch Naturfreunde können bisweilen unbeabsichtigt eine beträchtliche Störung darstellen. Es sollte selbstverständlich sein, daß wir uns im Naturschutzgebiet ruhig verhalten, keine Pflanzen oder Tiere mitnehmen, nur die angelegten Wege benützen und daß wir lieber auf eine Beobachtung verzichten, als ein Tier zu beunruhigen.

Haubentaucher auf seinem Nest

20

Großartige Ausblicke vom Monte Gambarogno

Rundwanderung von der Alpe di Neggia über den M. Gambarogno zur Wallfahrtskirche S. Anna

Das Gambarogno, die gebirgige Uferlandschaft im Nordosten des Lago Maggiore, ist ein noch ruhiges Stück Land. Von den freundlichen Orten am See steigen die Berghänge steil und zerfurcht an, von Weinbergen und Kastanienwäldern bedeckt. Darüber ragen zwei markante Berggestalten auf, beide sind Aussichtswarten ersten Range: Vermittelt der Monte Tamaro dank seiner größeren Höhe die bessere Fernsicht, so kann der Monte Gambarogno mit Blicken auf den Lago Maggiore und sein Umland aufwarten, die kaum zu überbieten sind.

WEGVERLAUF: Alpe di Neggia – Monte Gambarogno (1.15 Std.) – Sant' Anna (1.15 Std.). – Alpe di Neggia (1.30 Std.); Variante: Abstieg von Sant' Anna nach Indemini 50 Min.

DAUER: 4 Std.

LÄNGE: 9,5 km

HÖHENDIFFERENZEN: Von der Alpe di Neggia Anstieg von 339 Höhenmetern auf den Monte Gambarogno; es folgt ein teilweise steiler Abstieg von 450 Höhenmetern zur Alpe Cedullo; der Rückweg über S. Anna zur Alpe di Neggia weist keine größeren Höhenunterschiede auf.

SCHWIERIGKEITSGRAD: Dank des hochgelegenen Ausgangspunktes ist die Besteigung des Monte Gambarogno nicht sehr anstrengend.

KARTEN: Landeskarte der Schweiz 1:50 000 Blatt 5007 Locarno-Lugano, Kümmerly + Frey Wanderkarte 1:60 000 Tessin Sottoceneri

EINKEHRMÖGLICHKEITEN: Restaurant Ritrovo di Neggia an der Paßhöhe, Restaurant in Indemini

ANFAHRT: Mit dem **PKW:** In Vira am Ufer des Lago Maggiore zweigt die Bergstraße nach Indemini ab. Über viele Kehren erreicht man die Paßhöhe Alpe di Neggia (17 km), wo es genügend Parkmöglichkeiten gibt. **Öffentliche Verkehrsmittel:** Von Locarno mit dem Postbus Nr. 630.80. **Rückfahrt:** Von Indemini oder von der Alpe di Neggia mit dem Postbus Nr. 630.80

DER WANDERWEG

Nahe der Paßhöhe bei der **Alpe di Neggia** können wir uns von der kurvigen Anfahrt im Ritrovo di Neggia, einem kleinen Berggasthaus mit nettem Gastgarten, erholen, ehe wir zur Besteigung des Monte Gambarogno starten. Der Weg beginnt direkt an der Paßhöhe und folgt einer kleinen Schotterstraße, die in nordwestlicher Richtung hinaufzieht. Etwas oberhalb steht malerisch eine Baumgruppe mit auffallend alten und mächtigen Buchen, deren Kronen man den jahrzehntelangen Kampf gegen Wind und Schnee ansieht. Schöne Alpenrosenbestände bedecken den Boden der Berghänge. Bei einer Kehre zweigt der Pfad auf den Monte Gambarogno von der Schotterstraße ab und führt nun steil in Serpentinen aufwärts. Uns gegenüber zieht der lange Westgrat des Monte Tamaro hinauf. Die Route des Bergpfades auf den Monte Tamaro und den 1961 m hohen Gipfel dieser ebenmäßigen Berggestalt ist deutlich zu erkennen.

Über einen wenig ausgeprägten Sattel hinweg, wechselt der Weg auf die Nordseite des Monte Gambarogno. Nun behindert kein Bergrücken oder Felsen den Blick nach Norden und Westen. Unter uns liegt die blaue Wasserfläche des Lago Maggiore. Am nördlichen Seeende nehmen wir das Naturschutzgebiet Bolle di Magadino, das Mündungsgebiet der Flüsse Ticino und Verzasca (s. Wanderung 19) wahr. Beeindruckend ist der Blick auf die Ortschaften Locarno und Ascona, die sich auf der von der Maggia gebildeten Halbinsel ausbreiten. Beim Anblick dieses Schwemmkegels, der sich weit in den See hinein erstreckt, kann man die

Abstieg vom Monte Gambarogno nach Westen

landschaftsformende Kraft eines Gebirgsflusses abschätzen, der gewaltige Geschiebemengen transportiert und ablagert. Hinter Locarno erahnen wir den breiten Taleinschnitt des Valle Maggia, verdeckt durch einen Felsriegel bei Ponte Brolla (s. Wanderung 6). Nicht weniger schön ist der Blick in das Verzasca-Tal mit den Ortschaften Tenero, Contra und Gordola am Taleingang und dem Hangdorf Mergoscia, hoch über dem Vogorno-Stausee (s. Wanderung 10). Weiter östlich breitet sich die fruchtbare Magadino-Ebene aus, die bis Bellinzona reicht.

Bald schon erkennt man den wenig ausgeprägten Gipfel des Monte Gambarogno. Nun geht es in angenehmer Steigung die Nordflanke des Berges empor, immer begleitet vom Ausblick auf den tief unter uns liegenden Lago Maggiore. Knapp unterhalb des Gipfels, bei zwei verlassenen Steinhäusern, kann man zu einem **Aussichtspunkt** hinaufsteigen. Von dort genießen wir den Blick hinunter auf die Alpe di Neggia und hinüber auf den Monte Tamaro. Eine Panoramakarte informiert uns über die Berggipfel der näheren und weiteren Umgebung: Bei klarer Sicht nehmen wir am östlichen Horizont sogar die Dufour-Spitze im Monte-Rosa-Massiv wahr. Sie ist mit 4634 m der höchste Berg der Schweiz. Weiter nördlich ragt mit dem Aletschhorn ein weiterer Viertausender aus den unzähligen, hintereinander gestaffelten Bergketten heraus. Markante Berggestalten im Hinterland des

Lago Maggiore sind der 2442 m hohe Pizzo Vogorno, östlich des Val Verzasca, und der sich westlich von Locarno und Ascona erhebende Pizzo Leone (1659 m), hinter dem sich die reizvolle Landschaft des Centovalli verbirgt. Von diesem Aussichtspunkt gelangen wir in wenigen Minuten auf den 1734 m hohen **Gipfel des Monte Gambarogno** (1.15 Std.).

Nun geht es auf dem Anstiegsweg wieder einige Meter hinunter zur beschilderten Weggabelung. Vom Gipfel herabkommend, biegen wir nach links ab, Richtung Alpe Cedullo und Sant' Anna. Durch Zwergstrauchheiden und mit herrlicher Aussicht auf den See geht es in nördliche, später in westliche Richtung den Berghang abwärts, der hier mit ausgedehnten Farnbeständen bewachsen ist, die locker von Birken, Ebereschen und Wacholder durchsetzt sind. Später taucht der Weg in einen dichten Buchenwald ein. Auf einer Lichtung liegt das Steingebäude der **Alpe Cedullo**. Seit dem Gipfel sind wir ungefähr eine Stunde unterwegs und haben auf dem kehrenreichen Weg einen Abstieg von ca. 450 Höhenmetern hinter uns gebracht. Ein Wegweiser zeigt uns die Richtung nach Sant' Anna an.

Nach einem kleinen Anstieg erreichen wir die schlichte Kapelle, die sich auf der Lichtung eines bewaldeten Sat-

Blick vom Monte Gambarogno Richtung Locarno

tels befindet (2.30 Std.). Sant' Anna liegt am ehemaligen Saumpfad, der von Gerra am Lago Maggiore nach Indemini führt. Früher mußten die Frauen des Bergdorfes allwöchentlich mit ihren vollgepackten *Gerla* (typischer Tragkorb der Gegend) zu den Ortschaften am See absteigen, um dort ihre bäuerlichen Produkte auf dem Markt anzubieten und sich selbst mit Waren zu versorgen. Danach wartete ein vierstündiger Heimweg auf die Bäurinnen. Erst die zwischen 1917 und 1920 vom Militär gebaute Straße von Vira über die Alpe di Neggia erschloß Indemini für den Verkehr; seit 1925 fährt ein Postbus von Locarno aus. Die **Kapelle Sant' Anna** stammt aus dem 15. Jahrhundert und enthält ein schönes spätgotisches Fresko, das der Schule von Antonio da Tradate zugeschrieben wird. Im hinteren Teil der kleinen Kirche ist im Raum einer einstigen Einsiedelei ein Schutzraum eingerichtet, der Wanderern bei einem der überraschenden Gewitter, die sich über dem See zusammenbrauen können, sehr nützlich sein kann. Die Kapelle war jahrhundertelang Wallfahrtsort, und auch heute noch wird am 26. Juli (St.-Anna-Tag) ein Bittgang von Indemini aus durchgeführt. Im Ersten und Zweiten Weltkrieg war die Anhöhe bei Sant' Anna wegen der Grenznähe strategisch wichtig. Eingemeißelte Erkennungszeichen der Wachposten am großen Felsblock auf der Westseite der Kirche erinnern noch an diese Zeiten.

Neben der Kirche steht ein Wegweiser, der uns in südliche Richtung nach Indemini leitet. Der Weg führt nun durch Buchen- und Birkenwald leicht abwärts. Bald gelangen wir wieder in das Val Veddasca zurück, das sich nach Italien hin öffnet und etwas nördlich von Luino in den Lago Maggiore mündet. Wir queren ein trockenes, waldloses Gebiet mit Ginster- und Schneeheidebüschen. Kurz vor einer Hochspannungsleitung verzweigt sich der Weg. Wir können entweder nach **Indemini** absteigen (ca. 30 Min.) oder zur Alpe di Neggia zurückkehren.

Richtung Alpe di Neggia folgt ein kurzer Anstieg, der in einigen Serpentinen überwunden werden muß. Wir wandern durch einen Lärchen-Fichtenmischwald und queren kleinere Geröllfelder. Von der Anhöhe bei der Alpe di Neggia windet sich die Bergstraße in einigen weitausholenden Kehren nach Indemini hinunter. Vereinzelt stehen einige Steinhäuser, zum Beispiel bei Monti Idacca. Nach vier Stunden Wanderzeit erreichen wir wieder unseren Ausgangspunkt, die **Alpe di Neggia**.

21

In den Tessiner Voralpen

Der Monte Tamaro und die Voralpenüberquerung

Die Höhenwanderung führt rund um den höchsten Gipfel des Malcantone, den 1961 m hohen Monte Tamaro. Der Aufstieg wird durch die Gondelbahn ab Rivera erleichtert. Aufgrund des 1530 m hoch gelegenen Ausgangspunktes auf der Alpe Foppa sind trotz Gipfelbesteigung nur 430 Höhenmeter zu bewältigen. Der Rückweg verläuft in einem südlich vom Gipfel gelegenen Seitental. Als Variante bietet sich die lohnende ›Voralpenüberquerung‹ zum Monte Lema an.

i

WEGVERLAUF: Alpe Foppa – Capanna UTOE (1.15 Std.) – Tamaretto (45 Min.) – Monte Tamaro (25 Min.) – Wegweiser unterhalb von Capanna (30 Min.) – Alpe Duragno (40 Min.) – Alpe Foppa (55 Min.)

DAUER: 4.30 Std.; Variante mit der Überquerung 6 Std. (ohne Liftfahrtzeiten)

LÄNGE: 10,5 km (mit Voralpenüberquerung 15,5 km)

HÖHENDIFFERENZEN: Alpe Foppa 1530 m, Capanne UTOE 1928 m, Monte Tamaro 1961 m, Alpe Duragno 1483 m; Anstieg 431 m

SCHWIERIGKEITSGRAD: Gut ausgebauter Bergweg, zum Teil als Fahrstraße, zum Aufstieg auf den Gipfel an manchen Stellen ausgesetzt, Trittsicherheit erforderlich, Wege gut markiert und beschildert. Variante: sanfte Bergsteige, manchmal im Felsenbereich, aber stets gut ausgebaut

KARTE: Landeskarte der Schweiz Blatt Malcantone 286 1:50 000

EINKEHRMÖGLICHKEITEN: Bergrestaurant auf der Alpe Foppa mit der Möglichkeit zur Übernachtung, ✆ 091/ 95 22 51, Clubhütte der Federazione Alpinistica Ticinese unterhalb des Motto Rotondo, 60 Schlafplätze und Restaurationsbetrieb; Variante: Berggasthof unterhalb des Gipfels des Monte Lema, Grotto an der Talstation in Miglieglia

ANFAHRT: Bei Anfahrt mit dem eigenen **PKW** nach Rivera steht ein sehr großer Parkplatz beim Lifthaus der Gondelbahn Rivera–Alpe Foppa kostenlos zur Verfügung. **Öffentliche Verkehrsmittel:** Von Lugano mit der Eisenbahn (Feld 600 des amtlichen Kursbuches) bis Station Rivera-Bironicio, 5minütiger Fußweg zur Talstation der Gondelbahn Rivera–Alpe Foppa. **Rückfahrt:** Bei Überquerung zum Monte Lema: Mit dem Lift nach Miglieglia, von dort mit dem Postbus nach Lugano und der Eisenbahn SBB bis Rivera-Bironicio; ab Ende Mai bis Anfang Juli verkehrt am Wochenende, zwischen 10. Juli und 1. November täglich ein Bus, der die Talstation der Monte Lema-Bahn mit der des Monte Tamaro direkt verbindet.

HINWEIS: Man sollte sich über die Betriebszeiten der Lifte und auch des direkten Autobusses infomieren: Talstation Rivera mit Kartenschalter ✆ 091/95 23 03.

DER WANDERWEG

Der Monte Tamaro, der sich von Norden her als spitze Pyramide über das Sottoceneri und das obere Malcantone erhebt, ist der berühmteste Aussichtsberg des Tessins. Nicht nur die leichte Erreichbarkeit, sondern auch die Lage zwischen den Luganeser Tälern und der Senke des Lago Maggiore machen ihn zu einem Ausflugsziel ersten Ranges. Fast der gesamte Kanton kann wie von einem zentralen Aussichtspunkt überblickt werden. Der nach Süden und Westen hin sanft anmutende Berg zeigt auf der Ostseite mit nackten Gneisplatten und steilem Abhang ins Val Cusello seine alpinen Qualitäten.

Wir gelangen mit der Gondelbahn von Rivera aus über die Station von Piano di Mora in knapp 20 Minuten zur **Alpe Foppa**. Schon bei der Auffahrt haben wir Gelegenheit, aus der Luft die Abstufungen der Vegetation zu studieren. Denn bald geht der Kastanienmischwald der Tallagen in einen gebüschartigen Bewuchs aus Birken und Grünerlen über. Schon bei der Alpe Foppa auf 1530 m haben wir die baumfreien Höhen erreicht, die durch die Alpweidewirtschaft in früherer Zeit entstanden sind. Das geräumige Bergrestaurant der Alpe bietet auch im Sommer Übernachtungsmöglichkeiten an. Es wird somit zum idealen Ausgangspunkt für Höhenwanderungen im Gebiet des Monte Tamaro und Monte Lema. Als touristische Attraktion richtete man einen kleinen Tierpark ein, der Gemse, Steinbock, Murmeltiere und andere kleinere Alpentiere zeigt.

Wir starten bei einem kleinen See unmittelbar beim Bergrestaurant, der den futuristischen Bau malerisch als Spiegelbild vor den Tälern des Sottoceneri wiedergibt. Ein breiter Fahrweg zieht über die Almwiesen direkt zu einem Gebäude eines Schleppliftes, wo ein steiler Steig abzweigt, sich aber auch der Fahrweg fortsetzt. Beide führen zur Berghütte **Capanna Tamaro**, wobei wir den gemütlicheren und besser begehbaren Fahrweg wählen. Der Aufstieg windet sich mäßig steil durch den Hang des Valle Trodo auf eine Höhe von 1867 m. Dabei durchqueren wir Grünerlengebüsch und die ersten Alpenrosenpolster. Schuttgefüllte Steinrinnen, die den Weg an manchen Stellen verlegen, deuten auf die

Steilheit des Hanges hin. Wir erreichen die Hütte, deren Fahne uns schon längst entgegenwinkt (1.15 Std.). Von der nach Westen ausgerichteten Terrasse bekommen wir bereits einen Vorgeschmack auf das Panorama, das uns am Monte Tamaro erwartet: Vor uns baut sich, förmlich nur durch den Einschnitt des Lago Maggiore getrennt, der gletscherweiße Gebirgsstock des Monte-Rosa-Massivs scheinbar zum Greifen nahe auf. Wir setzen unseren Weg an der Westseite der Hütte fort und wandern zuerst entlang dem zu einem Sattel führenden Grat. Der breit in Felsen geschlagene Weg erlaubt stets vielfältige Einblicke in die Seitentäler, vor allem in das Valle Trodo, in dem wir die kleine Alpe von Campo sehen. Nach kurzer Zeit erreichen wir unterhalb des Motto Rotondo einen Sattel (1843 m), auf dem die Wege zum Monte Tamaro und die Überquerung zum Monte Lema abzweigen. Weithin kann man mit den Augen dem schmalen Steig folgen, der den Hängen ent-

Blick auf Locarno

lang unterhalb des Monte Tamaro zum Monte Gradiccioli und weiter zum Monte Lema führt. Wir wählen weder diesen Weg noch den Anstieg zu unserem Gipfelziel, sondern wandern geradeaus auf einem in den Nordhang des Monte Tamaro eingeschnittenen Bergpfad in Richtung Alpe di Neggia. Der jetzt folgende Abschnitt führt hoch über dem Valle Trodo auf einem abenteuerlichen, wildromantischen, stets in den Fels eingesprengten Weg. An einer Stelle müssen wir einen mit sprudelnden Quellen überflossenen Tunnel queren, wobei wir unvermeidlich etwas naß werden. Vom Wegesrand fällt der Abhang fast senkrecht ins Tal ab, Schwindelfreiheit und Trittsicherheit sind von Vorteil, auch wenn der Weg eine gute Breite aufweist. Wir erreichen den mit Grünerlen bestandenen Sattel des **Tamaretto** auf der Westseite des Monte Tamaro (2 Std.) und treffen auf den serpentinenreichen Pfad, der von der Alpe di Neggia heraufführt. Noch vor 100 Jahren war der Berg fast völlig bewaldet, heute liegt die Baumgrenze um 1400 m. Auf gemeinsamem Weg steigen wir über einen etwas steilen Pfad in Richtung Gipfel. Bald bringen uns Spitzkehren an den Südhang heran, und wir sehen über alte Alpweiden tief in das Valle Veddasca, in dem die nestförmige Ortschaft Indemini am bewaldeten Berghang klebt. Nach Westen ragt der Monte Gambarogno vor uns auf.

Nach ungefähr 15- bis 20minütigem Aufstieg haben wir die luftige Höhe des **Monte-Tamaro-Gipfels** auf 1961 m erreicht (2.25 Std.) und dürfen uns eines Rundblickes erfreuen, der seinesgleichen sucht. Kein anderer Punkt im Tessin ermöglicht es, gleichzeitig Lugano, Locarno, Ascona und Bellinzona zu sehen. Über 20 km des Lago Maggiore liegen vor den mächtigen Alpenstöcken des Monte Rosa und der Mischabelgruppe. Schon mit freiem Auge ist es kein Problem, das Matterhorn zu sehen. Finsteraarhorn und Schreckhorn mit ihren 4500 m stehen als markante Berge über dem sich davor ausbreitenden, tief eingekerbten Maggia-Tal. Im Norden entspringt der Gebirgskörper des Sopraceneri wie ein trotziger Wall aus der Magadino-Ebene, und der Monte Ceneri wirkt als hügelartige Talsperre. Im Süden dagegen deutet die Landschaft des Sottoceneri mit den sanfteren Formen an, daß die Lombardische Tiefebene nicht mehr weit ist. Als letzte Alpenbastion erkennen wir

Am Monte Tamaro

den Monte Generoso. Weiter nach Nordosten folgen die Denti della Vecchia bei Lugano, die von den aufragenden Gipfeln der Bergamasker Alpen umrahmt werden.

Nach einer Weile beginnen wir den Abstieg zu dem Sattel auf 1843 m. Dorthin führt ein mäßig steiler, steiniger Weg durch die Bergwiesen. Dem gleichen Weg folgen wir vom Sattel unterhalb des Motto Rotondo zurück zur Capanne Tamaro und haben Gelegenheit, die zahlreichen Alpenpflanzen am Wegesrand zu bewundern. Vor allem fällt das leuchtende Rot während der Blütezeit der Alpenrosengebüsche auf, dazwischen ragen die Blütenköpfe von Enzian, Silberdistel, Arnika und Vergißmeinnicht hervor. Knapp unterhalb der Hütte, die schon in Sichtweite ist, verlassen wir auf einem weiteren Sattel bei einem Wegweiser den Hauptweg, und erreichen auf einem bequemen Bergpfad das Valle Duragno. In diesem Tal steigen wir auf der rechten Seite des Gebirgsbaches vorbei am Maiensäss von Campo bis zur **Alpe Duragno** ab (3.35 Std.).

Knapp oberhalb der Almwirtschaft, die mitten im Kessel des Talschlusses angelegt wurde, biegen wir nach links ab, überqueren den Bach und treffen auf einen neuerdings verbreiterten, gut angelegten Weg. Dieser bringt uns auf fast ebener Strecke zur Alpe Foppa zurück. Zuvor müssen wir aber noch leicht ansteigend den Rücken unterhalb des Mugia umwandern und den oberen Teil des Val Zarigo durchqueren. Vom tiefsten Punkt des Tales sind 100 Höhenmeter zu überwinden, ehe wir nach leichtem Anstieg auf die saftig grünen Weiden der **Alpe Foppa** gelangen und die Liftstation erreichen (4.30 Std.).

VARIANTE

Wenn wir nicht zur Alpe Foppa zurückkehren wollen, können wir ab dem Sattel auf 1843 m unterhalb des Monte Tamaro die **Voralpenüberschreitung** beginnen. In knapp vier Stunden geht es über fast ebene Wege auf dem nach Süden auslaufenden Höhenrücken Richtung **Monte Lema.** Vorbei am Bassa d' Indemini, an den Gipfeln des Gradicciola, des Monte Pola und des Monte Magno erreichen wir den Grat des Poncione del Breno, von dem aus sich der Weg durch den Osthang zur Forcella d'Arasio senkt. Ein kleiner Gegenhang führt zur Bergstation der Monte-Lema-Bahn und zum Gipfel. Zur Busstation in **Miglieglia** kann man entweder mit dem Lift in gut 20 Minuten fahren oder auf einem kurvenreichen und unterschiedlich steilen Steig gehen, der meist unterhalb des Liftes verläuft. Von Miglieglia bestehen Busverbindungen nach Rivera.

22

Am Sonnenbalkon über dem Lago Maggiore

Der Monte Lema und das obere Malcantone

Die Wanderung am Monte Lema, dem südlichsten Ausläufer der Bergrücken des Malcantone, führt über den Hang des Monte Zottone zur Alpe di Mageno und ins obere Malcantone. Wir lernen auf sanften und gut begehbaren Bergpfaden die Höhen des Monte Lema kennen, von denen sich wunderbare Aussichten bieten, und können uns über ehemalige Almwirtschaften informieren. Den Abschluß der Wanderung bildet ein kleines Stück der Strada verde zwischen Brenio und Miglieglia.

WEGVERLAUF: Bergstation – Gipfel Monte Lema (10 Min.) – Bergstation (10 Min.) – Forcella d'Arasio (10 Min.) – Poncione di Breno (20 Min.) – Alpe di Mageno (45 Min.) – Breno (55 Min.) – Ri di Vallone (30 Min.) – Tortoglia (25 Min.) – Miglieglia (35 Min.)

DAUER: 4 Std., Abstieg bis Breno 2.30 Std., Rückweg nach Miglieglia 1.30 Std.

LÄNGE: 11 km

HÖHENDIFFERENZEN: Monte Lema 1620 m, Breno 798 m, Miglieglia 706 m, Weg fast nur abwärtsführend, einziger Anstieg vom Forcella d'Arasio (1480 m) zum Poncione di Breno (1653 m)

SCHWIERIGKEITSGRAD: Gut ausgebaute Bergpfade, beim Abstieg etwas steil, aber gut begehbar, Strada verde als bequemer Saumpfad, teilweise auf kleiner Asphaltstraße; Markierung am Berg gut, jedoch entlang der Strada etwas ungenau.

KARTE: Landeskarte der Schweiz Blatt 286 Malcantone 1:50 000

EINKEHRMÖGLICHKEITEN: Berggasthof unterhalb des Gipfels des Monte Lema, Gasthöfe in Breno, Grotto an der Talstation in Miglieglia

ANFAHRT: Mit dem eigenen **PKW** von Norden bei Gravesano aus dem Tal nach Arosio, über Mugena, Vezio, Fescoggia und Breno nach Miglieglia, oder von Magliaso aus über Pura, Bedigliora, Novaggio bis Miglieglia. Beim Liftgebäude steht ein geräumiger Parkplatz kostenlos zur Verfügung.
Öffentliche Verkehrsmittel: Ab Lugano mit der Schmalspurbahn Richtung Ponte Tresa bis Magliaso (Feld 635.45 des amtlichen Kursbuches), weiter mit dem Postbus 635.20 nach Miglieglia, im Sommer direkte Busverbindung von Lugano nach Miglieglia.

DER WANDERWEG

Der Monte Lema ist die letzte bedeutende Erhebung der Voralpenkette, die vom Tamaro in südwestlicher Richtung gegen das Tal der Tresa läuft. Diese nach Süden immer sanfter werdende, sattgrün überzogene Bergkette teilt das italienische Val Veddasca vom Malcantone oder Val Magliasina. Drei Bäche haben tiefe Gräben in die Hänge des Monte Lema geschnitten, über die zahlreiche Wanderwege verlaufen.

Mit dem typischen Tessiner Sessellift – man sitzt parallel zur Fahrtrichtung auf mit Stoffdächern geschützten Holzbänken – gelangen wir in knapp 20 Minuten von **Miglieglia** auf den Monte Lema. Die kleinen Gondeln schweben über Kastanien- und Eichenwälder hinweg, die, je näher man der Bergstation kommt, durch blumenreiche Wiesenhänge abgelöst werden. Wir erreichen die Bergstation und machen vor Beginn der Wanderung einen Abstecher zum plateauförmigen Gipfel des **Monte Lema**. Eine steinige Fahrstraße zieht sich links der Liftstation den Hang hinauf, und nach etwa 10 Minuten betreten wir die weitläufige Kuppe des Gipfels. Wir stehen wie auf einem sonnenbeschienenen Balkon über den tiefblauen Fluten des Lago Maggiore. Vor allem der südlichste Abschnitt des Sees ist gut zu erkennen. Von Cannóbio reicht der Blick über Luino 24 km weit bis Stresa. Unwahrscheinlich nahe wirken die Walliser Alpen, allen voran das Monte-Rosa-Massiv. Aber auch die Aussicht auf den Lago Lugano läßt nicht zu wünschen übrig. Vor allem das Agno-Becken mit Ponte Tresa und dem Berg von Caslano sind zu sehen, davor breitet sich die hügelige Landschaft des Malcantone wie ein gefaltetes Tuch aus. Auf gleichem Weg kehren wir zur Bergstation zurück und steigen ein kurzes Stück zum Berggasthof Monte Lema auf, wo unsere Wanderung beginnt. Links des Albergo führt unser Weg zuerst ein paar hundert Meter auf der breiten Schipiste hinab zum Sattel von **Forcella d'Arasio** (30 Min.). Wir treffen knapp neben der Zollstation auf einen typischen Tessiner Granitbrunnen, dessen quaderförmiger Trog mit kühlem Gebirgswasser gefüllt ist. Von hier beginnen wir auf einem breiten Bergpfad den kurzen Aufstieg zum Poncione di Breno. Der durch Bergwiesen verlaufende Weg ist in 20 Minuten zu bewältigen. Von der Anhöhe zieht sich ein fast ebener Steig einmal zur linken, einmal zur rechten Seite des Grates in Richtung Monte Magno. Entsprechend wechseln die herrlichen, unverstellten Blicke auf die Hänge und

in die Täler hinab, und bald sehen wir an der Ostflanke des Monte Magno die Alpe di Mageno. Wir queren die Schuttfelder, die sich den Hang hinabziehen, und kommen immer wieder an Grünerlen- und Birkengebüschen vorbei. Auffallend sind aber die mächtigen Reitgrasfluren, die mit Alpenrosengebüschen abwechseln. Nach weiteren 20 bis 25 Minuten Wanderung entlang des Grates gelangen wir zu einer Abzweigung und wir wählen den Steig, der den Osthang hinab zur **Alpe von Mageno** führt. Sogleich wandelt sich das Landschaftsbild. Die Hänge werden steiler und ziehen sich zu allen Seiten in den Talkessel hinab, in dem aus vielen Quellen ein Seitenbach der Magliasina entspringt. Wir durchqueren nackte Felspartien, ehe wir auf einen breiten Grashang oberhalb der Alpe gelangen. Dichtes Ginstergebüsch und Farnstauden zeigen an, daß diese Flächen früher als Weiden genutzt wurden. Unser Weg mündet knapp oberhalb des Alphauses auf eine steinige Schotterstraße und führt uns an der Alpwirtschaft, die auf 1294 m liegt, vorbei (1.35 Std.).

Von da an wandern wir, mehr oder weniger steil absteigend, der Fahrstraße zur Alm entlang, durchqueren Fichtenpflanzungen und weitere Quellläufe und Seitenstränge des Talbaches. Nach einer halben Stunde erreichen wir wieder den kühlen Kastanienwald. Wir nähern uns den Siedlungen des Malcantone. Entlang des Weges wurden Rastplätze mit Brunnen eingerichtet, und bald erreichen wir die ersten Kulturgründe zwischen Fescoggia und Breno.

Wir wandern in einem alten Hohlweg bis zur Hauptstraße, über die wir nach ungefähr 800 m in das kleine Malcantone-Örtchen **Breno** gelangen (2.30 Std.). Besonders sehenswert ist die Pfarrkirche, die auf einer leichten Anhöhe über dem romantischen Dörfchen liegt. Wir durchwandern den Ort über eine Steintreppe, die direkt von der Kirche in die engen Gassen hinabführt und folgen einer weiteren Gasse zurück auf die Hauptstraße. Vorbei an Postamt und COOP-Laden gelangen wir zu der Straßenkreuzung, wo sich die Wege nach Cademario und Miglieglia teilen. Noch eine Serpentine müssen

Alpenrosen am Piano di Breno

Weg zum Piano di Poncione

wir auf der Straße zurücklegen, bis wir nach ein paar hundert Metern auf eine Straßenbrücke treffen, die den **Ri di Vallone** überquert (3 Std.). Unmittelbar nach der Brücke zweigt ein Stichweg aufwärts in den Wald ab und bringt uns zu einem Teilstück der **Strada verde**. Auf ebenem Wege zwischen Kulturterrassen und dem Kastanienwald führt uns dieser grüne Pfad, der früher die einzige Verbindung zwischen den Ortschaften darstellte, immer näher an Miglieglia heran. Sobald er durch den hochstämmigen Wald verläuft, können wir sehr gut verstehen, warum er den Namen »Grüner Weg« trägt.

Beim Weiler **Tortoglia** mündet das Teilstück der Strada verde wieder auf die Fahrstraße nach Miglieglia (3.25 Std.). Wir folgen ihr durch den Bachtobel des Ri di Boscone, der als rauschender **Wasserfall** zur Straße herabstürzt. Nach ein paar hundert Metern auf der kurvigen und schattigen Fahrstraße treten wir in das Örtchen **Miglieglia** ein, das wir durchqueren, ehe wir auf die Liftstation treffen (4 Std.). In der gemütlichen Trattoria unterhalb des Liftgebäudes können wir die Wanderung ausklingen lassen.

23

Im Tal der Hammerschmieden

Ein Rundlehrpfad zu Industriedenkmälern im Malcantone

Zwischen dem Agno-Arm des Luganer Sees und den Höhen des Monte Lema breiten sich dem Flußlauf der Magliasina entlang die Täler und Hügel des Malcantone aus. Wir wandern auf dem Lehrpfad Sentiero delle meraviglie, »Weg der wunderbaren Dinge«, von Novaggio aus durch das Tal der Hammerschmieden und besichtigen die Überreste der ehemaligen Hammerschmieden, Bergwerke, Erzminen, Mühlen und Ziegelbrennereien.

WEGVERLAUF: Novaggio – Mühle von Tinevalle (1.30 Std.). – Aranno (1-1.30 Std.) – Novaggio (30 Min.)

DAUER: 3 bis 4 Stunden, abhängig von den Besichtigungszeiten der 13 Stationen entlang des Lehrpfades.

LÄNGE: 7 km

HÖHENDIFFERENZEN: Novaggio 638 m, Aranno 707 m, tiefster Punkt Tinevalle 550 m, größter Anstieg 157 m.

SCHWIERIGKEITSGRAD: Gut ausgebauter breiter Wanderweg im Kastanienwald, Anstiege nach Aranno und beim Rückweg nach Novaggio etwas steil, im Herbst bei Laubfall schwieriger; eigene Betafelung des Lehrpfades und Kennzeichnung der 13 Stationen

KARTEN: Landeskarte der Schweiz Blatt 286 Malcantone 1:50 000, Wanderkarte Malcantone 1:25 000

EINKEHRMÖGLICHKEITEN: Grotto in Aranno, Geschäfte und Ristorante in Novaggio

ANFAHRT: Mit dem **PKW** von Magliaso aus über Pura und Bedigliora nach Novaggio, am Ortseingang steht beim Sportplatz ein geräumiger Parkplatz kostenlos zur Verfügung. **Öffentliche Verkehrsmittel:** Ab Lugano mit der Schmalspurbahn Richtung Ponte Tresa bis Magliaso (Feld 635.45 des amtlichen Kursbuches), weiter mit dem Postbus 635.20 nach Novaggio

HINWEIS: In den Tourismusbüros und in den Gasthäusern oder Pizzerias des Malcantone kann der Farbprospekt »Sentiero delle meraviglie« ausliegen, der als Führer durch den Lehrpfad kostenlos abgegeben wird.

DER WANDERWEG

Wir beginnen den Rundweg in **Novaggio** beim Parkplatz und müssen zuerst 200 m, der Fahrstraße nach Miglieglia folgend, zu einer Abzweigung gehen, wo der eigentliche Weg in das Tal hinabsteigt. Die Gabelung wird von Wegweisern gekennzeichnet. (Achtung! Zu-

Wieder kommen wir an kunstvoll aufgeschichteten Steinmauern vorbei, die besonders in den Spitzkehren die Böschung sichern. Wir erreichen eine im Wald gelegene Anhöhe, müssen sogleich den folgenden Abhang hinuntersteigen und treten in ein weiteres Nebental der Magliasina ein.

Zur Station 3 verlassen wir kurz den Rundweg, gehen über einen Buckel abwärts und besichtigen in einem abseits liegenden Tobel eine alte **Schürfstelle**. An der kleinen Grabungsstelle hat man Pyrite und Arsenopyrit gefunden, jedoch waren die Ausbeuten nicht gerade groß. Wir kehren auf gleichem Weg zum Rundweg zurück und gelangen an den Scheitelpunkt des Tales. Beim Bach treffen wir auf das **Feuchtgebiet des Tinevalle**. Auch hier wurde geschürft, doch haben die üppige Vegetation und Erdrutsche die Arbeiten bald unmöglich gemacht. Auf morastigem Weg durchqueren wir ein Hangquellmoor. Am Gegenhang verlassen wir den kleinen Taleinschnitt, umrunden den Geländebuckel und betreten das nächste Seitental, das von Miglieglia herabzieht. Dann überqueren wir den kleinen Bach Gattino und wandern am rechten Ufer taleinwärts.

Nach einem kleinen Gehöft zweigt nach links ein Abstecher zur Station 5 ab. Am schmalen Pfad am Rand des Bachbettes finden wir die **Minen von Baglioni und Franzi**. Die gut erhalte-

vor trifft das Ende des Rundweges auf die Fahrstraße, wir müssen daher die zweite Abzweigung nehmen.) Zuerst verläuft der Weg ein wenig eben, vorbei an einem Gehöft, bis er dann links in einen schmalen Fahrweg mündet, der ins Tal hinabführt.

Gleich erreichen wir die erste Station: In einer Kurve stehen am linken Wegrand noch Überreste von **Trockenmauern**, die reichlich mit Farnen und Efeu bewachsen sind. Zwischen den Steinen leben unzählige Insekten, und in den warmen und trockenen Mauerfugen wachsen Mauerraute, Streifenfarn, Moose und Flechten. Ein paar Meter begleiten uns die Mauern entlang der alten Straße, und nach 400 m treffen wir auf das verfallene Gebäude der **Hammermühle Molino di Vinera**, unsere zweite Station. Die Besonderheit liegt in der Dachbedeckung mit Gneisplatten. Wir überqueren eine kleine Brücke und wandern rechter Hand der alten Straße entlang hangaufwärts.

nen Stolleneingänge sind zum Teil durch Gitter verschlossen, da sie steil in die Tiefe führen. Sie zu betreten ist lebensgefährlich und daher strengstens untersagt. Auf demselben Weg, wie wir gekommen sind, kehren wir zum Rundweg zurück. Nach Erreichen eines kleinen Sattels müssen wir rechts zu den Stationen 6 und 7 abzweigen. Gleich am leicht aufsteigenden Hang sind **Hangterrassen** mit der Station 6 bezeichnet, die in der Vergangenheit zum Anbau von Roggen dienten, der in den Mühlen des Tales gemahlen wurde. Da der Anbau am Ende des letzten Jahrhunderts eingestellt wurde, sind die Terrassen heute mit Buchen, Kastanien, Birken, Eschen und Eichen bewachsen.

Über den schmalen Saumpfad am Grat des Rückens kommen wir zur nach Süden ausgerichteten **Burgruine von Miglieglia**. Auf dem felsigen Ausläufer, der nach Süden steil in die Schlucht der Magliasina abfällt, liegen die Überreste der Burg. Baujahr und Funktion sind nicht eindeutig erforscht, jedoch beeindrucken die Mauerdicken und die Ausmaße. Man glaubt, daß die Festung zu einer Beobachtungsanlage gehörte, die strategisch wichtige Punkte im gesamten Tal umfaßte. Oder sie schützte eine Verbindungsroute der späteren Römerzeit, die von Ponte Tresa zum Monte Ceneri verlief. Wir kehren an der Flanke des Rückens zum Ausgangspunkt des Abstechers zurück und setzen die Rundwanderung nach rechts fort. Wir gelangen in das weitere Talbecken der Magliasina und wandern an ein paar Häuschen vorbei. Nach ungefähr 1 km ebenen Weges kommen wir an den Wendepunkt und zugleich zur Hauptsehenswürdigkeit des Lehrpfades, zur **Hammerschmiede von Aranno**. Sie bezog ihr Wasser direkt von der Magliasina und liegt am Rand einer kleinen Schlucht. Hier wurde das Eisen zur Herstellung von Werkzeugen und Gebrauchsgegenständen bearbeitet. Heute noch kann das durch das Wasser angetriebene Rad besichtigt werden, da die Mühle mit Hilfe einer Stiftung restauriert wurde. Die Mühle gilt, weil sie den einzigen ›Schwanzhammer‹ in der Schweiz enthält, als unersetzbares Kulturgut. Knapp unterhalb der Mühle überqueren wir auf einer modernen Stahlbrücke die Magliasina und wandern talauswärts dem Fluß entlang im Auwald.

500 m unterhalb der Mühle zweigen wir zur Station 9 nach links ab und steigen eine Weile sehr steil den Hang hinauf. Dabei können wir ein wenig die Mühen der Menschen nachvollziehen, die hier mit Ausrüstung oder geschürfter Ausbeute den Weg bewältigen mußten. Nach einer Weile erreichen wir die **Mine La Monda** von Aranno. Man folgte einer Ader aus Shalerit mit Baryt und Antimonit. Mitte des 19. Jahrhunderts schürften hier die Bewohner von Costa und Aranno.

Auf gleichem Wege steigen wir wieder zum Bach ab und kommen bei der Station 10 zum **Auwald** aus Schwarz- und Grauerle entlang der Magliasina, der bei Hochwasser regelmäßig überflutet wird. Bald kommen wir am Unterlauf des Flusses zu einer **verfallenen Mühle** von Aranno, Station 11. Bei der Mühle verlassen wir die Magliasina und beginnen unseren Anstieg nach Aranno. Immerhin müssen wir 150 Höhenmeter überwinden, um aus der Tiefe des Tales auf die sonnigen Hänge des Malcantone nach Aranno aufzusteigen. Ein leicht geschwungener und stetig ansteigender Weg bringt uns durch den Kastanien- und Eichenwald nach gut 1 km an eine Abzweigung, wo sich rechts der Rundweg fortsetzt und geradeaus ein steingepflasterter Pfad in das **Dorf Aranno** führt. Unterhalb von Wiesen, die mit Steinmauern eingefaßt sind, betreten wir das kleine, romantische Dörfchen. Am Weg zur Kirche San Vittore genießen wir die aussichtsreiche Lage des Ortes hoch über dem Einschnitt der Magliasina und sehen am gegenüberliegenden Hang unseren Start- und Zielort Novaggio.

Wir kehren am Südrand des Dorfes zu unserer Abzweigung zurück und müssen wieder ins Tal zur Magliasina absteigen. Über zahlreiche kleine Serpentinen kommen wir rasch an den Bach heran und erreichen die auf 508 m liegende Ponte Aranno. Unmittelbar dahinter sehen wir vom etwas erhöhten Weg auf die Station 12, die uns wieder eine **Mine** zeigt. Hier schürften Bewohner aus Novaggio Mitte des 19. Jahrhunderts und fanden Bleiglanz, Pyrit, Malachit und Ankerit. Rund um die Mine haben sich Linden, Kirschbäume und Waldbocksbart angesiedelt.

Als letzte Etappe auf dem Rückweg nach Novaggio bleibt uns ein nochmaliger Aufstieg, der in einer Rinne steil den Hang hinaufführt. Teilweise ist der Weg befestigt oder als Spitzkehre in den Hang eingeschnitten. Die Station 13 erreichen wir nach ungefähr 600 m und bewundern die **Ziegelbrennerei Castello**, die auf einem Hügel unterhalb von Novaggio angelegt wurde. Die Tonerde konnte man in unmittelbarer Nähe am Rande einer feuchten Mulde gewinnen. Über einen leichten Anstieg gelangen wir auf die Fahrstraße nach Miglieglia und beschließen den Rundweg. Auf der Straße wandern wir zurück nach **Novaggio**, das uns neben der prächtigen Aussichtslage die spätmittelalterliche Pfarrkirche San Siro und die stattliche Casa Bertoli zur Besichtigung anbietet.

Im Malcantone

Luganer See und Mendrisiotto

Einer der landschaftlichen Höhepunkte des Tessins ist zweifellos die Region um den Luganer See. Eingebettet zwischen steilen grünen Hängen winden sich die weitverzweigten Arme des Sees um Hügel und Bergrücken und bilden in sich abgeschlossene Seeflächen mit idyllischen Buchten. Die herausragende Bucht ist jene von Lugano, die sich zwischen den markanten Bergen Monte San Salvatore und Monte Bré nach Süden dem See öffnet. **Lugano** ist die größte und geschäftigste Stadt des Tessins, das wirtschaftliche und kulturelle Zentrum der Südschweiz. Auch wenn die Hänge der Stadt unter der Zersiedelung stark gelitten haben, hat die wunderschöne Lage der Stadt nicht viel von ihrem südländischen Reiz eingebüßt, und wer von der Aus-

Das moderne Lugano

sichtsterrasse am Monte Bré in den Abendstunden die ersten Lichter der Stadt aufleuchten sieht, fühlt sich in eine Märchenwelt versetzt.

Die Umgebung Luganos lockt mit vielen netten Dörfern, deren Häuser sich an das steile Ufer drängen. Das malerische **Gandria** liegt nur wenige Kilometer östlich von Lugano. Seine steilen Gäßchen sind für den Autoverkehr zu eng, und ein Besuch des Ortes endet meistens auf der Terrasse eines der vielen Restaurants, direkt über dem See. Auf der Halbinsel **Ceresio** liegen die hübschen Orte Carona, Vico Morcote, Morcote und Montagnola. Die Höhen des Monte San Salvatore und Monte Arbostora bieten viele Wander-

möglichkeiten, atemraubende Tiefblicke auf den See und Fernblicke bis zum Monte-Rosa-Massiv.

Das **Mendrisiotto** ist die sanfte Landschaft südlich des Luganer Sees. Nur der Monte San Giorgio und das Massiv des Monte Generoso stellen wesentliche Erhebungen dar. Das wellige Hügelland des Mendrisiotto entstand, als sich nach der Eiszeit die Gletscher zurückzogen und den Schutt der Moränen liegen ließen. Obwohl keine andere Region des Tessins so von Industrie und Verkehr beeinträchtigt ist, finden wir auch hier in seinem südlichsten Winkel landschaftlich reizvolle Gegenden, so an den Hängen des Monte San Giorgio und im Valle di Muggio, das sich von der Südostflanke des Monte Generoso nach Chiasso hinunterzieht. In **Riva San Vitale**, hübsch an der Südbucht des Luganer Sees

gelegen, finden wir zwei interessante Kirchenbauten. Die Kirche Santa Croce ist ein monumentaler Kuppelbau aus der Renaissancezeit. Benachbart steht das unscheinbare Baptisterium (Taufhaus), das bereits um das Jahr 500 erbaut wurde. Es ist der älteste Sakralbau der Schweiz und eines der bedeutendsten Zeugnisse frühchristlicher Baukunst im norditalienischen Raum. Die Stadt **Mendrisio** ist Zentrum und Hauptort der nach ihr benannten Region. Bei einem Rundgang durch die malerische Borgo (Altstadt), die von der neoklassizistischen Kirche Santi Cosma e Damiano überragt wird, gefällt das Gewirr der Gassen, Torbögen, Piazzi und Palazzi. Berühmt sind die seit dem 16. Jahrhundert durchgeführten Gründonnerstags- und Karfreitagsprozessionen von Mendrisio.

24

Auf den Zuckerhut von Lugano

Von Melide über Carona auf den Gipfel des Monte San Salvatore

Lugano ist zweifellos ein schöne Stadt, und noch schöner ist seine Lage, eingebettet zwischen blauem See und grünen Bergen. Doch würde der herrlichen Uferpromenade Luganos etwas Entscheidendes fehlen, stünde da nicht im Süden der Stadt die markante Kuppe des Monte San Salvatore. So schön der Blick auf diesen Berg ist, so ist die Aussicht vom Monte San Salvatore noch beeindruckender. Nur wer es eilig hat, sollte die Standseilbahn benützen. Ungleich reizvoller ist einer der Anstiege von den Ufern des Luganer Sees aus.

i

WEGVERLAUF: Melide – Carona (1 Std.) – Monte San Salvatore (1.25 Std.); Variante: Abstecher von Carona zum Botanischen Garten S. Grato, inkl. Besichtigung ca. 1 Std.

DAUER: 2.25 Std.

LÄNGE: 5 km

HÖHENDIFFERENZEN: Diese Wanderung weist zwei längere Anstiege auf. Zunächst müssen wir von Melide nach Carona 325 Höhenmeter überwinden, dann folgt bis Ciona ein ebener Wegabschnitt. Der Gipfelanstieg auf den Monte S. Salvatore macht 300 Höhenmeter aus.

SCHWIERIGKEITSGRAD: Obwohl der Monte S. Salvatore viel besucht wird, sind die Anstiege keineswegs gemütliche Promenaden. Einige Wegabschnitte sind steil, unbefestigt und erfordern gutes Schuhwerk.

KARTEN: Landeskarte der Schweiz 1:50 000 Blatt 286 Malcantone oder Blatt 5007 Locarno-Lugano, Kümmerly + Frey Wanderkarte 1:60 000 Tessin Sottoceneri

EINKEHRMÖGLICHKEITEN: Mehrere Einkehrmöglichkeiten in Melide und Carona, Restaurant in S. Grato und Terrassen-Restaurant bei der Bergstation der Salvatore-Standseilbahn

ANFAHRT: Melide ist per **PKW** von Lugano aus auf der Uferstraße nach Süden leicht zu erreichen (ca. 10 km). Wer von Norden kommend die Autobahn benützt, sollte darauf gefaßt sein, daß die Ausfahrt Melide-Morcote unmittelbar nach dem Tunnel südlich von Lugano abzweigt. **Öffentliche Verkehrsmittel:** Von Lugano (Piazza Rezzonico) mit dem Postbus Nr. 633.64 nach Melide (Fahrtzeit ca. 15 Min.). Melide ist auch mit der Bahn oder dem Schiff erreichbar.

HINWEIS: Die in vielen älteren Karten, Führern und Prospekten angeführte Seilbahn von Melide nach Carona ist nicht mehr in Betrieb.

DER WANDERWEG

In **Melide** zweigt westlich der großen Kreuzung am Kopf des Melide-Dammes die Via Carona ab, die steil bergauf führt. Wir folgen der Straße ca. 200 m weit. Der Wanderweg nach Carona beginnt bei einer kleinen Treppe (Wegweiser) und führt uns zunächst an Häusern und Gärten vorbei. Sobald wir etwas an Höhe gewonnen haben, wird der Blick auf den See, den Ort, das Swissminiatur und den Melide-Damm frei. Landstraße, Bahn und Autobahn zwängen sich über den engen Damm, der die Hauptschlagader für den Nord-Süd-Verkehr durch das Tessin ist. Kein Wunder also, wenn uns noch einige Zeit der Lärm der Autobahn verfolgen wird.

Bald erreichen wir einen Laubmischwald, der sich über den gesamten Berghang erstreckt. In Serpentinen schlängelt sich der gut ausgebaute Weg steil hinauf. Immer wieder gibt es Bänke für eine Ruhepause sowie nette Ausblicke auf den Luganer See und seine Orte. An manchen Stellen ist der Weg mit Natursteinen gepflastert, oder es sind kleine Stufen angelegt. Immer wieder begleitet uns das Rascheln der Mauereidechsen. Nach ca. 45 Minuten erreichen wir die ersten Häuser von Carona. Auf einem Asphaltsträßchen nähern wir uns der Pfarrkirche San Giorgio, die uns schon von weitem den Ortskern anzeigt (1 Std.). Nun haben wir den waldbedeckten Sattel zwischen dem Monte S. Salvatore im Norden und dem Monte Arbostora im Süden erreicht und damit die erste Steilstufe dieser Wanderung überwunden.

Carona wurde schon im Jahr 926 als *calauna* erstmals erwähnt. Im Mittelalter war es eine selbständige Republik, die von zwei gewählten Konsuln regiert wurde. Auch unter der eidgenössischen Herrschaft konnte sich Carona eine gewisse Selbständigkeit erhalten und genoß einige Sonderrechte. Es gibt wohl kaum einen anderen Ort dieser Größe, der so viele Baumeister, Maler und Bildhauer hervorgebracht hat, die fern der Heimat so viele Werke vollbracht haben. Marco und Tommaso da Carona beispielsweise arbeiteten im 14. Jahrhundert am Mailänder Dom, und die Mitglieder der Künstlerdynastie der Solari in Mailand, Venedig und Moskau, wo sie die Kremltürme gestalteten. Vergleichsweise wenige Werke der berühmten Söhne Caronas finden wir in ihrem Heimatort selbst. Schön sind die Patrizierhäuser, so das mit Stukkatur und Fassaden-Sgraffiti verzierte Casa Solari in der Ortsmitte. Auffallend ist das Bildnis eines langschwänzigen Vogels an der Fassade knapp unter dem Schindeldach. Die ursprünglich romanische Pfarrkirche San Giorgio wurde mehrfach umgebaut und präsentiert sich heute als Spätrenaissancebau aus dem 16. Jahrhundert. Im Inneren gibt es einige bemerkenswerte Gemälde. Domenico Pezzi schuf um 1580 an den Chorwänden mehrere

Fresken, darunter ein Jüngstes Gericht, inspiriert von Michelangelos Werk in der Sixtina, und eine Raffael nachempfundene Disputà. Das große Abendmahls-Fresko über dem Eingangstor könnte von Andrea Solari (wahrscheinlich 1460–1522) stammen.

Neben der Pfarrkirche von Carona zwängt sich die Straße, der wir Richtung Ciona folgen werden, durch einen engen Durchgang. Die Postbusse, die hier verkehren, scheinen so konstruiert zu sein, daß sie paßgenau durchschlüpfen können. Wir folgen dem Wegweiser und bleiben zunächst auf der wenig befahrenen Straße, von der sich zahlreiche Aussichten bieten, bis wir den Weiler **Ciona** erreichen. Dort leitet uns ein Hinweisschild nach rechts. Eine enge Gasse führt an der Kapelle Santa Maria delle Grazie (18. Jahrhundert) und einigen hübschen alten Häusern vorbei. Nach dem Ort geht es noch etwas abwärts, bis wir in einen schattigen Buchenwald gelangen. Von dort wandern wir wieder steil aufwärts, dem Gipfelaufbau des Monte S. Salvatore entgegen. Der Weg ist gut angelegt, aber nicht befestigt. Man braucht gutes Schuhwerk, um sicher über die ausgewaschenen Wurzeln und Steine zu steigen. Dafür erfreuen uns die Blüten der Alpenveilchen, die verstohlen am dunklen Waldboden blühen. Wenn wir die bunten Schirme des Terrassen-Restaurants durch die Äste leuchten sehen, haben wir den Anstieg schon beinahe geschafft (2.25 Std.).

Der 912 m hohe **Monte San Salvatore** ist ein riesiger Felsblock aus Dolomitgestein. Vor 200 Millionen Jahren befand sich an der Stelle des heutigen Luganer Sees ein tropisches Meer, in dem Korallen und andere Kleinlebewesen über Jahrtausende Kalkgehäuse bildeten und ablagerten. Während der Alpenbildung wurden die Kalke gehoben, und während der Eiszeiten sorgten die Gletscher für den nötigen Feinschliff, um die markante Form des Monte S. Salvatore, der heute 600 m über dem See und der Stadt Lugano thront, zu modellieren.

Gleich neben dem Restaurant befinden sich ein Kiosk und die Bergstation der **Salvatore-Standseilbahn**, die von Paradiso herauffährt. Bis zum Gipfelplateau mit der Kapelle S. Salvatore sind es nur noch wenige Minuten. Das Dach der Kapelle ist zu einer Aussichtsterrasse ausgebaut. Es lohnt sich, durch den Innenraum der Kapelle hinaufzusteigen, denn von dort oben ist der Blick in alle Richtungen frei und großartig. Der Blick spannt sich vom Alpenhauptkamm im Norden über Lugano mit dem Monte Bré und den fjordartigen Seitenarmen des Luganer Sees bis zum Monte Generoso und dem Monte San Giorgio im Süden. Aufschlußreich ist

der Blick auf das Stadtbild von Lugano. Die zer-siedelten Hänge weisen auf den Bauboom der letzten Jahrzehnte hin. Immer weiter drängt die Stadt ihre Häuserflut die Berghänge hinauf und schiebt sich immer weiter dem Seeufer entlang. Für den Abstieg können wir die Standseilbahn wählen. So kehren wir rasch und bequem nach **Lugano** zurück.

VARIANTE

Von Carona aus empfiehlt sich ein Abstecher zum **Botanischen Garten San Grato** (20 Min.). Diesen schön angelegten Park erreichen wir auf der Straße Richtung Vico Morcote. Beim Schwimmbad, *centro sportivo*, führt uns ein Wegweiser Richtung »Parco botanico San Grato«. Nach einigen Kurven erreichen wir das hübsch gelegene Gebäude, in dem ein Restaurant untergebracht ist. Von hier aus haben wir einen wunderbaren Blick zurück auf Carona, den Monte S. Salvatore, der sich im Hintergrund auftürmt, und auf den gegenüberliegenden Berghang, an dessen Fuß sich die italienische Enklave Campione drängt. Der botanische Garten erstreckt sich über einen Hügel. Zahlreiche Wege und Pfade laden zum Spazieren und Flanieren ein, und man entdeckt immer wieder neue Ausblicke und hübsche Winkel. Offene Flächen wechseln mit Waldstücken und dicht bepflanzten Anlagen ab. Der Park stellt allerdings keinen botanischen Garten im engeren Sinne dar, in dem verschiedene Pflanzengruppen systematisch vorgestellt werden und die Pflanzen konsequent beschildert sind. Es ist vielmehr eine wunderschöne Anlage, die südländische Pflanzenpracht, gärtnerisches Können und eine herrliche Lage harmonisch miteinander verbindet.

Kirche San Giorgio in Carona

Die Schweiz im Kleinformat

Direkt im Luganer See am Westrand des Melide-Dammes liegt in einem kunstvoll gestalteten Park eine Attraktion ganz besonderer Art: das Swissminiatur. In 25facher Verkleinerung präsentieren sich die reizvollsten Punkte der Schweiz. Dörfer, Städte, wichtige Sehenswürdigkeiten, ja sogar die bedeutendsten Berge wurden im Modell nachgebaut. Eine Besonderheit stellt sicherlich die im Miniaturland enthaltene Modellbahn-Anlage dar. Auf fast 4 km Schienen fahren original nachgebaute Schweizer Züge an den Burgen, Kirchen, Häuschen, Dorfplätzen und Bergmassiven vorbei. Selbst die Pflanzen werden der Größe der Bauten angepaßt: Kleine Wege führen durch die Bonsai-Landschaft ganz nah an die Kunstwerke heran und laden zum Staunen ein.

Der Rundgang beginnt am Rheinhafen in Basel. Vorbei an einigen Schlössern gelangen wir zur Kathedrale von St. Pierre in Genf – alles im Miniaturformat, versteht sich. Der Glockenturm zu Bern aus dem 12. Jahrhundert, das Spalentor von Basel und das Baseltor in Solothurn zeigen Schweizer Befestigungsarchitektur aus mittelalterlichen Zeiten. Technische Errungenschaften wie der Flughafen Zürich-Kloten sind ebenso zu bewundern, wie die Uhrenfabrik von Longines in St. Imier. Natürlich dürfen Tessiner Kostbarkeiten auch nicht fehlen. Kunstvoll auf einen kleinen Felsen wurde die Wallfahrtskirche von Madonna del Sasso gesetzt, unweit davon erstrahlt das prächtige Castello di Montebello (Schloß Schwyz), dessen lebensechtes Vorbild in Bellinzona zu bewundern ist. Reizvoll gestaltete man die Bauernhöfe aus den verschiedenen Kantonen der Schweiz, so aus dem Appenzell, dem Emmental und aus dem Aargau. Besonders kunstvoll wurde das Bergmassiv von Grindelwald nachgebildet. Der ca. 10 m hohe künstliche Berg, der bis in die Regionen des ewigen Eises reicht, ist mit Seilbahnen, Almen, Zahnradbahnen und Paßstraßen bestückt. Überhaupt bilden die Kleinbahnen einen attraktiven Bestandteil des Miniswiss, wie ja auch die Schweiz für seine Eisenbahnen im gebirgigen Gelände berühmt ist. Zu den 110 Ausstellungsstücken gehört auch die Bobbahn des Engadiner Nobelortes St. Moritz.

Das Swissminiatur ist von Mitte März bis Ende Oktober täglich von 9 bis 18 Uhr geöffnet, Mitte Juli bis Mitte August bis 22 Uhr.

25

Rund um den Monte Arbostora

Von Morcote zur Wallfahrtskirche Madonna d'Ongero

Es ist kein Zufall, daß es in der Gegend um den Luganer See so viele auffallende Landschaftsformen gibt, etwa die Pyramide des Monte San Salvatore oder die verzweigte Form des Sees. In der Eiszeit kam es hier, am Fuße des Monte Arbostora zu einem Zusammenstoß zweier gewaltiger Eisströme. Nur der Monte Generoso und der Gipfel des San Salvatore schauten aus dem Eis heraus. So wandern wir heute auf den von Gletschern abgehobelten Bergrücken und schauen auf ausgeschliffene Wannen, die jetzt mit dem Wasser des Luganer Sees gefüllt sind.

i **WEGVERLAUF:** Morcote - Madonna d'Ongero (2 Std.) – Morcote (1.45 Std.); Variante: Abstecher von Madonna. d'Ongero nach Carona in eine Richtung 20 Min.

DAUER: 3.45 Std.

LÄNGE: 11,5 km

HÖHENDIFFERENZEN: Von Morcote auf die Alpe Vicania beträgt der Aufstieg 386 Höhenmeter, bis Madonna d'Ongero gibt es keine nennenswerten Höhenunterschiede; auf dem Rückweg müssen wir zunächst 107 m nach Torello absteigen und weitere 253 m nach Morcote.

SCHWIERIGKEITSGRAD: Wanderung auf gepflegten, aber teilweise steilen und steinigen Waldwegen. Wegen des dichten Wanderwegenetzes rund um den Monte Arbostora muß man darauf achten, die richtige Route zu ›erwischen‹.

KARTEN: Landeskarte der Schweiz 1:50 000 Blatt 5007 Locarno-Lugano oder Blatt 286 Malcantone; Kümmerly+Frey Wanderkarte 1:60 000 Tessin Sottocenери

EINKEHRMÖGLICHKEITEN: Mehrere Gasthäuser und Cafés in Morcote und Carona

ANFAHRT: Mit dem **PKW** von Lugano am Ufer des Luganer Sees entlang (ca. 13 km) oder auf der Autobahn (Ausfahrt Morcote-Melide); PKW-Parkplatz an der Uferstraße, nordöstlich von Morcote. **Öffentliche Verkehrsmittel:** Mit dem Postbus Nr. 633.64 von Lugano (Abfahrt von der Stazione Autopostale und der Piazza Rezzonico); Morcote ist auch mit dem Schiff erreichbar.

DER WANDERWEG

Morcote ist wohl einer der bekanntesten Orte des Tessins. Es verdankt seine Berühmtheit der herrlichen Lage am Südhang des Monte Arbostora, der hier steil in den Luganer See abfällt. Aus Platzmangel und wohl auch aus Furcht vor Überfällen entstand ein kompakter Ortskern mit vielen engen Gassen. Reizvoll ist die Seepromenade mit den Laubengängen, wo Cafés, Boutiquen und Souvenirläden einladen. Der Ort wurde als »Burgus de Morcoe« bereits 926 erstmals erwähnt. Im Mittelalter und in den darauffolgenden Jahrhunderten gelangte Morcote durch Fischfang und Handel zu beachtlichem Wohlstand, der sich auch in politischer Unabhängigkeit niederschlug. Die herrschaftlichen Palazzi und die stattlichen Bürgerhäuser aus der Renaissance- und Barockzeit zeugen noch vom einstigen Reichtum und Einfluß.

Vom Ort Morcote steigen wir zuerst zur Pfarrkirche Santa Maria del Sasso hinauf. Dazu können wir entweder den Weg benützen, der nicht sehr steil den Hang quert und am Friedhof vorbei zur Kirche ansteigt, oder wir erklimmen die 408 Stufen der monumentalen Treppenanlage. Nehmen wir den Friedhofsweg, so folgen wir der alten Route, auf der früher die Toten des Ortes zum Friedhof hinaufgetragen wurden. Dementsprechend heißt die Gasse Streccia di Morti (Totengasse). Steinmauern, Zypressen und Olivenbäume säumen den Weg. Auf den Steinbänken entlang der Gasse ruhten sich die Sargträger immer wieder aus, ehe sie den **Friedhof von Morcote** erreichten, der eine einmalige Lage hat. Viele berühmte Persönlichkeiten haben hier ihre letzte Ruhestätte gefunden. Neben den vielen prunkvollen Grabmälern fällt vor allen die achteckige Kapelle Sant' Antonio da Padova auf (17. Jahrhundert). Etwas oberhalb des Friedhofes steht in markanter Lage die Pfarrkirche **Santa Maria del Sasso**, das Wahrzeichen von Morcote. Einer Sage zufolge versank die alte Kirche von Morcote im Luganer See, und in so mancher Nacht soll man noch die Glocken unter Wasser läuten hören. So soll man sich entschlossen haben, die neue Kirche hoch über dem See zu errichten. Der Bau stammt ursprünglich aus dem 13. Jahrhundert, wurde aber zuletzt im 18. Jahrhundert gründlich umgebaut. Vom Kirchenvorplatz aus haben wir einen prächtigen Ausblick auf den südlichen Teil des Luganer Sees und die umgebenden Berge mit ihren üppig grünen Hängen. Der Weg zur Alpe Vicania führt am freistehenden Campanile vorbei und zieht in einigen Kehren steil den Südhang des Monte Arbostora hinauf. Links unterhalb des Weges liegt eine kleine **Aussichtsplattform** mit einer Rastbank. Von hier aus können wir den schönen Blick auf das Südende des Sees bei Porto Ceresio genießen. Tief unter uns liegen die Kirche und die Häuser Morcotes. Die hübschen Hausdächer drängen sich eng aneinander und scheinen zwischen Berghang und See eingezwängt zu sein.

Vom Aussichtspunkt steigt der Weg, der manchmal in Form einer Treppe angelegt ist, steil an und führt in einen dichten Kastanienwald, der uns endlich

Blick auf den Luganer See

etwas Schatten spendet. Weiter oberhalb liegt die mittelalterliche Burg **Castello di Morcote**, die vom Schiff oder gegenüberliegenden Ufer gut sichtbar über Morcote thront. Das Castello ist in Privatbesitz und nicht öffentlich zugänglich. Die Steigung wird nur einmal durch ein kurzes ebenes Stück unterbrochen. So gewinnen wir schnell an Höhe, bis wir die Lichtung der **Alpe Vicania** erreichen. Am unteren Waldrand gabelt sich der Weg. Wir wählen das Sträßchen, das sich unterhalb der Alpe Vicania in westliche Richtung entlang des Waldrandes zieht (Wegweiser: Carona, M. d'Ongero). Bald gelangen wir wieder in einen schönen Buchenwald. In zwei langgezogenen Kehren gewinnt man noch etwas an Höhe, dann geht es eben weiter, bis uns ein Wegweiser nach links unten führt (Wegweiser: Carona, M. d'Ongero).

Zuerst fällt der Hohlweg relativ steil ab, dann wird die Steigung etwas sanfter. Buchenbestände wechseln mit Kastanienwäldern ab, und an einer Stelle wachsen fast ausschließlich Birken. Der Weg führt uns nun etwas oberhalb der Wallfahrtskirche Madonna d'Ongero vorbei, trifft aber bald im spitzen Winkel auf die Straße, die von Carona zur Kirche heraufführt. Von hier aus kann man entweder einen Abstecher nach Carona (s. Wanderung 24) machen, wo es Möglichkeiten zum Einkehren oder Baden im Freibad (*centro sportivo*) gibt, oder man steigt direkt zur Kirche auf, die tief in einem ehrwürdigen Buchenwald steht (2 Std.). Der durch Kopfsteinpflaster befestigte Zugang wird rechts und links von Kreuzwegstationen flankiert. **Madonna d'Ongero** gilt als Meisterwerk barocker Baukunst des 18. Jahrhunderts. Hermann Hesse beschreibt in folgenden Worten diese einsam gelegene Wallfahrtskirche:

»Plötzlich mündet der Weg in eine breite, stolze Rampe, die zwischen zwei Reihen von Stationenhäuschen zur Madonna hinaufführt. Feierlich leitet der begraste Anstieg zur Kirche empor, einer in hellem warmen Rotgelb dämmernden Vorhalle entgegen, und hinter Kirche und Bäumen blendet Him-

melshelle und durchglänzte westliche Ferne ahnungsvoll herein, und aufatmend steh ich oben. Da steht die alte Marienkirche schlafend mitten im schweigenden Walde, einsam am endlosen waldbewachsenen Berghang, und vor der bedachten Vorhalle ist Raum geblieben für eine halbrunde Schanze, eine von niederer Mauer umfaßte Pfalz, und von da fällt der Blick unendlich leicht, beschwingt und frei, unendlich erstaunt, gespannt, beglückt und sehnlich immer weiter gezogen über eine grenzenlos weitgebreitete Berglandschaft mit vielen hundert Gipfeln hin und darüber in eine noch weitere, noch mächtigere, noch lockendere Himmelslandschaft hinein. Es gibt viel Schönes auf Erden. Schöneres als dies gibt es nicht. Zu Füßen, vor der kleinen Mauer, stürzt der waldige Berg steil in ein kleines, friedevolles, schon nächtiges Wiesental hinab, am jenseitigen Hang dieses nahen Tales kleben ein paar helle Dörfer und Kirchen, nach Südwest öffnet das schwarzgrüne Tal sich gegen den See, mitten im silberspiegelnden abendblassen See steht thronend ein steiler, runder Kuppelberg, um den zu beiden Seiten das blaßschimmernde Wasser die Arme schließt, dort liegt Caslano, und hinter See und Kuppelberg steigen andere Berge auf, italienische und Schweizer Berge, Höhe hinter Höhe, Kette hinter Kette, zuhinterst und zuhöchst Monte Rosa und blasse Walliser Gipfel, dazwischen Täler mit Dörfern, Höhenzüge mit Kapellen, Waldrücken und Hütten auf sanften Hügelwellen schwebend, die herrliche Bergreihe des Lema, Gambarogno und Tamaro, und nach links und nach rechts, den ganzen sichtbaren Halbkreis füllend, blaue, schwarze, graue, rosige, luftige Berge und Bergzüge, endlos hintereinander aufgestellt, alles klar gegen den noch rot und golden leuchtenden Himmel gehoben, dessen Wölkchenflammen langsam erlöschen.«

»Madonna d'Ongero« Hermann Hesse, 1923

Noch vor den Kreuzwegstationen zweigt der Weg nach Torello und Morcote ab und führt rechts unterhalb der Kirche vorbei. Nun folgt ein steiler Abstieg durch einen Hohlweg. Wir queren den Berghang in südwestlicher Richtung und mit der nächsten Lichtung haben wir das ehemalige Augustinerchorherrenstift **Torello** erreicht, das allerdings schon 1389 aufgehoben worden ist. Die kleine spätromanische Kirche heißt Santa Maria di Torello und befindet sich wie die anderen Gebäude in Privatbesitz. Unter uns liegt der schmale westliche Teil des Luganer Sees. Wir blicken auf das gegenüberliegende Brusimpiano, das schon zu Italien gehört, und erkennen weiter im Norden den Monte Caslano, der wie ein riesiger bewaldeter Felsklotz aus dem Wasser herausragt (s. Wanderung 27).

Hoch über dem Luganer See queren wir nun den Westhang des Monte Arbostora. Stetig verlieren wir an Höhe, bis wir vor dem westlich von Morcote gelegenen Villenviertel fast das Seeniveau erreichen. Auf einer schmalen Asphaltstraße wandern wir an luxuriösen Villen mit prächtigen Gartenanlagen sowie an der eigenartigen Parkanlage des Parco Scherrer vorbei. So gelangen wir wieder zum alten Ortskern von **Morcote** (3.45 Std.).

Unter den Arkaden in Morcote

Der Parco Scherrer

An einem der schönsten Punkte des Tessins, dort wo sich die Hügelketten am weitesten nach Süden in die oberitalienische Tiefebene vorschieben, entstand auf Initiative eines einzelnen Menschen eine kleine, schmuckvolle Gartenanlage, eine in sich geschlossene Welt der Kunst, Romantik und Architektur: der Parco Scherrer.

An der Südspitze des Monte Arbostora unmittelbar bei Morcote schuf der St. Gallener Kaufmann Hermann Arthur Scherrer zwischen 1930 und 1956 ein Kleinod der Gartenkunst. Scherrer war durch seine Textilgeschäfte weit gereist und fand immer mehr Freude an der Beschäftigung mit ostasiatischen Kulturen. Auf dem einstigen Weinberg begann er ab 1930, die gesammelten Schätze mit einem würdigen

Im Parco Scherrer bei Morcote

Ambiente zu umgeben und baute seine eigene Traumwelt mit Bambushainen, Zypressenalleen, Zedern, Palmen und allerlei Teichen und Bächen. Dazwischen plazierte Scherrer getreue Nachbildungen von Kunstwerken aus den verschiedenen östlichen Kulturen und Epochen. Schon am Eingang begrüßen den Besucher steinerne Löwen aus Carrara-Marmor. An Statuen und Amphoren vorbei führen Treppen hinauf auf die höherliegenden Terrassen, die einen einmaligen Blick über den Luganer See in die oberitalienische Tiefebene erlauben. Im Vordergrund schweift der Blick vorbei an zahllosen botanischen Kostbarkeiten. Nach und nach erreicht man auf dem Rundweg das Erechtheion, den Sonnentempel im Buchsgarten, der sein Vorbild aus Spanien bezieht, den mitten in einem Bambushain stehenden ägyptischen Tempel oder das siamesische Teehaus. Wie in einer Oase versteckt, liegt das letzte Werk von Scherrer, die Casa Araba, die auch unvollendet blieb. In der Palazzina verbirgt sich ein Frauengemach mit Wandmalereien im indischen Mogulstil.

Nach gut einer Stunde erreicht man am Ende des Rundweges noch ein original Tessiner Steinhaus, das hier, aus Lugano kommend, Stein für Stein wieder aufgebaut wurde. Das gesamte Jahr über wartet der Park mit einer einmaligen Pflanzenpracht auf: Azaleen, Zedern, mexikanische Pinien, Kampferbäume, Bambus, chinesische Magnolien, Eukalyptus und Palmen. Nach einiger Zeit, wenn bei der steilen Steinstufe der Ausgang erreicht ist, verläßt man nicht nur einen reizvollen südländischen Garten, sondern auch die Traumwelt eines Menschen, der sein Leben der Kunst und den architektonischen Besonderheiten des Fernen Ostens gewidmet hatte. Der Garten ist meist von Mitte März bis Ende Oktober von 9 bis 17 Uhr geöffnet. Jeden Dienstag und Donnerstag finden geführte 1 1/2-stündige dauernde Führungen durch den Park statt.

26

Auf den Spuren von Hermann Hesse

Von Montagnola durch die Collina d'Oro

Die reizvolle Wanderung verläuft in den sonnenreichen Hügeln der Collina d'Oro mit zahlreichen lohnenden Aussichten und Blicken hinunter auf die verschiedenen Seitenarme des Luganer Sees. Zudem begegnen wir der engeren Heimat Hermann Hesses, seinem Wohnort, seinem Haus und seiner Grabstätte auf dem Friedhof der Kirche Sant' Abbondio. Wir wandern vorbei an ein paar Schauplätzen von Hesses Dichtungen und zahlreichen Winkeln und Plätzen, die seine Gedanken prägten.

i

WEGVERLAUF: Montagnola – Posmonte (40 Min.) – Agra (30 Min.) – Hesses Wohnhaus (35 Min.) – Montagnola (25 Min.) – Gentilino Kirche (25 Min.) – Paradiso (1.05 Std.) – Lugano (20 Min.)

DAUER: 4 Std.

LÄNGE: 10,1 km

HÖHENDIFFERENZEN: Montagnola 467 m, Agra 552 m, Paradiso 285 m, Lugano 274 m (Anstieg 160 m, Abstieg 346 m)

SCHWIERIGKEITSGRAD: Angenehme Wanderung in den sanften Hügeln der Collina d'Oro, fast ebenes Gelände mit leichten Anstiegen, gut begehbare und breite Wege, teilweise asphaltiert, Rückweg stets abfallend über teils breite Waldwege, teils gepflasterte oder asphaltierte Gäßchen.

KARTEN: Landeskarte der Schweiz Blatt 286 Malcantone 1:50 000, Blatt 1353 Lugano 1:25 000

EINKEHRMÖGLICHKEITEN: Gasthöfe entlang des Weges, so in Agra das Ristorante San Gottardo oder in Montagnola die Osteria Bellavista, Geschäfte in Montagnola, Gentilino und Paradiso

ANFAHRT: Fährt man mit dem **PKW** bis Montagnola, muß die Wanderung auch wieder in Montagnola beendet werden. **Öffentliche Verkehrsmittel:** Mit dem Postbus Lugano–Agra ab dem zentralen Busbahnhof an der Via S. Balestra in Lugano bis Montagnola.

DER WANDERWEG

Als Collina d'Oro wird jene Hügelkette bezeichnet, die sich zwischen dem Seearm von Agno und der Ebene Scairolo ausbreitet und zu den sonnenreichsten Hügeln des Tessins zählt. Kleine charakteristische Dörfer, die inmitten eines bunten Wechsels aus Kastanienwäldern, Weinbergen und Feldterrassen liegen, prägen dieses Gebiet: Montagnola, Gentilino, Agra, Barbengo und Carabietta.

Wir kehren dem geschäftigen Leben in Lugano zwischen den Hotelpalästen

Durch lichten Wald aus Buchen, Edelkastanien und Stechpalmen gelangen wir auf die Lichtung von **Posmonte**. Nach wenigen hundert Metern erreichen wir den westlichen Steilabfall der Collina d'Oro und beginnen, auf einem schmalen, durch ein Holzgeländer gesicherten Pfad den Monte Croce zu umrunden. Nach einigen leichten Steigungen und

und gläsernen Zweckbauten den Rücken und fahren mit dem Postbus über kurvige Straßen in die ruhige Abgeschiedenheit des Hügellandes der Collina d'Oro. Unmittelbar nach Gentilino führt die Straße an der Kirche von Sant' Abbondio vorbei, einem späteren Rastpunkt unserer Wanderung. Nach ungefähr 15minütiger Fahrt erreichen wir die Haltestelle an der Piazza Broggi in **Montagnola**. Hier befindet sich auch der große Parkplatz, auf dem man gegen Gebühr sein Auto abstellen kann. Am Postamt vorbei wandern wir die Hauptstraße nach Agra hinauf und biegen etwa nach 150 m rechts in die Via Miniguera ab. Auf asphaltiertem Wege folgen wir dieser Straße und können bald erste Ausblicke auf den Agno-Arm des Luganer Sees genießen. Auf der Höhe von Arasio, in dem der Erbauer des Melide-Dammes und der Straße ins Val Onsernone, Pasquale Lucchini, wohnte, zweigen wir nach links auf einen leicht ansteigenden Waldpfad ab, der zu einem Wasserspeicher gelangt und sich dort teilt. Wir nehmen die Route »Posmonte basso«, die anfänglich mit dem Fitneß-Parcours identisch ist.

abwärtsführenden Wegstücken erreichen wir den Sattel von Maturino, der 587 m hoch liegt. Ein abwärtsführender schmaler Hohlweg, auf dem wir nach 5 Minuten **Agra** erreichen (1.10 Std.), wird zur Rechten von aufgelassenen Feld- und Weinterrassen gesäumt. Bei der Gaststätte San Gottardo gelangen wir auf eine kleine Fahrstraße und durchqueren das Dorf. Bald tritt das Panorama des Monte Bré mit den Denti della Vecchia hervor, im Hintergrund ragen die schneebedeckten Gipfel des Sondrio auf. Vorbei an der Casa Communale von Agra wird der Blick auf Lugano immer deutlicher. Wir durchqueren die Fraktion Bigogno auf der Asphaltstraße, vorbei an der Osteria Flora und Pedro. Am nördlichen Ende des Ortes zweigt unser Weg vor dem Haus Piccolo Miramonte rechts ab und führt zwischen einer alten farnbewachsenen Steinmauer und einer Betonmauer abwärts. Achtung! Diese Abzweigung kann leicht übersehen werden! Wir queren nach einem kleinen Bauerngehöft die Hauptstraße und folgen einer Feldeinfahrt in einen aufgelassenen Weingarten. Nach wenigen hundert Metern gelangen wir in ein

Kastanienwäldchen, wobei der Weg etwas steiler und steiniger wird. Kleinere Stufen sichern den Pfad, der bald flacher wird und direkt in die Via Hesse mündet. Bald liegt links innerhalb eines terrassierten Gartens das **ehemalige Haus von Hermann Hesse**, am Eingangstor von zwei steinernen Wächtern beschützt, Via Hermann Hesse 12 (1.45 Std.). Nichts deutet jedoch auf den berühmten Bewohner hin. Die im Privatbesitz befindliche Villa zeigt auch im Inneren nichts mehr aus Hesses Zeiten. Alle Bücher, Möbel, Manuskripte, Bilder und Erinnerungsstücke wurden nach Bern gebracht. – Wir wandern weiter, treffen am Ende der Via Hesse auf die Hauptstraße nach Agra und kehren auf die Piazza Broggi zurück.

Wir verlassen **Montagnola**, aber nicht ohne zuvor einen Blick auf die Casa Camuzzi geworfen zu haben, die schräg unterhalb des Hauptplatzes majestätisch auf einer Anhöhe nach Süden schaut. In diesem Haus spielt Hesses Roman »Klingsors letzter Sommer«. Wir wandern durch die Gasse Ra Garà in Richtung des alten Dorfkernes links aufwärts durch einen Durchgang. Vorbei an der Rückseite der Casa Camuzzi gelangen wir, einen weiteren Torbogen durchschreitend, in einen abwärts führenden Weg, der – vorbei an Villen und Gärten mit ständigem Blick auf Lugano und den Monte San Salvatore – in Richtung **Gentilino** verläuft. Im Ortsteil Certenago treffen wir auf die Gasse Ra Gürta, die uns zur Hauptstraße leitet. Nach 400 m kommen wir zur Kirche von **Sant' Abbondio**. Die Kirche, die im 16. Jahrhundert als Barockbau errichtet wurde, erreichen wir durch eine Zypressenallee, die ein beinahe toskanisches Gepräge hat. Gegenüber der Kirche liegt der Friedhof mit dem **Grab von Hermann Hesse**. Die Zypressenallee verlassend, müssen wir wiederum für ungefähr 400 m die Hauptstraße benützen, um vor der Metzgerei von Gentilino in die Ça di Sotto abzubiegen.

Wir beginnen nun den Abstieg nach Lugano in den Ortsteil **Paradiso**. Etwa 100 m nach der Abzweigung halten wir uns rechts und betreten die Al Sapell. Durch eine enge, abwärtsführende, kopfsteingepflasterte Gasse kommen wir zu einer Kirche an der Strada Sapell und biegen links in die Strada da Pambi. Jetzt rückt der Lärm der Autobahn immer näher und nach ein paar Kurven passieren wir die Autobahn in einer Fußgängerunterführung. Danach zeigt ein Straßenwegweiser den Weg nach Lugano an. Durch die leicht aufwärts führende Via Calprino gelangen wir bei der nächsten Kreuzung in die Via Carona, die uns vorbei an der Standseilbahn zum San Salvatore und der St.-Gotthard-Bahn abwärts nach Paradiso bringt (3.40 Std.).

Das mondäne Leben hat uns wieder und die gemütliche platanenbewachsene Promenade am See lädt noch zum Flanieren ein. Der sanften Krümmung der Uferlinie folgend, verläuft die parkähnliche Anlage bis zum Stadtpark von **Lugano** (4 Std.).

Hermann Hesse, 1929

Hermann Hesse in Montagnola

»Als ich vor einundvierzig Jahren auf der Suche nach einer Zuflucht nach Montagnola kam, war es damals ein bescheidenes, kleines und stilles Dörfchen.« Montagnola war für Hermann Hesse stets eine prägende Örtlichkeit. 1931 schrieb er an seinen Freund und Mäzen H. C. Bodmer, der ihm das Haus seines Wunsches geschenkt hatte: »Das Haus (...) steht jetzt da, unheimlich groß und schön und soll mir für Lebenszeit zur Verfügung stehen. Wieder einmal unternehme ich es, mich neu einzurichten, und wieder geschieht es fürs ›ganze Leben‹, und diesmal wird es vermutlich stimmen.«

Es stimmte: Hermann Hesse verbrachte den Rest seines Lebens in dem kleinen Dörfchen im Malcantone.Viele seiner wichtigsten Werke entstanden hier: »Siddharta«, »Klingsors letzter Sommer«, »Narziß und Goldmund«, »Pictors Verwandlungen«, »Der Steppenwolf« und »Das Glasperlenspiel«. Hesse liebte, brauchte und identifizierte sich mit seiner Tessiner Umgebung. Die Wege und Wälder dienten ihm für seine Spaziergänge, die ihm Inspiration und Ausgleich waren. Mit dem Sammeln von Feuerholz und Laub, mit Bildern und Eindrücken in der Umgebung ordnete er seine Gedanken und entwarf die Grundlagen seines dichterischen Schaffens. Er erwartete vom Tessin, »Versäumtes nachzuholen« und innere Entspannung zu finden. Hesse wurde von der Landschaft, von deren Farbigkeit und der üppigen Pflanzenwelt regelrecht in Bann gezogen. Dennoch betrachtete er sich selbst nur als Gast in Montagnola, dem es geschenkt war, einen Ort zu finden, der seine innere Ruhe ermöglichte: »Aber in diesen paar Jahrzehnten habe ich in Montagnola viel Gutes, ja Wunderbares erlebt, von Klingsors flackerndem Sommer bis heute, und habe dem Dorf und seiner Landschaft viel zu verdanken. Ich habe oft und oft das Lied der Berge, Wälder, Rebenhänge und Seetäler besungen, auch jenes Balkönchen in Klingsors Wohnung (Casa Camuzzi). Ich habe hunderte von Bogen Malpapiers und viele Farbtuben verbraucht, um mit Aquarellfarben oder Zeichenfeder den alten Häusern, den Gartenmauern, dem Kastanienwald und den Bergen meine Reverenz zu erweisen. So hoffe ich, wenn ich auch kein Tessiner geworden bin, die Erde von St. Abbondio werde mich freundlich beherbergen, wie es Klingsors Palazzo und das rote Haus am Hügel so lange Zeit getan hat.«

Die Kirche Sant' Abbondio in Gentilino

27

Rund um den Monte Caslano

Eine beschauliche Wanderung am Westufer des Luganer Sees

Der Monte Caslano heißt im Volksmund »Sassalto«, hoher Fels: eine treffende Bezeichnung – das wird jeder bestätigen, der sich mit dem Ausflugsboot von Morcote dem Monte Caslano nähert. Wie ein riesiger Stein taucht er unvermittelt aus dem Wasser und erhebt sich rund 200 m über Seeniveau. Fast senkrecht und scharfkantig ragen die Felswände empor, gebildet aus einem Gemisch aus kristallinem Gestein und Dolomit. Aber es wäre nicht das Tessin, würde nicht der harte Eindruck des Felsens durch eine üppige Vegetation gemildert, die den Berg überwuchert. Auf einem gemütlichen Spazierweg können wir den »Sassalto« in einer Stunde umrunden.

i

WEGVERLAUF: Caslano – Poncione (15 Min.) – Torrazza – Caslano (45 Min.)

DAUER: 1 Std.

LÄNGE: 4,5 km

HÖHENDIFFERENZEN: Keine

SCHWIERIGKEITSGRAD: Leichte Wanderung auf gepflegtem Uferweg; etwa zwei Drittel der Strecke auf Asphaltstraße, die allerdings wenig befahren ist.

KARTEN: Landeskarte der Schweiz 1:50 000 Blatt 5007 Locarno-Lugano oder Blatt 286 Malcantone; Kümmerly + Frey Wanderkarte 1:60 000 Tessin Sottoceneri

EINKEHRMÖGLICHKEITEN: Restaurants und Cafés in Caslano und Torrazza, Taverna dei Pescatori zwischen Torrazza und dem Bootshafen von Caslano

ANFAHRT: Mit dem **PKW** von Lugano auf der Verbindung Ponte Tresa – Luino kurz nach Magliasco links nach Caslano abbiegen; Parkplatz am Ortseingang. **Öffentliche Verkehrsmittel:** Mit der Malcantone-Schnellbahn bis Magliasco und in einer halben Stunde zu Fuß dem See entlang und über die Magliasina-Brücke nach Caslano; Schiff: Mit den Ausflugsschiffen von Lugano über Morcote oder von Ponte Tresa aus.

HINWEIS: Dieser Halbtagesausflug läßt sich ideal mit einer Schiffsrundfahrt oder mit einem Besuch des berühmten Marktes von Luino (Italien) kombinieren, der einmal wöchentlich (mittwochs) abgehalten wird.

DER WANDERWEG

Ausgangspunkt für unsere Rundwanderung ist die **Bucht von Caslano**. Der Hafenort Caslano ist heute das touristische Zentrum des Malcantone. Am Seeufer spendet eine Gruppe von großen, alten Platanen Schatten für die Tische

eines Straßencafés. Auf der Seepromenade wandern wir nach Süden, an schönen Villen mit prächtigen Gärten vorbei. Ein Gartenfreund aus dem Norden kann angesichts der Blumenpracht, der Palmen und der tropischen Pflanzen, die hier das insubrische Klima üppig gedeihen läßt, schon etwas neidisch werden. Nach 15 Minuten erreichen wir **Poncione**. Eine in den Fels gehauene Treppe markiert das Ende der Asphaltstraße, und wir betreten einen gepflegten Waldweg. Einige Bänke laden zum Niederlassen ein. In Ruhe können wir hier den Ausblick auf die Bucht von Caslano und auf das gegenüberliegende Carabiette genießen. Im Süden liegt die Bucht von Figino und der grüne Rücken des Monte Arbostora. Auf halber Höhe liegt auf einer Lichtung die Kirche von Torello (s. Wanderung 25). Im leichten Auf und Ab wandern wir ständig 2 bis 10 m über dem Ufer des Luganer Sees durch einen bunt gemischten Wald. Mediterran wird der Charakter des Waldes, wenn zwischen den einheimischen Bäumen eine Feige oder Steineiche wächst. In weiterer Folge wendet sich der Weg nach Westen, und wir nähern uns langsam der **Stretto di Lavena**, der Engstelle des Sees bei Lavena. Diese Ortschaft liegt am gegenüberliegenden, zu Italien gehörenden Ufer des Luganer Sees. Bei Piatta geht der Waldweg in eine schmale Asphaltstraße über. Die wenigen hundert Meter bis zum Ort **Torrazza** wandern wir direkt am See, an Villen, Einfamilienhäusern und einem verlassenen Steinbruch vorbei. Rechter Hand ragen steil die felsigen, mit Wald durchsetzten Hänge des Monte Caslano auf. Bei der kleinen Ortschaft Torrazza verengt sich der See zu einem schmalen Kanal. Die schiffbare Breite des Stretto di Lavena beträgt gerade 10 m. Hier verläuft auch die Grenze zu Italien. Die Engstelle schnürt die Bucht von Ponte Tresa fast gänzlich vom übrigen See ab. Früher war der Monte Caslano ein Inselberg, aber der Gebirgsfluß Magliasina hat auf seinem Weg aus den Bergen des Malcantone soviel Material mitgerissen, daß er im Laufe der Jahrtausende die Lücke zwischen Festland und Insel mit einer weiten Schwemmfläche ausfüllte. So ist aus dem Monte Caslano eine Halbinsel geworden, und auf dem neu gewonnenen Land breiten sich heute weitläufige Wohnviertel und Gewerbezonen der Gemeinden Caslano, Magliasina und Magliasco aus.

Nun wendet sich der Uferweg nach Norden, und der Blick nach Ponte Tresa und dem breiten Tal der Tresa öffnet sich. Dieses hübsche Tal ist wichtiger Verkehrsweg nach Luino (Italien) am Lago Maggiore. Einige Kilometer lang bildet der Flußlauf der Tresa die Grenzlinie zwischen der Schweiz und Italien. In einem Platanenwäldchen verleitet uns der romantisch gelegene Gastgarten der **Taverna dei pescatori** zu einer Zwischenrast, weniger der Anstrengung der Wanderung wegen, als um die Aussicht auf die Bucht von Ponte Tresa in aller Ruhe und bei einem Glas Nostrano genießen zu können. Einige ausladende Platanen stehen direkt am Ufer und strecken ihre knorrigen Äste weit über das Wasser. Etwa 10 Minuten nach der Taverna kommen wir bei Schivanoia am kleinen Yachthafen von Caslano vorbei (Nautico Caslano). Der Berghang ist hier mit einem wunderschönen, dichten Laubwald bewachsen. Bei Cantonetto verlassen wir den See und wenig später kommen wir zu einer Kreuzung, an der wir uns rechts, Richtung Caslano halten. Über einen kleinen Rücken, an einem Hotel vorbei, gelangen wir in etwa 10 Minuten zum Ortskern von **Caslano**.

Das Schokoladenmuseum in Caslano

Dieses süße Museum gehört zur Schokoladefabrik Alprose und nennt sich »Schokoland«. Es liegt etwas außerhalb von Caslano, in der Nähe der Hauptstraße Ponte Tresa–Lugano. Gleich beim Eingang zum Schauraum sprudelt ein Schokolade-Springbrunnen. Zuerst wird man über das Grundprodukt der Schokolade, den Kakao, informiert. Auf Wandtafeln und Farbfotos werden die wichtigsten Phasen der Herstellung und des Transportes dargestellt. Der nächste Raum zeigt in großen Wandtafeln die industrielle Erzeugung von Schokolade. An den Wänden hängen schöne alte Schokolade-Automaten und -Werbetafeln, und in einigen Vitrinen sind Maschinen zur Schokoladeerzeugung aus der ›guten, alten Zeit‹ ausgestellt. Dazu gesellen sich Formen für Schokoladen-Weihnachtsmänner, -Osterhasen und vieles mehr. Eine automatische Videovorführung berichtet in deutscher Sprache über die Herstellung von Schokolade und deren Produkte. So erfährt man einiges zur Geschichte der Schokolade.

Nicht alltäglich ist die Möglichkeit, die Produktionshallen der Schokoladenfabrik zu besuchen. Auf einem eigens dafür eingerichteten Laufsteg kann der Besucher den Arbeitern über die Schultern schauen, ohne dabei den Arbeitsprozeß zu stören. Schokolade-Schüttelmaschinen erzeugen einen ohrenbetäubenden Lärm, während weiß bekleidete Arbeiter flüssige Schokolade abfüllen, riesige Maschinen überwachen oder Hunderte von Bonbonschachteln sorgfältig abpacken.

Die Gratis-Schokoladeverkostung darf nicht vergessen werden, die dem Besucher auf angenehme Weise das Kennenlernen verschiedener Schokoladesorten ermöglicht. Selbstverständlich gibt es auch Schokolade und Pralinen zu kaufen – und das in großer Auswahl.
»Schokoland«, Caslano; geöffnet täglich von 9 bis 19 Uhr; Eintritt frei

28

Am Monte Bré, dem Hausberg von Lugano

Von Bré auf dem Zöllnerpfad zu den Denti della Vecchia

Die Wanderung führt uns auf einem einmaligen Rundweg auf die Höhen des Monte Bré, den wir bequem mit der Standseilbahn erreichen. Von der Bergstation wandern wir zum Ort Bré hinab und besteigen den Gipfel des Monte Boglia. Auf der Nordseite geht es mit ständigem Blick auf die Kalksteinfelsen der Denti della Vecchia abwärts zum Sattel Pian di Scagn und über die Alpe Bolla durch den Kastanienwald weiter ins malerische Cureggia. Ein Gegenanstieg bringt uns zum Ort Bré und zurück zur Standseilbahn.

i

WEGVERLAUF: Monte Bré – Bré Ort (20 Min.) – Carbonera (1 Std.) – Monte Boglia (1.30 Std.) – Pian di Scagn (40 Min.) – Alpe Bolla (10 Min.) – Preda Grossa (45 Min.) – Cureggia (15 Min.) – Bré Ort (35 Min.) – Monte Bré (15 Min.)

DAUER: 5.30 Std. (1 bis 1.30 Std. zusätzlich für den Abstecher zu den Denti della Vecchia)

LÄNGE: 13 km

HÖHENDIFFERENZEN: Fast 900 m, der Rückweg führt ab Cureggia nochmals 275 Höhenmeter aufwärts.

SCHWIERIGKEITSGRAD: Leichte Orientierung, gute Markierungen; bequeme breite Waldwege, der Bergpfad auf den Monte Boglia ist allerdings steil und teilweise ausgesetzt, Trittsicherheit und Schwindelfreiheit erforderlich, Höhenunterschiede beachten.

KARTEN: Topographische Wanderkarte 1:25 000, Valli di Lugano, Kompass-Wanderkarte 1:50 000 Blatt 91 Lago di Lugano

EINKEHRMÖGLICHKEITEN: Bergrestaurant am Monte Bré, Albergo Bré und Osteria la Monti in Bré, Gastbetrieb bei der Alpe Bolla, Grotto Preda Grossa oberhalb von Cureggia, Grotto Pierina in Cureggia

ANFAHRT: Von Lugano-Cassarate mit der Standseilbahn nach Suvigliana, 2. Sektion zum Monte Bré oder mit dem Bus von Lugano nach Bré-Ort. Bei der Talstation stehen keine Parkplätze zur Verfügung, nur gebührenpflichtige Großparkplätze in Lugano (am nächsten der beim Stadtpark). Zu Fuß gelangt man durch die Straßen von Lugano zur Talstation. In Bré-Ort ist ein großer Parkplatz angelegt.

HINWEIS: Wegen der Grenznähe sollte man den Personalausweis oder Paß mitnehmen.

DER WANDERWEG

Weit reichen die Villen der Luganesen die Hänge des Monte Bré hinauf, der schon seit 1908 mit einer Standseilbahn von Cassarate aus erreichbar ist. Rasch entwickelte sich ein reger Ausflugsverkehr. Die Standseilbahn, die einen interessanten und sehr steilen Aufstieg vorbei an Villen und Waldstücken in knapp 20 Minuten ermöglicht, wurde in zwei Sektionen erbaut. Die Zwischenstation liegt in Suvigliana, bis dahin fährt die Standseilbahn ohne Schaffner in automatischem Betrieb. Der tief in den Hang eingeschnittene Bahndamm führt in Steigungen zwischen 47 und 60 Prozent auf den **Gipfel des Monte Bré** hinauf. Der erste Blickfang ist das romantische Bergrestaurant, das in seinem Villenstil und der gelben Farbe majestätisch hoch über dem tiefblauen Luganer See und dem goldenen Hügel südlich von Lugano liegt. Über eine breite, langgezogene Treppe erreichen wir in knapp 5 Minuten das etwas tiefer gelegene Gasthaus und genießen von der Terrasse einen unverstellten Südblick auf den fjordartigen See. Tief unter uns, fast senkrecht, liegt die Bucht von Lugano.

Vom Bergrestaurant führt der Weg hinüber zum Dörfchen **Bré**. Er beginnt beim Eingangstor zum Gastgarten. Wenn wir die Ostseite des Monte Bré erreicht haben, liegt das Örtchen auf dem sanften Sattel unter uns, dahinter ragen die Wiesenhänge des Monte Boglia auf. Rechts vorbei sehen wir auf die östliche Bucht des Lago Lugano und auf das Tal, das zum Comer See führt und von den Bergamasker Alpen begrenzt wird. Über eine breite Treppe steigen wir ins Dorf hinab und durchqueren es, vorbei an der Pfarrkirche. Bei der Osteria la Monti halten wir uns rechts auf einem gepflasterten und teilweise grasbedeckten Weg bergwärts. Über einen schmalen Steinweg wandern wir aus dem Dorf hinaus auf die Wiesenterrassen oberhalb von Bré. Wir schneiden auf dem etwas steil ansteigenden Saumpfad viermal eine Asphaltstraße und folgen dann dieser zum 932 m hohen Hügel von Materone. Durch einen Birkenhain sehen wir auf den blauen, nach Italien hineinreichenden Teil des Luganer Sees, der steil unter uns das tief eingekerbte Tal ausfüllt. Hier bildet die Straße eine Spitzkehre und verläuft in westlicher Richtung durch den bewaldeten Hang. Fast parkartig erscheint das Gelände mit den lichten Baumhainen, den dazwischen liegenden Bergwiesen und

den Ruhebänken am Wegesrand. Am Ende der Fahrstraße erreichen wir über eine etwas steile Rampe den Buchenwald und beginnen den Aufstieg zum Wasserspeicher von Carbonera. Vorbei am Wegweiser von Trevach, bei dem ein nicht zu empfehlender steiler Bergpfad direkt zum Grat unterhalb des Monte Boglia abzweigt, erreichen wir **Carbonera** (1.20 Std.). Bei der Quelle gönnen wir uns einen erfrischenden Schluck des glasklaren Wassers und wenden unsere Schritte bei der Weggabelung nach rechts. Geradeaus verläuft der Weg um den Hangrücken von Carbonera herum an den Westhängen des Monte Boglia direkt zur Alpe Bolla. Diese erreicht man in gut 1 Stunde und 15 Minuten. Wir aber wandern in östlicher Richtung den bewaldeten Hang auf einem schmalen Fahrweg aufwärts und treffen bei einem weiteren Brunnen auf dessen Ende. Ein schmaler Steig überwindet die letzte Steilstufe hinauf zum Sattel des **Sasso Rosso** auf 1317 m. Plötzlich stehen wir vor einem gewaltigen Abgrund wie auf einem riesigen Balkon, unter uns den Porlezza-Arm des Lago Lugano mit den bewaldeten Hügelketten des Val Solda im Vordergrund. Immerhin stehen wir fast 1000 m über dem See. Der Weg verläuft nun eine Weile relativ eben dem Grat entlang, der noch baumbestanden ist, und wird stellenweise durch Holzgeländer gegen den Abgrund gesichert. Sobald die Baumgrenze erreicht ist, gelangen wir auf die steilen Wiesenhänge unterhalb des Gipfels, die von einem steilen Pfad in zahlreichen Serpentinen durchzogen werden. Manchmal sind erdgefüllte Holztreppen in den Weg eingebaut. Nun schraubt sich der Weg immer höher und steigt mehr und mehr über die Kronen des Kastanienwaldes empor. Er windet sich um einen kleinen Vorberg herum und erreicht den vom Gipfel ausgehenden Grat, an dessen südlichem Ende nochmals ein Aussichtsbalkon angelegt wurde. Von hier aus erreichen wir auf dem breit ausgetretenen Pfad dem Grat entlang in ungefähr 10 Minuten den 1517 m hoch liegenden **Gipfel des Monte Boglia** (2.50 Std.). Auf dem Grat verläuft auch die Staatsgrenze, der wir beim Abstieg noch öfter begegnen werden. Für die Anstrengungen des Aufstieges entschädigt, wie schon entlang des letzten Wegstückes, die Rundsicht; am umfassendsten über das Sottoceneri und die nächste Umgebung von Lugano. Nach

Blick vom Monte Bré

kurzer Rast beginnen wir mit dem Abstieg über den schmalen Nordgrat des Berges und gelangen bald auf flachere Hangabschnitte, die mit Grünerlen bewachsen sind. Ein paar Serpentinen bringen uns rasch abwärts, und wir tauchen wieder in den Kastanienwald ein. Stets sehen wir am gegenüberliegenden Nordhang auf die schroffen Felszähne der **Denti della Vecchia**, deren hellweißes Kalkgestein über dem Grat aufragt. Nach wenigen hundert Metern erreichen wir den Sattel von **Pian di Scagn**, auf dessen sanften Wiesen früher Waldweidewirtschaft betrieben wurde (3.30 Std.). Beim direkt an der Staatsgrenze stehenden Wegweiser können wir uns orientieren. In Richtung Norden beginnen die Übergänge zu den Denti della Vecchia, die weiter nach Cimadera ins Valle Colla führen.

Vom Sattel des Pian di Scagn wandern wir in südlicher Richtung auf fast ebenem Wege zur **Alpe Bolla** (3.40 Std.). Sie bietet noch ein ursprüngliches Bild einer Alm mit Ställen, Restaurationsbetrieb und gemütlichem Gastgarten. Überall trifft man auf Tiere, wie Gänse, Schweine und Ziegen. Wir überqueren den Almboden und treffen bald danach auf einen Wegweiser, der bereits wieder im Kastanienwald liegt. Stets abwärtsführend, teils den Hang querend, teils in Serpentinen führt ein gemütlicher und breiter Weg zu der auf 809 m Höhe liegenden Lichtung von **Preda Grossa** (4.25 Std.). Wir treffen auf eine echte und einsam im Wald liegende Grotte, ein Grotto zum Einkehren, das mit Holzbänken und rot karierten Tischtüchern zum Verweilen einlädt. Etwas oberhalb der Grotte zieht der Weg weiter den Hang hinab und wird jetzt etwas breiter. Wir betreten die Hangterrassen von **Cureggia** auf 655 m, hoch über dem Cassarate-Tal (4.40 Std.). Bei dem einladenden Grotto Pierino halten wir uns links und gehen auf einer kleinen Asphaltstraße vorbei an der Kirche San Gottardo, bis wir die letzte Villa des Örtchens erreicht haben. Dort zweigt links in den Wald ein Gehweg ab, der in einigen Serpentinen den Anstieg nach **Bré Dorf** überwindet. Wir müssen nun noch fast 150 Höhenmeter aufwärts steigen, um in das Dorf zu gelangen. Dieser Gegenanstieg kann nach der langen Wanderung schon recht mühsam werden. Ab dem Gehöft von Promé haben wir den Anstieg hinter uns gelassen und wandern eben auf breiter und schattiger Fahrstraße nach Bré. Nach der Querung des Cassone-Baches erreichen wir den Ort und treffen bei der Osteria la Monti auf den Beginn unseres Rundganges (5.15 Std.).

Bergstation Monte Bré

Zur Rückkehr nach **Lugano** benützen wir wieder die Standseilbahn, die wir entweder in der Bergstation besteigen oder bei der Zwischenstation Bré Paese. So können wir den nochmaligen Anstieg von 125 Höhenmetern sparen. Informieren Sie sich schon bei der Auffahrt am Morgen über die Rückfahrtszeiten, damit Sie sich die Wanderung richtig einteilen können. In wenigen Minuten fahren wir mit der Seilbahn in das bewegte Lugano hinab und lassen unsere Wanderung durch die eindrückliche Talfahrt langsam ausklingen.

VARIANTE

Ein Abstecher von Pian di Scagn zu den Steingebilden der **Denti della Vecchia** lohnt sich und ist leicht in 1 bis 1 1/2 Stunden zu schaffen. Wir wandern dazu auf einem Pfad, der entlang der Staatsgrenze führt. Ein schön angelegter Fußweg zieht sich in nördlicher Richtung mit stetem Blick auf das Valle Colla zum felsbewehrten Grenzgrat empor. Der früher von italienischen Grenzwächtern begangene Pfad führt direkt zum Kernstück der Denti, dem **Sasso Grande**, der die höchste Erhebung der Denti della Vecchia bildet. Zwischen den Felszacken ergeben sich abenteuerliche Blicke tief hinab über die Schutthänge und föhrenbewachsenen Felsstufen hinweg ins Val Colla. Beim Rückweg zum Pian di Scagn können wir ein wenig die Pflanzenwelt dieses außergewöhnlichen Standortes betrachten. Der Boden ist bedeckt mit Waldveilchen, Wolfsmilchgewächsen, Buchsblättrigen Kreuzblumen, Schneerosen und Heidekräutern.

Denti della Vecchia

AM WEGE

Die ›Luganeser Dolomiten‹, wie die **Denti della Vecchia** noch genannt werden, sind schon von ferne aus dem Tal zu erkennen. Wer über den Monte Ceneri in Richtung Lugano fährt, wird bald auf der linken Seite auf die bizarren Kalkberge nördlich des Monte Boglia sehen. Ähnliche Felsformationen sind nur aus dem Jura bekannt.

Daher ist es nicht verwunderlich, daß die ›Steinzähne‹ von jeher sagenumwoben sind. In einer Legende wird von einer gräßlich bösen Hexe berichtet, die einen langen, spitzen, gelben Zahn besaß und die Täler des Tessins unsicher machte. Sie tötete alles, was ihr in die Nähe kam. Sie konnte sich auch in eine Riesin verwandeln und große Zerstörungen anrichten. Niemand – außer der ›Königin der Hasen‹ – getraute sich, gegen sie anzukämpfen. Die Hasenkönigin traf in den Wäldern der Täler auf einen bärenstarken Mann und bat diesen, sich der Hexe zum Kampfe zu stellen. Dazu mußte sich die Hexe in eine Riesin verwandeln, was sie durch Reiben an ihrem Zahn gewöhnlich erreichte. Doch da schleuderte der Wilde Mann einen Stein so geschickt, daß der Zahn abbrach. Die Hexe verschwand unter Donnergroll in einer stinkenden Rauchwolke. Im Blitzgewirr der Unwetterwolken entstand direkt auf der Bergkette eine neue Bergspitze, die der ›Zahn der Alten‹ genannt wurde.

Der Sasso Grande bildet mit 1491 m den höchsten ›Zahn‹, der vor allem Sportkletterern bekannt ist. Die Denti sind aber für jedermann zugänglich, der über eine gute Trittsicherheit verfügt. Sie bestechen nicht nur durch ihre landschaftlichen Formen, sondern auch durch ihre Flora. So wurde dieses Gebiet wegen der geologischen Besonderheiten, insbesondere aber wegen der Pflanzenwelt in das Bundesinventar der Landschaften und Naturdenkmäler der Schweiz aufgenommen. Tatsächlich ist hier eine vielfältige und zum Teil seltene Vegetation anzutreffen. Zahlreiche Pflanzenarten der südlichen Kalkvoralpen kommen außerhalb dieses Gebietes in der Schweiz nur selten vor. Für einige Pflanzen, wie zum Beispiel den Strauchwicken-Geißklee, sind die Denti der einzige Standort in der Schweiz.

29

Am Uferweg gegenüber von Lugano

Am Fuße des Monte Caprino von Cantine di Gandria nach Cantine di Caprino

Der östliche Arm des Luganer Sees ist an seinem Südufer kaum erschlossen, zu steil schickt der Monte Caprino seine Hänge zum See herunter. Zwischen den Ortschaften Caprino (Schweiz) und Osteno (Italien) stört auf 10 km keine Straße unsere Wanderfreuden. Dafür ist diese Seite des Luganer Sees nur mit dem Schiff günstig zu erreichen – ein Umstand, der uns nicht stört, läßt sich doch diese Wanderung mit einem aussichtsreichen Schiffsausflug kombinieren.

i

DAUER: 1.15 Std.

LÄNGE: 3 km

HÖHENDIFFERENZEN: Keine größeren Auf- oder Abstiege

SCHWIERIGKEITSGRAD: Es handelt sich keineswegs um eine Uferpromenade. Der schmale Pfad ist an einigen Stellen sehr steil und quert Schotterrinnen bzw. felsige Uferbereiche. Feste Wanderschuhe sind deshalb unbedingt anzuraten.

KARTEN: Landeskarte der Schweiz 1:50 000 Blatt 5007 Locarno-Lugano oder Blatt 286 Malcantone; Kümmerly + Frey Wanderkarte 1:60 000 Tessin Sottoceneri

EINKEHRMÖGLICHKEITEN: Zwei Grotti in Cantine di Gandria; Restaurant kurz vor Cantine di Caprino.

ANFAHRT: Mit dem Schiff von Lugano entweder nach Cantine di Gandria oder direkt zum Zollmuseum, östlich von Cantine di Gandria gelegen. **Rückfahrt:** Von Cantine di Caprino mit dem Schiff zurück nach Lugano.

DER WANDERWEG

Die Überfahrt nach **Cantine di Gandria** bietet einige schöne Ausblicke und eine Übersicht über den Verlauf des Wanderweges. Wir erkennen die Schiffsanlegestege am Start- und Zielpunkt sowie den weitgehend unberührten Uferabschnitt dazwischen. Der Weg beginnt direkt beim Landesteg. Wer das Schweizer Zollmuseum besuchen will, muß zuerst noch einen kleinen Abstecher in östliche Richtung machen (10 Min.). Einige Ausflugsschiffe machen auch direkt am Zollmuseum fest, das in einem 1856 errichteten Zollgebäude direkt am See untergebracht ist. Im Untergeschoß sind vier Räume im Stil der Jahrhundertwende rekonstruiert worden: eine Zollstube, eine Küche, ein Aufenthaltsraum und ein Schlafraum. Puppen stellen Szenen aus dem Leben der Zöllner und der Schmuggler dar. Das Zollmuseum gibt auch über aktuelle Probleme des Zolldienstes Auskunft und stellt einige Tricks der Schmuggler vor. Schließlich gibt es noch eine Sammlung von beschlagnahmten Waffen zu bewundern, die vom einfachen Messer bis zur Maschinenpistole reicht.

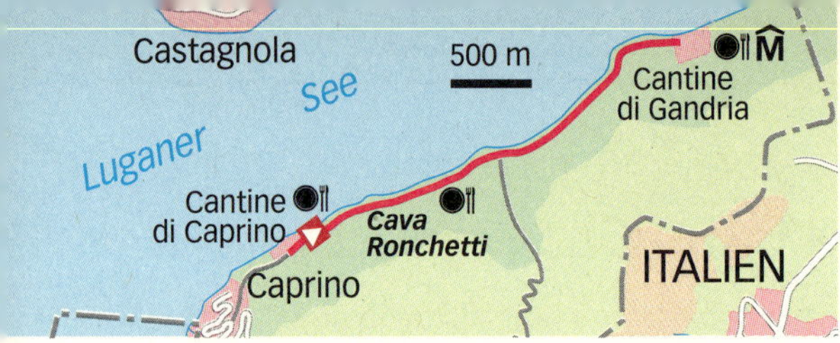

eben, immer am See entlang. Wir erreichen ein Restaurant, **Grotto dei Pescatori**, mit reizendem Gastgarten direkt am Ufer (45 Min.). Von hier aus öffnet sich der Ausblick nach Westen: Wir schauen direkt in die Bucht von Lugano, umrahmt von den Ortschaften Paradiso im Westen und Castagnola im Osten. Kühn schwingt sich der Rücken des Monte San Salvatore empor. Er ist die prägende Berggestalt dieses Ausblickes. Bald nach dem Restaurant kommen wir an einem großen Steinbruch (Cava Ronchetti) vorbei, dem eine mit jungen Pappeln locker bewachsene Schotterfläche vorgelagert ist. Wir müssen noch eine Geröllrinne überqueren und erreichen die ersten Häuser von **Cantine di Caprino** (1.15 Std.). An der Anlegestelle warten wir auf das nächste Schiff, das uns nach Lugano oder zur italienischen Enklave Campione bringt, das wegen seines Spielcasinos von den Schweizern gerne aufgesucht wird.

Der erste Wegabschnitt weist keine Steigung auf, und wir wandern an einigen Häusern bzw. Ferienhütten vorbei. Bald nachdem wir die Häuser hinter uns gelassen haben, führt der Weg links über steile Treppen hinauf. Das nun folgende Wegstück ist durch steiles Auf und Ab geprägt. Stellenweise ist der Weg in den Fels gehauen und mit Geländern gesichert. Vorsicht ist vor allem beim Abstieg an schottrigen Stellen geboten.

Romantisch schmiegt sich der Weg an den steilen Berghang und führt durch einen dichten Laubwald. Im Unterholz wachsen der Immergrüne Mäusedorn und verschiedene Farnarten. Im Spätsommer erfreuen uns die rosaroten Blüten der Alpenveilchen. Mehrmals erreicht der Weg fast das Niveau des Sees, um dann gleich wieder steil und in Stufen anzusteigen. Am gegenüberliegenden Ufer sehen wir die an der Küstenstraße aufgefädelten Ortschaften Gandria, Oria, Albogasia und S. Mamette. Oberhalb von Gandria erkennen wir die Ortschaft Bré, die auf dem Sattel zwischen Monte Bré (925 m) und Monte Boglia (1516 m) liegt.

Nach einigen Steilstücken verläuft der Pfad etwas sanfter. Unter uns sehen wir durch das Gewirr der Baumstämme das Glitzern des Wassers und hören das Tuckern der Motorboote und das Schlagen der Wellen. Wir kommen an einem Bootssteg und einem Steinhaus vorbei (25 Min.). Hinter dem Gebäude steigt der Weg wieder sanft an, quert eine Schotterrinne und senkt sich wieder auf Seeniveau. Dort steht ein romantisch gelegenes Steinhaus mit alten Kastanienbäumen, die direkt am Seeufer wachsen. Nun verläuft der Weg

Italienisch-schweizerischer Grenzpfahl am Zollmuseum

30

Auf den südlichsten Aussichtsberg des Tessins

Mit der Zahnradbahn zum Monte Generoso und zurück über Bellavista

Mit der Zahnradbahn fahren wir von Capolago in knapp einer Stunde zum Bergrestaurant des Monte Generoso, danach ersteigen wir den Gipfel und werden mit dem phantastischen Rundblick belohnt. Der Abstieg erfolgt über Almwiesen hoch über dem Muggio-Tal zur Zwischenstation Bellavista, wo wir die Ruine des ehemaligen Luxushotels besichtigen. Anschließend wandern wir über Cragno auf dem alten Saumpfad durch das Valle dell' Alpe und erreichen die Bahnstation Alpe di Piana. Die Wanderung verläuft stets auf gut ausgebauten Bergpfaden, der Weg zum Gipfel ist mit Stahlseilen gesichert.

i

WEGVERLAUF: Monte Generoso – Alpe dei Nadigh (1 Std.) – Alpe Génor (30 Min.) – Bellavista (1.15 Std.) – Cascina d' Armirone (35 Min.) – Osteria Balduana (40 Min.) – Cragno (20 Min.) – Valle dell' Alpe (20 Min.) – San Nicolao (50 Min.)

LÄNGE: 14,5 km

DAUER: 5.30 Std.; Gipfelbesteigung eine weitere Stunde

HÖHENDIFFERENZEN: Monte Generoso Gipfel 1702 m, Bergstation Generoso Vetta 1601 m, Alpe dei Nadigh 1295 m, Alpe Génor 1310 m, Bellavista 1221 m, Alpe di Piana 701 m (Abstieg gesamt 900 m, Gegenanstieg ab Alpe Génor 150 m)

SCHWIERIGKEITSGRAD: Breite und bequem zu begehende Bergpfade, oberhalb der Baumgrenze in Wiesengelände, kaum Anstiege, abwärts führende Serpentinen im oberen Teil teilweise steil und unangenehm. Ab der Station Bellavista Fahrstraßen und breite Fahrwege; der Aufstieg zum Gipfel ist mit Stufen und Geländern ausreichend gesichert, dennoch sind Bergschuhe notwendig. Markierungen sind lückenlos.

KARTEN: Topographische Landeskarte 1:25 000 Blatt 1373 Mendrisiotto

EINKEHRMÖGLICHKEITEN: Restaurant mit Übernachtungsmöglichkeit bei der Bergstation des Monte Generoso, Ristorante bei der Station Bellavista, Grotti in Capolago, Kiosk bei der Talstation in Capolago

ANFAHRT: Mit der Bahn von Lugano nach Capolago (Feld 600) oder ab Lugano-Paradiso mit dem Schiff der SNL (Feld 1609 des amtlichen Kursbuches). Von Chiasso und Mendrisio mit der SBB oder Bus der Autolinee Mendrisiensi (Feld 637.18). Von Capolago mit der Zahnradbahn auf den Monte Generoso. Ein gebührenfreier PKW-Park-

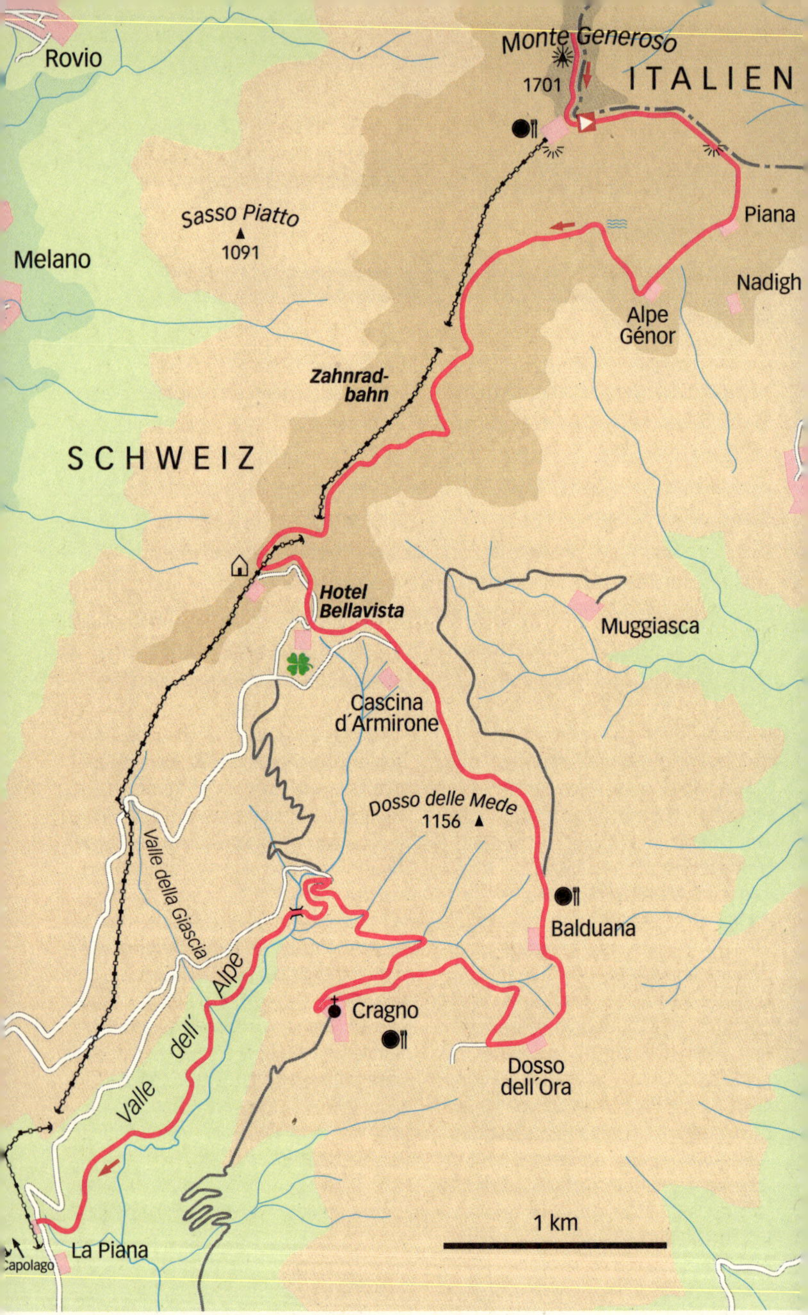

platz für die Bahnbenützer steht in Capolago zur Verfügung. Im Sommer fährt der Nachmittagszug der Zahnradbahn bis zur Schiffsanlegestation Capolago (nähere Informationen aus den jeweils gültigen Fahrplänen). **Rückfahrt:** Ab der Stazione Piana mit der Zahnradbahn nach Capolago

DER WANDERWEG

Die Zahnradbahn windet sich von Capolago aus zuerst unter den modernen Brücken der Autobahn, dann mit lautem Motorengeräusch durch die steile Felswand des westlichen Bergmassivs, bis sie in einem Tunnel unterhalb von San Nicolao die Richtung um 180 Grad ändert und auf die sanfte Ostseite gelangt. Hier liegt sogleich die Stazione Piana, das Endziel unserer Wanderung. Über die stetig ansteigende Trasse durch den lichten Buchenwald machen wir nach weiteren 10 Minuten Fahrt bei der schmucken Station von Bellavista halt. Wir erwarten hier auch den vom Berg kommenden Gegenzug und haben die Gelegenheit, unsere Blicke auf die gespenstisch aus dem Wald steigende Ruine des ehemaligen Hotels Bellavista zu richten. Die Weiterfahrt bringt uns bergwärts bald aus dem Wald heraus und nach 50minütiger Fahrt erreichen wir die Gipfelstation. Bevor wir die eigentliche Wanderung beginnen, besuchen wir den Gipfel des **Monte Generoso**. Über einen gut befestigten und gegen den steilen Abgrund der Westflanke mit Seilen gesicherten Weg, wandern wir von der Terrasse des modernen Berghotels vorbei an der Capelletta del Generoso dem Gipfel entgegen. Über breite Treppen erreichen wir in 20 Minuten die Gipfelterrasse und genießen den unwahrscheinlichen Rundblick. Durch die Lage des Monte Generoso als südlichster Ausläufer der Alpen werden bei klarem Wetter und fehlender Bewölkung die Schweizer Viertausender Monte Rosa, Jungfrau, Finsteraarhorn und Matterhorn sichtbar. Wir lassen unsere Blicke in die Ferne schweifen bis in die Mailänder Tiefebene. Bei klarem Herbstwetter kann man sogar den Apennin sehen. Im Osten umgeben uns, einem Amphitheater gleich, die Ogrimente-Berge, der Pizzo delle Croce, der Monte Galbiga und der Bisbino. Am fernen Horizont leuchten die Berge des Engadins und der Bergamasker Alpen auf. Aber auch der Blick auf das direkt vor uns Liegende ist majestätisch: Fjordartig schlängelt sich an der Westseite der Lago Lugano innerhalb der grünen Hügel des südlichen Malcantone, an das harmonisch das Mendrisiotto anschließt. Vor dem weiten Alpenpanorama ragt der Monte San Salvatore nur als winziger Hügel aus dem See hervor. Gut eine halbe Stunde muß man sich Zeit nehmen, um alle Einzelheiten des Ausblickes gesehen zu haben. Danach steigen wir über den gleichen Weg wieder zum Bergrestaurant ab und beginnen unsere Wanderung.

Vorbei am Gasthof Svizzero, der oberhalb des Bahnhofes der Generoso-Bahn liegt, wandern wir in östlicher Richtung zuerst direkt entlang der italienischen Grenze auf dem Grat eines Vorberges. Der zuerst recht breite und leicht abfallende Weg beginnt beim Grenzstein 25, rechts hinunter in Serpentinen den Hang abzusteigen. Stets durch Wiesengelände gelangen wir auf einen flacheren Hang, den Cima della Piancaccia, auf dem der Grenzstein 26 auf der Höhe von 1476 m steht. Von der Höhe bieten sich wechselnde Einblicke in die östlichen Täler am Fuße des Monte Generoso, in denen die kleinen Dörfchen wie Vogelnester an den Hängen sitzen. Über Bergweiden zieht unser Weg über ein recht steiles Stück hinunter zur **Alpe von Piana**. Im Frühjahr sind die Wiesen rund um die Almen von Enzianen und Krokussen übersät, später im Sommer, wenn die Hitze zunimmt, blühen Kratz- und Silberdistel. Weiter über die Wiesenhänge absteigend, erreichen wir die **Alpe dei Nadigh** auf einer Höhe von 1295 m. Dieser Abschnitt ist wegen des in der Fallinie verlaufenden und damit steilen Weges unbequem, doch bei der Alm treffen wir auf einen ehemaligen Alpsteig, der sich mit Steinplatten als

Alm am Fuß des Monte Generoso

Geländer fast eben durch den Hang schlängelt. Wir folgen dem Weg nach rechts und queren den Hang durch eine Bachrunse hinüber zur **Alpe Génor**, die wir schon seit längerer Zeit in Sicht haben (1.30 Std.). Wir können uns bei einer Rast die aufgelassene Wirtschaft mit den alten Tessiner Bauformen ansehen. Wir erkennen ein siloartiges Bauwerk mit rundem Grundriß, die typischste Konstruktion für die Almen im Generoso-Gebiet: eine Schneegrotte. Solche kunstvoll aus Steinen aufgebaute und mit Steinplatten gedeckten Bauten errichteten die Älpler früher, um darin die Kühle des Schnees über den Sommer zu erhalten. Sie bewahrten damit die Frische der Milch bis zu ihrer Verarbeitung. Die weiteren Bauten dienten als Wohnungen für den Älpler und Käser und als Ställe für Schafe und Ziegen. Die Alpe Génor dokumentiert auch den Namenswandel des Berges. Vor Jahrhunderten hieß er noch Calvagion, dann wurde daraus Calvagioner, Gioner, Génor und schließlich Generoso.

Wir setzen den Weg fort und umwandern einen Hangrücken. Gleich danach treffen wir auf das Almgebäude von Tegnöo, in dessen Nähe sich ein Brunnen befindet. Quellen sind am Monte Generoso etwas Seltenes und wurden daher von den Älplern gut geschützt. Oberhalb des Alphauses beginnt der Weg den Hang zur Trasse der Monte-Generoso-Bahn anzusteigen. Wir müssen 150 Höhenmeter auf schmalem Bergsteig überwinden, ehe wir auf den Weg unterhalb der Geleise treffen, der von der Bergstation herunterkommt. Wir wandern nun auf einem breiten Bergpfad bequem unterhalb der Bahntrasse stets abwärts in Richtung Bellavista. Der Weg führt durch Kastanienwaldgruppen, vorbei an aufgelassenen Weidegebieten und offenen Felspartien. Nach der Querung der Bahntrasse, passieren wir eine Felsnase, die die Bahn in einem Tunnel bewältigt. Am höchsten Punkt dieser Kuppe biegen wir nach rechts ab und erreichen über einen kleinen Steilhang den lichten Buchenwald oberhalb von Bellavista. Ein zehnminütiger Abstieg bringt uns schließlich auf mäßig steilem Weg auf der rechten Seite der Bahntrasse an die Station heran. Das liebliche Bahnhofsrestaurant mit Terrasse und einer verlockenden Speisekarte, die Polenta, Gnocchi und andere Tessiner Spezialitäten aufführt, lädt zur Rast. Bergseits hinter dem auf 1221 m liegenden Gebäude beginnt der alte Zufahrtsweg zum **Hotel Bellavista**. Diese Straße bringt uns nach ungefähr 10 Minuten zur Ruine des ehemaligen Grandhotels (2.45 Std.). Dr. Carlo Pasta erbaute dieses Hotel im vergangenen Jahrhundert und erschloß damit das Generoso-Gebiet den Wanderern und Erholungsuchenden. Wir biegen vom großen Platz vor dem Hotel nach links auf einen schmalen Steig ab, der uns nach wenigen Minuten durch lichten Wald auf das Teersträßchen in Richtung Cascina d'Armirone bringt. Wir folgen einem kleinen Pfad, der »la caraa« genannt wurde, durch Wiesengelände zum »campo di brocul«. Hier wurde früher Gemüse für das Hotel angebaut. Auf der kleinen Straße gelangen wir nach **Cascina d'Armirone** (3.30 Std,). Von der alten Siedlung sind nur noch einige Linden, Ahornbäume und die bescheidene Kapelle aus dem Jahre 1750 erhalten.

Wir wandern nun auf dem Scheitel des südöstlichen Höhenrückens entlang, der sich zwischen den Grüntönen des Valle dell' Alpe und den schroffen Abhängen des Muggio-Tales, vom Monte Generoso kommend, in die Ebene des Mendrisiotto zieht. Wir gehen am Steinbruch »del Balüsa« vorbei, der das Material für den Bau der Zahnradbahn lieferte. Der sanfte Höhenweg führt zu Füßen des »doss del falò« geradeaus weiter und erreicht in knapp 40 Minuten die **Osteria Baldua-**

na. Wir bleiben auf der Asphaltstraße und gelangen nach Dosso dell' Ora auf 1102 m. Dort, wo die Wiese anfängt, gehen zwei Pfade ab. Wir wählen den breiteren zur Rechten, der die Fai da Castel, einen Buchenwald, durchquert. Wir steigen über mehrere Serpentinen in sehr dichtem Wald in das kleine Moia-Tal ab und wenden uns bei der Wasserfassung nach links. Wir müssen gut auf die spärlichen Markierungen achten.

Ebenen Weges wandern wir aus dem Wald heraus und überqueren die Wiesen unmittelbar vor der Fraktion von **Cragno**. Wir besuchen den lohnenden Dorfkern des kleinen Örtchens und treffen auf eine *gra*, eine Stelle, wo früher Kastanien getrocknet wurden (4.20 Std.). Beim Hauptplatz im Ort wenden wir uns nach rechts und wandern die kleine geteerte Straße, die ins Valle dell' Alpe führt, über die Wiesenhänge aus dem Ort. Nach ein paar Windungen treten wir in den Waldsaum des üppigen Tales ein und treffen sogleich auf eine Abzweigung. Wir haben den ehemaligen Saumpfad des Dr. Pasta erreicht, der unterhalb des Hotels in 13 Windungen durch die Hänge von Ciapei und vorbei an der längst verwachsenen Alpe von Salòrina ins Valle dell' Alpe führt. Wir steigen über den **alten Saumpfad** nach links ins Valle dell' Alpe ab (4.40 Std.). Noch immer sind die Steinpflasterungen aus weißem Kalkstein zu sehen, die die Verbindungsstraße früher vor Erosion schützen sollten. Zuerst führt uns der Weg am linken Ufer rasch ins Tal an den Bach heran, den wir auf einer Furt überqueren. Noch haben wir fast 3 km durch das Tal bis zur Stazione Piana zurückzulegen. Stechpalmen und Kastanien begleiten den Weg, und der Wald ist kühl, farn- und krautreich. Wir wandern nun auf breitem Pfad etwas oberhalb des Baches talauswärts, stellenweise wird der Pfad hohlwegartig. Nach gut 30minütigem Marsch erreichen wir nach Querung eines Seitentales, des Valle della Giascia, eine Abzweigung auf 676 m. Wir müssen nach rechts leicht den Hang hinauf ansteigen und verlassen Dr. Pastas Saumpfad. Noch sind es 10 Minuten bis zur Bahnstation, und unser leicht ansteigender Waldweg führt durch die Feldterrassen eines alten Gehöftes. Der letzte Teil des Weges verläuft durch das Gehöft La Piana. Durch seine verfallene Weinlaube gelangen wir auf den Zufahrtsweg, der unmittelbar zur **Bahnstation San Nicolao** (Stazione Piana) der Generoso-Bahn führt (5.30 Std.). Von dort kehren wir mit der Zahnradbahn nach Capolago zurück.

AM WEGE

Das **Monte-Generoso-Massiv** war schon in vergangenen Zeiten wegen seines Blumenreichtums berühmt. Der Schweizer Naturforscher Luigi Lavizzari widmete im 19. Jahrhundert einen Großteil seines Lebens der Erforschung dieses Berges. Er forderte die Menschen auf, seine Höhen zu erklimmen und sich an den Schönheiten zu erfreuen. Vielleicht nahm Dr. Carlo Pasta diesen Aufruf zum Anlaß, um in den damals schwer erreichbaren Höhen schon um 1870 ein Hotel zu errichten. Erst am 4. Juni 1890 wurde die damals dampfbetriebene Generoso-Bahn in Betrieb genommen, zuvor führte ein beschwerlicher Steig von Mendrisio über Salòrina und Somazzo ins Valle dell' Alpe und aus diesem über zahlreiche Serpentinen zur Anhöhe des Hotels auf 1202 m. Die Gäste wurden entweder mit Sänften oder auf dem Rücken von Maultieren über die alten Saumpfade in ihre Sommerfrische gebracht – der Aufstieg soll oft einen ganzen Tag gedauert haben. Nach dem Bau der Generoso-Bahn fuhren die Hotelgäste bequem in Kutschen den ebenen Weg von der Station Bellavista zum Hotel. Zu dieser Zeit erlebte die Bahn auch ihre Blüte, als sich vorwiegend italienischer und englischer Adel auf den Berg begab. Während des Zweiten Weltkrieges war es um den Betrieb schlecht bestellt. Er stand vor dem Konkurs. 1977 wurden die beiden Berghotels zerstört, und die Bahn stand vor dem Aus. Gottlieb Duttweiler, der Gründer des Schweizer Genossenschaftsunternehmens Migros, kaufte darauf das Bahnunternehmen auf und sicherte somit den Fortbestand. Migros ersetzte den überalterten Wagenpark und trug so dazu bei, daß die moderne Bahn auf den südlichsten Alpengipfel des Tessins zum beliebten Ausflugsziel der Bergfreunde aus aller Welt wurde. Das Hotel bei Bellavista wurde allerdings nicht mehr restauriert.

Im Monte-Generoso-Gebiet

31 Auf den Monte San Giorgio

Von Meride auf den ›Berg der Saurier‹

Wer von der Uferpromenade in Lugano nach Süden blickt, sieht jenseits des Sees die grüne Pyramide des Monte San Giorgio. Der Berg teilt den südlichen Luganer See in zwei Arme. Vom Gipfel aus können wir eine herrliche Aussicht erwarten – vor allem bei klarer Sicht. Der Monte San Giorgio hat aber seine Bekanntheit nicht nur seiner Aussicht zu verdanken. Er gilt als einer der ergiebigsten Fundorte für Saurier-Fossilien in Europa. Ein kleines Museum in Meride, dem Ausgangspunkt unserer Wanderung, informiert uns über die Funde und die Geschichte ihrer Entdeckung.

WEGVERLAUF: Meride – Cassina (1 Std.) – Monte S. Giorgio (40 Min.) – Crocifisso (1 Std.) – Meride (40 Min.)

DAUER: 3.20 Std.

LÄNGE: 7,5 km

HÖHENDIFFERENZEN: Es sind ca. 520 Höhenmeter zu überwinden.

SCHWIERIGKEITSGRAD: Wanderung auf guten, aber teilweise steilen Waldwegen. Wegen der groben Pflasterung und der rutschigen Hohlwegabschnitte sind feste Schuhe notwendig. Die gesamte Route ist gut beschildert und markiert.

KARTEN: Landeskarte der Schweiz 1:50 000 Blatt 5007 Locarno-Lugano; Kümmerly + Frey Wanderkarte 1:60 000 Tessin Sottoceneri

EINKEHRMÖGLICHKEITEN: Grotti und Restaurant in Meride

ANFAHRT: Mit dem **PKW** von Lugano auf der Autobahn bis Mendrisio und über Rancate nach Meride (ca. 25 km), wo man etwas unterhalb des Orte parken kann. **Öffentliche Verkehrsmittel:** Von Lugano (Via S. Balestra oder Piazza Rezzonico) mit dem Postbus 633.70 (oder mit der Bahn) nach Mendrisio und von dort mit dem Postbus Nr. 637.10 nach Meride.

DER WANDERWEG

Meride liegt landschaftlich sehr schön auf einem kleinem Plateau am Südfuß des Monte San Giorgio. Auf einer Anhöhe oberhalb des Dorfes steht an der Stelle einer ehemaligen Wehranlage die Pfarrkirche San Silvestro, umgeben von einem Friedhof. Dank seiner Lage abseits der Hauptverkehrswege konnte Meride seinen ursprünglichen Charakter weitgehend erhalten. Wegen des schönen Ortsbildes wurde dieses ›Frei-

lichtmuseum des Mendrisiotto‹ unter Denkmalschutz gestellt. Im alten Gemeindehaus von Meride befindet sich das schlichte **Fossilienmuseum** (Museo dei Fossili del Monte San Giorgio). Wir erreichen es durch einen hübschen Innenhof. Es nimmt nur einen Raum ein, in dem einige Glasvitrinen und Wandtafeln aufgestellt sind. Dennoch zeigt es das Wichtigste über die in Fachkreisen als sensationell eingestuften Funde in der Nähe des Ortes. Eine automatische Tonbildschau informiert in deutsch oder italienisch über die Funde bzw. die Geschichte ihrer Entdeckung.

Vom Ortskern von Meride folgen wir dem Wegweiser Richtung San Giorgio. Bei einem hübschen Torbogen betreten wir die Gasse, die zur Pfarrkirche hinaufführt. Das Sträßchen ist mit Kopfsteinpflaster befestigt und von Steinmauern begrenzt. Die ursprünglich romanische Kirche San Silvestro wurde im 16. Jahrhundert umgebaut. Im dreischiffigen Inneren können wir Stukkaturen und Wandmalereien von Antonio Giorgioli (1655-1725) besichtigen, der aus Meride stammte. Die Gemälde stellen Szenen aus dem Leben des Kirchenpatrons dar. Im hinteren Teil des Kirchenschiffes ist auf einem Gemälde von Antonio Rinaldi eine amüsante Begebenheit aus der Dorfchronik dargestellt: Ein Kirchenräuber war 1844 in die Kirche eingedrungen, hatte sich aber im Fenstergitter verfangen und wurde von den Bürgern zur Strafe zwölf Stunden lang in dieser mißlichen Lage belassen.

Der Weg steigt steil an und biegt in ein Tälchen mit Laubwald. Es handelt sich um einen alten Karrenweg mit grobem Kopfsteinpflaster. Nach ca. 10 Minuten stoßen wir auf die Route des Naturlehrpfades *Sentiero naturalistico del San Giorgio*, der wir nun eine Zeitlang folgen werden. Auf insgesamt 10 Tafeln werden Informationen zur Geologie und zur Tier- und Pflanzenwelt dieses Gebietes vermittelt (nur in italienischer Sprache). Der Naturlehrpfad beginnt in Fontana, etwas westlich von Meride. Den rot-weißen bzw. gelben Markierungen folgend, steigen wir den stets mit Steinen gepflasterten Weg steil an. Sobald wir den Bergrücken von Meriggio erreichen, wird der Weg etwas ebener. Er führt nun durch einen auffallend niederen Wald mit Buchen und Ahorn. Über das Val Serrata hinweg sehen wir im Norden den bewaldeten Gipfel des San Giorgio. An einer locker mit Bäumen durchsetzten Wiese erreichen wir **Cassina** (1 Std.), eine Kapelle und ein Steinhaus mit Bänken und Tischen davor. In der Nähe befindet sich die Fundstelle der Saurier-Fossilien. Von Cassina führt der Naturlehrpfad eben nach links weiter, wir gehen aber direkt an der Kapelle vorbei und halten uns geradeaus, Richtung San Giorgio (Hinweistafel). Nun wird der steinige Weg wieder steil. Wir durchqueren einen nur noch 2–3 m hohen, lichten Mischwald, bestehend aus Linden, Eichen und Ahorn. Obwohl der Weg gut angelegt ist, sind die schuppenartig brechenden Steinplatten manchmal recht hinderlich. Jeder Naturfreund wird sich an einer trockenen, blüten- und schmetterlingsreichen Wiese erfreuen. Das gesamte Gebiet um den Monte San Giorgio steht unter Naturschutz, weshalb man hier keine Pflanzen pflücken oder ausgraben, Insekten fangen oder von den Wanderwegen abweichen darf.

Haben wir ein letzte Steilstück hinter uns gebracht, ist es bis zum **Gipfel des Monte San Giorgio** nicht mehr weit. Hinter einer Baumgruppe erkennen wir bald die kleine Kirche San Giorgio (16. Jahrhundert), die auf dem 1096 m hohen Gipfelplateau errichtet wurde (1.40 Std.). Im Mittelalter lebte hier der Einsiedler Beato Manfredo Settala, der aus einer reichen Mailänder Familie stammte. Jeden Pfingstmontag findet eine Wallfahrt hierher statt. Wir gehen um die Kirche herum, und es bietet sich uns ein grandioser Ausblick nach Norden und hinunter auf den Luganer See. Direkt unter uns liegt die Ortschaft Brusino-Arsizio am Luganer See. Gegenüber baut sich die Halbinsel Cerisio auf, mit ihren beiden prägenden Berggestalten, dem Monte Arbostora und dem Monte San Salvatore. Gut erkennen wir auch die Ortschaften der Halbinsel: Melide und Morcote liegen direkt am See, darüber befindet sich Vico Morcote, während sich die Häuser von Carona am langgezogenen Rücken zwischen Monte Arbostora und Monte San Salvatore verteilen. Hinter dem Melide-Damm, der den See in zwei Teile zu trennen scheint, erkennen wir das dicht verbaute Lugano, dessen Häuser sich weit den Berghang des Monte Bré hinaufziehen. An der Ostseite des Luganer Sees liegt Bissone am Seeufer, etwas oberhalb Rovio. Der Monte Generoso schließt dieses Panorama mit seinem 1701 m hohen Gipfel ab. Im Süden verschwinden die letzten Ausläufer der Alpen im Dunst der Po-Ebene.

Vom Gipfel gehen wir auf demselben Weg wie beim Anstieg die steile Wiese hinunter. Bei der ersten Kreuzung nehmen wir den rechts nach unten abzweigenden Pfad (Wegweiser: Alpe di Brusino, Serpiano, Crocifisso). Steil geht es durch einen schönen Buchenwald abwärts. Der Boden ist mit alten Buchenblättern bedeckt. Im Sommer blühen hier Alpenveilchen und Herbstzeitlose. Bald stoßen wir wieder auf den Naturlehrpfad, dem wir aber nur kurze Zeit folgen, denn bei der nächsten Kreuzung (Wegweiser) halten wir uns Richtung Crocifisso. Auf dem schmalen und steilen Hohlweg geht es durch dichten Wald rasch abwärts. Bei **Crocifisso**, einer kleinen Kapelle mit einem Kreuz davor, erreicht man die Straße, die von Meride nach Serpiano führt, und abermals den Naturlehrpfad (2.40 Std.). Wir überqueren die Straße und folgen dem Naturlehrpfad Richtung Meride. Nach einem steilen Waldstück kommen wir nun in freies Gelände, wo Mais und Sonnenblumen angebaut werden. Noch einmal blicken wir auf den Monte San Giorgio zurück, der uns noch vor einer Stunde mit seiner berauschenden Aussicht so erfreut hat. Bei **Fontana di Meride** erreichen wir den Start- und Endpunkt des Naturlehrpfades und die Straße. Von dort sind es nur noch 10 Minuten bis Meride (3.20 Std.).

In Meride

Bergwiese am Lago Ritom

Abbildungsnachweis

Archiv für Kunst und Geschichte, Berlin S. 27, 29,119, 177

Burkhard Berger, Innsbruck S. 11, 12, 14, 15, 17 rechts und links, 24, 32, 37, 41, 42, 44/45, 48, 51, 52, 54, 56, 58, 60, 67, 72, 75, 77, 78/79, 82/83, 89, 92, 98/99, 143, 144/145, 135, 136, 159, 164/165, 167, 171, 201, 202/203

Ulrich Berger, Bonn S. 139

Petra Juling, Bonn S. 68, 190

Gerold Jung, Ottobrunn Innentitel, S. 36, 160/161, 172/173, 178/179, 186

W. Klaeber/Helga Lade Fotoagentur, Frankfurt am Main S. 21

Helga Lade/Philipp, Frankfurt am Main S. 23 links

Peter Mertz, Innsbruck Titelbild u. -vignetten, S. 11, 16, 19, 39, 64/65, 66, 78, 86, 90/91, 96, 97, 98, 102/103, 107, 109, 111, 114/115, 122/123, 126/127, 128, 130/131, 133, 148/149, 150, 153, 154, 158, 159, 170, 187, 188, 182/183, 94/195, 198

Joh. Nautsch/Helga Lade Fotoagentur, Frankfurt am Main S. 23 rechts

Steinkamp/Helga Lade Fotoagentur, Frankfurt am Main S. 141

Literaturnachweis

Das Zitat auf S. 170/171 stammt aus:
Hermann Hesse, Gesammelte Werke, Band 6: Madonna d' Ongero, © Suhrkamp Verlag, Frankfurt am Main 1970
Das Zitat auf S. 177 stammt aus:
Hermann Hesse, Gesammelte Werke, Band 10: Beim Einzug in ein neues Haus, © Suhrkamp Verlag, Frankfurt am Main 1970

Der Abdruck der Zitate von Hermann Hesse erfolgt mit freundlicher Genehmigung des Suhrkamp Verlages, Frankfurt am Main.

Kartographie: Berndtson & Berndtson, Fürstenfeldbruck

Wanderinfos von A–Z

ANREISE

... mit dem Auto: Aus dem Rheintal kommend führt die Schnellstraße E 43/N 13 über Chur zum San Bernardino, durch den 6 km langen Tunnel oder über den Paß; bei Bellinzona überschreitet man die Kantonsgrenze ins Tessin.

Von Basel über Luzern auf der Autobahn E 35/N 2: durch den 12 km langen St.-Gotthard-Tunnel ins Tessin, die Autobahn führt weiter an die italienische Grenze nach Chiasso und nach Mailand.

Auf Nebenstraßen: *Von Chur* aus auf der N 19 durch das Vorderrheintal bis Disentis, dann entweder über den Lukmanier-Paß in das Val Blenio oder über den Oberalp-Paß nach Andermatt und ins obere Leventina-Tal; *von Westen* kommend über den Grimselpaß zum Nufenenpaß, über diesen ins Val Bedretto nach Airolo; *von Osten* kommend durch das Engadin und den Maloja-Paß an den Comer See, weiter nach Porlezza an den Lago Lugano, über die nördliche Uferstraße nach Gandria und Lugano.

... mit der Bahn: St.-Gotthard-Linie von Basel/Zürich nach Mailand mit Stationen in Bellinzona und Lugano, Kurswägen nach Locarno. Von Bern mit der Lötschberg/Simplon-Linie nach Domodóssola und mit der Centovalli-Bahn nach Locarno.

... mit dem Flugzeug: Regelmäßige/tägliche Verbindungen mit der Crossair von Zürich, Bern, Basel und Genf nach Lugano-Agno, Locarno und Ascona.

AUSKÜNFTE

Verkehrsverein Lugano, Riva Albertolli 5, CH-6901 Lugano, wochentags 9–18 Uhr, im Sommer bis 18.30 Uhr, samstags 9–17 Uhr ✆ 091/21 46 64

Verkehrsverein Locarno und Täler, Largo Zorzi 1, CH-6601 Locarno, ✆ 093/31 03 33

Verkehrsverein Ascona und Losone, Casa Serodine, CH-6612 Ascona, Postfach 449, ✆ 093/35 00 90

Verkehrsverein Bellinzona und Umgebung, Via Camminata, Palazzo Civico, CH-6501 Bellinzona, ✆ 092/25 21 31

Ente Turistico Leventina CH-Faido, ✆ 094/38 16 16

Für den gesamten Kanton:
Tessiner Verkehrsbüro, ENTE Ticinese per il Turismo, Villa Turrita, CH-6501 Bellinzona, Postf. 1441, ✆ 092/25 70 56

Schweizer Verkehrsbüros im Ausland:
Kaiserstraße 23, D-60311 Frankfurt, ✆ 069/25 60 01-0; Leopoldstraße 33, D-80802 München 089/33 30 18;
Kärntner Straße 20, A-1010 Wien, ✆ 01/512 74 05

AUSRÜSTUNG UND PROVIANT

Spezielle Vorkehrungen sind bei den jeweiligen Wanderungen angegeben, sofern es notwendig ist. Im allgemeinen sollte für jede Wanderung, auch in den südlichen Teilen des Tessins, festes Schuhwerk benützt werden, die Bergpfade dürfen nur mit Bergschuhen begangen werden. Ein Schirm und Schutzkleidung gegen Regen und Wind gehören in den Wanderrucksack. Sonnenbrille, Sonnenhut und Sonnencreme können in der südlichen Sommersonne sehr nützlich sein. Man sollte beim Packen des Rucksackes ausreichend Proviant berücksichtigen. Verlassen Sie sich nicht auf Schutzhütten oder Einkehrmöglichkeiten am Weg, diese könnten geschlossen sein. Verwenden Sie Thermoskannen oder Aluminiumflaschen und vermeiden Sie damit Einweg-Getränkeverpackungen. Rechnen Sie pro Person mit 1 bis 1,5 Liter Flüssigkeit für eine ganztägige Wanderung an einem heißen Sommertag. Daß jeglicher Abfall zur Entsorgung ins Tal mitgenommen wird, ist selbstverständlich.

AUTOFAHREN

Höchstgeschwindigkeit: In der Schweiz gelten strenge Verkehrsvorschriften, besonders die Höchstgeschwindigkeit betreffend. Auf den Autobahnen gilt 120 km/h, mit Anhänger 80 km/h; auf Landesstraßen außerhalb der Ortschaften sind 80 km/h erlaubt, in Orten 50 km/h. Man ist gut beraten, sich an die Begrenzungen zu halten, denn schon geringfügige Überschreitungen ziehen massive Geldstrafen nach sich.

Autoclubs: In der Schweiz gibt es zwei Automobilclubs, den ACS und den TCS. Beide anerkennen die Schutzbriefe des ADAC und ÖAMTC und arbeiten bei Pannenhilfen zusammen.

Autobahngebühren: Auf den Schweizer Autobahnen muß man die Autobahn-Vignette mit sich führen. Sie kann an den Grenzstationen, bei Postämtern, beim ADAC und ÖAMTC bezogen werden und muß an der Windschutzscheibe aufgeklebt werden. Der Preis von 30 sFr. gilt zum uneingeschränkten Befahren der Autobahnen für ein Kalenderjahr.

Pannenhilfe (Soccorso): TCS Notruf 140, ACS ∅ 091/52 55 44

Parken: Die größeren Parkplätze in Zentren wie Locarno, Lugano, Ascona oder Bellinzona sind gebührenpflichtig und dennoch im Sommer tagsüber meist ausgelastet. Gebührenpflichtige Parkplätze gibt es auch an häufig besuchten Touristenzentren in den Seitentälern. Störend ist, daß man schon beim Verlassen des Autos die genaue Zeit wissen muß, wie lange man das Parkticket löst, da im voraus bei Automaten bezahlt werden muß.

Verkehrszeichen: Alle Verkehrsschilder sind international gehalten, Aufschriften hingegen gibt es nur auf italienisch.

Außerdem: Die Höchstgrenze für den Blutalkoholgehalt beträgt 0,8 Promille, das Anlegen der Sicherheitsgurte während der Fahrt ist Vorschrift. In Tunnels und Felsgalerien ist das Abblendlicht einzuschalten. Auf Bergstrecken ist der bergwärts Fahrende bevorrechtigt.

BADEN

Das südliche Tessin wird von den großen Seen beherrscht, die Badesaison dauert von Juni bis Oktober (Wassertemperaturen: 20 – 23° C). Baden ist nicht überall selbstverständlich, da zahlreiche Uferteile in Privatbesitz sind. Öffentliche Schwimmbäder am Lago Lugano: in Agno, Strandbad Riva Caccia, Strandbad Lido, Strandbad Caslano. Lago Maggiore: Lido und Freibad Ascona, Campingplatz von Ascona, Strandbad Lido in Locarno, Lido von Tenero in der Via Roggia, Kieselstrände in den Örtchen des Gambarogno. Öffentliche Schwimmbäder und Hallenbäder gibt es in vielen Tessiner Orten, so in Bellinzona, Bissone, Cadro, Carona, Lugano, Massagno, Mendrisio, Mezzovico, Morbio Inferiore, Riva San Vitale und Stabio. Bademöglichkeiten bestehen auch an den Flüssen des Pedemonte, Maggia und Melezza.

DEVISEN UND GELDWECHSEL

Die Schweizer Währung, der Schweizer Franken (sFr.) wird in 100 Rappen unterteilt. Es gibt Banknoten zu 10, 20, 50,

100, 200, 500 und 1000 sFr., Münzen zu 1, 2 und 5 sowie 5, 10, 20 und 50 Rappen. Die Ein- und Ausfuhr in- und ausländischer Zahlungsmittel unterliegt keinerlei Beschränkungen. Viele Geschäfte, Warenhäuser, Hotels und Restaurants akzeptieren die gängigen Kreditkarten wie Visa, Eurocard, American Express oder Diners Club. Am weitesten verbreitet ist die Eurocard. Euroschecks mit der Scheckkarte werden ebenfalls bis zu einer Höhe von 300 sFr. pro Scheck angenommen.

Geldwechselstuben befinden sich an den Grenzübergängen, vor allem in Chiasso, bei Gandria und in Valmara/Brissago. Der Umtausch von Devisen ist aber in jeder Bank, auf den Bahnhöfen und den Flughäfen (6–21 Uhr), in den Büros der Reiseagenturen und den Rezeptionen der Hotels möglich.

FEIERTAGE UND FESTE

Feiertage

1. Januar	Neujahrstag
6. Januar	Dreikönigstag
19. März	St. Joseph
	Ostersonntag und Ostermontag
1. Mai	Tag der Arbeit
	Christi Himmelfahrt
	Pfingstsonntag, Pfingstmontag
	Fronleichnam
29. Juni	Peter und Paul
1. August	Schweiz. Nationalfeiertag
15. August	Mariä Himmelfahrt
3. Sonntag im September:	Eidgenössischer Dank-, Buß- und Bettag
1. November	Allerheiligen
8. Dezember	Mariä Empfängnis
25. Dezember	Weihnachtstag
26. Dezember	Stephanstag

Feste (Auswahl)

Wöchentlich: Markt in Bellinzona (samstags 7–11.30 Uhr) und in Verscio (mittwochs)

Sommer: in Ascona Verleihung des Literaturpreises Ascona

Februar: Vielerorts Fasnacht mit Risotto-Essen, Bellinzona: »Rabadab«-Karneval

April: Kamelienschau im Stadtpark von Locarno

Mai: Blumenkorso in Lugano

Pfingsten: Blumenkorso in Locarno

Juni: Seenachtsfest mit Feuerwerk in Lugano

Juli: Jazzfestival in Lugano

Juli: Wein- und Käsefest in der Altstadt von Locarno

August: Waldfest im Freibad Ascona; Internationales Filmfestival in Locarno, bis Oktober Internationale Musikfestwochen in Ascona

September: Traubenfest in Monti, Weintraubenfest in Mendrisio

Oktober: Kastanienfeste in Brissago, Cademario, Locarno-Muralto, Winzerfest in Lugano

November: Martinsfeste in Mendrisio und Ronco

GÄRTEN

Brissago

Isola Grande
Geöffnet täglich 9 – 18 Uhr

Morcote

Parco Scherrer
Geöffnet Mitte März bis Ende Oktober täglich 9 – 17 Uhr

Carona

Botanischer Garten San Grato
täglich geöffnet

HÜTTEN

Der Schweizer Alpen-Club (SAC/CAS) und die Tessiner Vereinigung Unione Ticinese Operai Escursionisti UTOE betreiben ungefähr 50 Berg- und Schutzhütten, die auch Nichtmitgliedern offen stehen. Nähere Informationen erhält man bei den entsprechenden Touristenbüros, besonders über Öffnungszeiten und Übernachtungsmöglichkeiten. Manche Hütten werden nicht von einem Hüttenwirt betreut, so daß aus dem Talort ein Schlüssel mitgenommen werden muß. Eine Liste über alle Tessiner Berghütten erhält man beim Schweizer Alpenclub.

KARTEN

Von der Schweizer Landeskarte im Maßstab 1:25 000 (braune Kartenumschläge) sind für das Tessin folgende Karten erhältlich: 1291 Bosco Gurin, 1292 Maggia, 1293 Osogno, 1311 Comologno, 1312 Locarno, 1313 Bellinzona, 1332 Brissago, 1333 Tesserete, 1334 Porlezza, 1352 Luino, 1353 Lugano, 1373 Mendrisio, 1374 Como.

Die Landeskarten im Maßstab 1:50 000 besitzen einen grünen Umschlag, folgende Blätter gibt es für das Tessin: 266 Val Leventina, 267 San Bernadino, 276 Val Verzasca, 277 Roveredo, 285 Domodossola, 286 Malcantone, 296 Chiasso, 297 Como. Die Karten sind in den Buchgeschäften und Tourismusbüros in den Hauptorten des Tessin erhältlich.

Ferner werden von Kümmerly + Frey Karten im Maßstab 1:60 000 angeboten, so für Ascona-Locarno-Brissago. Verschiedene Tourismusverbände verkaufen eigene Wanderkarten, meist im Maßstab 1:50 000, so im Val Verzasca oder im Val Blenio. Wanderkarten mit Wanderwegvorschlägen werden auch vom Verlag Orell Füssli vertrieben, zum Beispiel für Locarno-Ascona mit Umgebung und Seitentälern. Im Tessiner Tourismusbüro in Bellinzona erhält man kostenlose Kartenmappen für Fahrradtouren, »Wanderwege Tessin 2000 km Natur« (grün), »Wander-Ausflüge im Tessin« (gelb) und »Wanderrouten zur modernen Architektur im Tessin« (grau).

Generalkarten zum Tessin im Maßstab 1:150 000 stellt Kümmerly + Frey her, ferner Mairs Geographischer Verlag im Rahmen der Schweizer Generalkarte, Blatt 4, im Maßstab 1:200 000; Reliefkarte Ticino von Orell Füssli (1:150 000); Holiday Map (1:120 000) von Kümmerly + Frey.

KINDER

Besonders das südliche Tessin mit den sanften Hügellandschaften und den Seen eignet sich für einen Urlaub mit Kindern. Campingplätze bieten meist für Kinder reservierte Badezonen und Spielmöglichkeiten an. Die kürzeren Wanderungen im Malcantone, rund um Ascona oder im Mendrisiotto sind leicht zu begehen und ungefährlich. Attraktionen wie das Swissminiatur mit großem Kinderspielplatz (s. Wanderung 24) oder das Schokoladenmuseum von Caslano (s. Wanderung 27) sind ideale Ausflugsziele für Familien mit Kindern. Fahrten mit den Kleinbahnen sind ebenso lohnend (Centovalli oder Monte Generoso), dazu werden meist ermäßigte Familienkarten angeboten.

DIE KLEINBAHNEN IM TESSIN

Die Schweiz ist bekannt für ihre Eisenbahnen. Nicht nur die gute Erschließung der Täler trägt dazu bei, sondern auch die zahlreichen Bergbahnen, die Gipfel und Grate des gebirgigen Landes erschließen. Allen voran steht die St.-Gotthard-Bahn, die schon 1882 das St.-Gotthard-Massiv durchquerte.

Die Schmalspurbahn ins Centovalli
Das Centovalli – die »Hundertschaft der Täler« – wird seit Ende November 1923 von einer Schmalspurbahn durchquert. Von Locarno ausgehend, ziehen sich die Geleise durch die enge und schluchtartige Talschaft; die Bahn verläßt bei Camedo die Schweiz, erreicht bei Santa Maria Maggiore auf italienischer Seite mit 836 m ihren größte Höhe, bis sie die 55 km lange Strecke bis Domodóssola zurückgelegt hat. 83 Brücken und über 30 Tunnels und Galerien werden benötigt, um die schwierigen landschaftlichen Gegebenheiten und den Höhenunterschied von mehr als 600 m mit einer Maximalsteigung von 6 Prozent zu bewältigen. Zu den spektakulärsten Brücken in Tessin gehören sicherlich die filigran wirkende Bogenbrücke über den Isorno vor Intragna und die Metallbogenbrücke am Rande des Stausees von Palagnedra unterhalb Camedo. Die sehr kurvenreiche Bahnlinie durchquert neuerdings Locarno als »U-Bahn« in einem Tunnel. Die Tessiner Eisenbahngesellschaft FART, die (Ferrovie Autolinee Regionali Ticinesi) besitzt heute moderne bequeme Großraumgarnituren, etwas älter sind die orangefarbene Garnituren der Italiener, die mehr das Aussehen einer Straßenbahn besitzen. Die Fahrt von Locarno nach Camedo dauert knapp 25 Minuten.

Lugano – Ponte Tresa
Die zweite Schmalspurbahn des Tessins verbindet Lugano mit dem Grenzort Ponte Tresa, führt also durch das untere Malcantone. Die Schwierigkeit dieser Bahnlinie besteht darin, den Sattel von Lugano ins Tal der Tresa zu überwinden. Die Bahn beginnt östlich des Bahnhofes, verläuft durch einen Tunnel nach Sorengo und führt am Lago di Muzzano vorbei. Die Stufe ins Tresa-Tal umfährt sie in einer weiten Schleife, die sie bis Bioggio bringt. Daher braucht sie bis Ponte Tresa mehr als 12 km.

Zahnradbahn auf den Monte Generoso
Von Capolago führt seit 1890 eine Zahnradbahn zur Vetta des Monte Generoso auf 1592 m. Früher mit Dampf betrieben, bewältigen heute moderne dieselbetriebene Garnituren die 7 km lange Strecke (s. Wanderung 30).

Lifte, Gondel- und Standseilbahnen
11 Gondel- und Standseilbahnen führen den Wanderfreund auf die Berge und Höhen der Tessiner Alpen:

Seilbahnen
Funivia Brusino–Arsizio–Serpiano (650 m)
Funivia Rivera–Monte Tamaro/ Alpe Foppa (1530 m)
Funivia Orselina–Cardata
Funivia Sasso della Boggia im Bedretto-Tal
Funicolare Locarno–Orselina/Madonna del Sasso (Standseilbahn)
Standseilbahn in Lugano vom Stadtzentrum zum Bahnhof

Sessellifte
Seggiovia Cardata–Cimetta
Seggiovia Miglieglia–Monte Lema (1624 m)

Standseilbahn – Funicolare Ritom
Die besondere Attraktion dieser 1921 in der oberen Leventina erbauten Standseilbahn ist die Steilheit. Mit einer Maximalneigung von 87,8 Prozent gilt sie als die steilste für den öffentlichen Verkehr zugelassene Standseilbahn der Welt. Auf 1369 m Länge überwindet sie den Höhenunterschied von 786 m in etwa 18 Minuten. Die Bergstation liegt auf 1795 m.

Standseilbahn Monte San Salvatore
Vom Ortsteil Paradiso/Lugano fährt eine Standseilbahn in zwei Sektionen auf den ›Zuckerhut‹ von Lugano (890 m). 1890 erbaute man diese Bahnverbindung mit einer Steigung zwischen 38 und 62 Prozent. Die roten

Waggons besitzen an der vorderen Wagenseite ein Metallgestell, mit dem Transporte zum Bergrestaurant vorgenommen werden können.

Standseilbahn Monte Bré
Vom Ortsteil Cassarate, ebenfalls in Lugano, führt eine weitere Standseilbahn auf den zweiten Luganer Hausberg, den Monte Bré. Die in zwei Etappen aufgeteilte Bahn wurde 1912 gebaut, die Streckenlänge beträgt 1620 m bei einer Steigung zwischen 45 und 62 Prozent. Die erste Teilstrecke nach Suvigliano wird vollautomatisch betrieben. Die Wagen, die heute verwendet werden, sind originalgetreu den ersten Modellen von 1912 nachgebaut.

KLIMA UND REISEZEIT

Im Tessin herrscht insubrisches Klima, das durch die Öffnung des Kantons nach Süden zu den großen Seen gekennzeichnet wird. Benannt nach dem keltischen Volksstamm der Insubrer, umschreibt der Begriff »insubrisch« ein mildes Klima im Bereich des Südabfalls der Alpen, in dem mediterrane Einflüsse durch die Nähe des Wassers überwiegen. Geringe Temperaturschwankungen während des Jahres, dafür aber reiche Niederschläge sind typisch. Nur in den Gebirgsgegenden des Sopraceneri herrschen alpine Klimaverhältnisse vor.

Grundsätzlich kann das Tessin rund ums Jahr besucht werden. Zum Erleben der Natur empfiehlt sich aber besonders das Frühjahr, wenn die Wiesen, Wälder und Bergweiden in Blüte stehen. Bis Mitte Juni ist noch nicht allzuviel los, die Hauptsaison setzt Anfang Juli ein. Fürs Hochgebirge ist der Hoch- und Spätsommer die ideale Zeit, wenn die Tage am längsten und die Bergpfade schneefrei sind. Aber auch der Herbst hat seine besonderen Reize, wenn sich die Kastanienwälder verfärben und der Wein in den Tälern reif wird. Die Wanderzeit im Südtessin reicht bis Anfang/Mitte November, in den Bergen je nach Schneelage bis Ende Oktober.

Der Sommer ist recht heiß und daher eher für Badeferien geeignet. Im Tessin scheint weit öfter die Sonne als in Österreich und Deutschland, dafür regnet es auch bis zu dreimal so viel. Der Winter ist sonnenreich und trocken, Schnee fällt meist nur in den Bergen und Seitentälern, Frühling und Herbst sind regenreich und wechselhaft, die Sommer sonnig, aber es gibt häufige Gewitter. Überraschend schön und mild ist der Spätherbst bis weit in den November hinein, während es zu Ostern oft kühl, windig und regnerisch sein kann. So darf man zu keiner Jahreszeit auf einen guten Regen- und Windschutz verzichten.

MUSEEN (AUSWAHL)

Ascona
Museo Epper
Via Albarelle 14
6612 Ascona
✆ 093/35 19 42
Geöffnet im April/Mai bzw. im September/Oktober Di bis Fr und So von 10 bis 11.30 und 16–18 Uhr (im Juni bis August 10–11.30 und 20–22 Uhr)

Bellinzona
Museo civico archeologico
Castello di Montebello
Salita ai Castelli 4
6500 Bellinzona
✆ 092/25 13 42
Geöffnet von Di bis So 10–12 und 14–17 Uhr.

Museo delle tradizioni popolari del Ticino
Castello di Sasso Corbaro
6500 Bellinzona
✆ 092/25 59 96
Geöffnet von April bis Oktober von Di bis So 9–12 Uhr und 14–17 Uhr

Cantine di Gandria
Museo doganale svizzero
(Schweizer Zollmuseum)
6978 Gandria
Ø 091/23 98 43
Geöffnet von April bis Oktober täglich 13.30–17.30 Uhr

Castagnola (Lugano)
Collezione Thyssen-Bornemisza
Villa Favorita
6976 Lugano-Castagnola
Ø 091/51 61 52
Geöffnet ab Karfreitag bis zum zweiten Sonntag im Oktober; Fr und Sa 10 bis 12 Uhr und 14–17 Uhr; So 14–17 Uhr

Cevio
Museo etnografico di Valmaggia
Sede 1 – Sede 2
6675 Cevio
Ø 093/96 13 40
Geöffnet von April bis Oktober von Di bis Sa 10–12 Uhr und 14–18 Uhr, So 14–18 Uhr

Locarno
Museo civico e archeologico
Piazza Castello 2 (Castello Visconteo)
6600 Locarno
Ø 093/33 62 65
Geöffnet von April bis Oktober von Di bis So 10–12 Uhr und 14–17 Uhr

Lottigna
Museo Storico di Blenio
6711 Lottigna
Ø 092/78 19 77
Geöffnet von Ostern bis Oktober von Di bis So 14–17 Uhr

Lugano
Museo cantonale d'arte
(Kantonales Kunstmuseum)
Via Canova 10 (Palazzo Reali)
6900 Lugano
Ø 091/22 93 56
Geöffnet Mi bis So 10–17 Uhr und Di 14 bis 17 Uhr

Museo cantonale di storia naturale
(Kantonales Naturgeschichtsmuseum)
Viale Cattaneo 4
6900 Lugano
Ø 091/23 98 43
Geöffnet von Di bis So 9–12 Uhr und 14–17 Uhr; April bis Oktober täglich 13.30–17.30 Uhr

Meride
Museo dei fossili del Monte San Giorgio
6866 Meride
Ø 091/46 37 80
Täglich geöffnet 8–18 Uhr

Sankt Gotthard
Museo nationale del San Gottardo
(Nationales Gotthard-Museum)
Alte Sust
Ø 094/88 15 25
Geöffnet von Juni bis Oktober täglich 9–18 Uhr

NOTRUF

Ø 144 Rettungsdienst
Ø 117 Polizei
Ø 118 Feuerwehr
Ø 140 Pannenhilfe

ÖFFENTLICHE VERKEHRSMITTEL

Autopostali (= Postbusdienst): Die Schweizerische Bundespost (PTT) betreibt ein hervorragend organisiertes Busliniennetz. Deshalb können auch entlegene Ortschaften mit einem öffentlichen Verkehrsmittel erreicht werden, was man bei der Planung von Wanderungen in Betracht ziehen sollte (genaue Informationen bei der jeweiligen Routenbeschreibung).

Die Fahrkarten sind bei allen größeren Postämtern erhältlich. Dort erhält man auch Fahrpläne, die an fast allen Haltestellen angeschlagen sind.

Bei der Generaldirektion PTT (Postautodienst, 3030 Bern) kann der Postautoführer »Ticino« bestellt werden, der jedes Jahr neu aufgelegt wird (Preis 4,50 sFr., inkl. Versand). Dieses informative Büchlein gibt, nach Regionen geordnet, über alle wichtigen Buslinien und über viele Ausflugsziele Auskunft. Die Postauto-Karte der Schweiz (in Postämtern erhältlich) informiert nicht nur über alle Postbuslinien der Schweiz, sondern auch über diverse Verbilligungen.

Die Region nördlich von Locarno und das Valle Maggia werden teilweise von einem privaten Busunternehmen bedient (FART Locarno).

Bahn (Schweizerische Bundesbahn SBB): Vor allen für die Anreise ins Tessin eignet sich die Bahn hervorragend, zumal viele Städte und Orte direkt an Gotthard-Route liegen. Es bestehen einige Intercity-Direktverbindungen von deutschen Städten aus. Wer von Österreich oder München kommt, muß meist in Zürich umsteigen. Wer nach Locarno oder Ascona reist, steigt in Bellinzona um.

Informationen erteilen die Schweizerischen Verkehrsbüros und die Schweizerischen Bundesbahnen.

Für einen Ausflug eignet sich auch die Centovalli-Bahn. Diese Schmalspurbahn verbindet Locarno mit Domodóssola (Italien) und führt durch die wildromantische Landschaft des Centovalli.

ÖFFNUNGSZEITEN

Geschäfte: Die meisten Geschäfte öffnen zwischen 8 und 8.30 Uhr und haben bis 18.30 Uhr geöffnet. In kleineren Orten gibt es häufig eine Mittagspause. An Samstagen sind die Geschäfte bis 17 Uhr geöffnet und in Ferienorten teilweise auch sonntags. Die Kaufhäuser in den Städten haben häufig am Montagvormittag geschlossen, an einem Tag in der Woche ist dafür erst um 21 Uhr Ladenschluß.

Banken: Montag bis Freitag von 8.30 bis 16.30 Uhr (in kleineren Orten Mittagspause 12–14 Uhr). Samstags geschlossen.

Postämter: Montags bis Freitags geöffnet von 7.30–12 und 13.45–18 Uhr. Größere Postämter sind auch mittags durchgehend und samstags bis 11 Uhr offen.

RADFAHREN

Die vielen Bergstraßen des Nord-Tessins bieten den »Profis« unter den vielen Radfahrern viele reizvolle Strecken. Im Süden und entlang der Seen können aber auch durchschnittlich Trainierte beim Radeln ihr Vergnügen finden. So wird zum Beispiel eine kombinierte Bahn/Rad-Tour mit der Centovalli-Bahn angeboten (Information und Vorbestellung beim FART, ✆ 093/31 87 31). Fahrräder – in der Schweiz »Velo« genannt – können im Zug unabhängig von der Distanz für 5 sFr. mitgenommen werden. Mieträder gibt es an fast jedem Schweizer Bahnhof. Spezielle Karten für Radfahrer sind beim Verkehrsclub der Schweiz, Bahnhofstraße 8, CH-3360 Herzogenbuchsee, erhältlich.

SCHLANGEN

Das Tessin ist ein Land der Reptilien. Man wird auf den Wanderungen zwar unzähligen Mauereidechsen begegnen, aber ein Zusammentreffen mit einer Schlange ist relativ selten – das allerdings weniger, weil sie so selten sind, als vielmehr ihrer Scheuheit und ihrer Tarntracht wegen. Ringelnattern und Würfelnattern bewohnen feuchte Lebensräume und sind harmlos.

Giftig sind hingegen die Kreuzotter, die in den Gebirgsregionen lebt, und die Aspisviper, die in den warmen Tallagen vorkommt. Schlangen sind keineswegs angriffslustig, Vipern beißen meist nur, wenn man auf sie tritt oder sie nicht mehr ausweichen können (Verteidigungsbiß). Festes Schuhwerk und etwas Achtsamkeit beim Hinsetzen im Freien sind daher ein ausreichender Schutz vor Schlangenbissen.

Im Falle eines Schlangenbisses sind vor allem zwei Regeln zu beachten: Erstens nicht in Panik geraten und zweitens so schnell wie möglich einen Arzt bzw. ein Krankenhaus aufsuchen. Ungeübte und vor allem aufgeregte Personen können durch Aufschneiden oder Aussaugen der Bißstelle mehr Schaden anrichten als helfen.

SOUVENIRS

Wer im Tessin einkaufen will, findet hier ein zwar nicht billiges, aber auch nach internationalen Maßstäben reichhaltiges und niveauvolles Angebot vor. In den Geschäften und Boutiquen von Locarno, Ascona und vor allem von Lugano (z.B. in der Via Nassa) kann man Antiquitäten, Uhren, Schmuck und Mode höchster Qualität erstehen. Typische Tessiner Mitbringsel sind zum Beispiel Mineralien und Kristalle, Kupfergefäße und der »Boccalino«. Diese handbemalten Tonkrüge sind das traditionelle Gefäß, in dem der Tessiner Wein kredenzt wird. Als Souvenirs eignen sich auch die typischen Lebens- und Genußmittel der Region: Tessiner Käse, eingelegte Steinpilze, Schokolade, Salami, Merlot, Grappa Nostrano oder auch Zigarren aus Brissago. Günstige Einkaufsmöglichkeiten bieten die Wochenmärkte von Lugano (Dienstag und Freitag), Locarno (Donnerstag) und Bellinzona (Samstag).

SPRACHE UND BEGRÜSSUNG

Die Amtssprache im Tessin ist Italienisch. Auch die alltägliche Kommunikation findet grundsätzlich in italienischer Sprache statt. Es ist also ratsam, sich ein paar Worte Italienisch anzueignen. Dies gilt vor allem für abgelegene Ortschaften. In Städten, von Touristen viel besuchten Orten, bei Auskunftsstellen und in Hotels spricht man auch deutsch. Alle touristischen Hinweise, Prospekte usw. sind mehrsprachig oder in mehreren Sprachen erhältlich.

Besonders reizvoll ist die Sprachvielfalt auf den Wanderwegen des Tessins: Bei einer Begegnung auf einem Bergpfad erkennt man nicht unmittelbar, aus welchem Land der andere stammt, welche Muttersprache er spricht. Ist er Schweizer, kommen vier Sprachen in Frage, nimmt man das Schwyzerdütsch hinzu, sind es sogar fünf. So wird das »Grüß Gott«, wie wir es aus den Bergen der Zentralalpen gewohnt sind, zu einem klangvollen »Salve«, einem »Buongiorno«, »Grüezi« oder »Servus«. Man braucht sich auch nicht zu wundern, wenn man auf ein »Guten Tag« ein »Bonjour« hört – auch das ist die Schweiz. So läßt sich kein verbindlicher Rat erteilen, welche Begrüßungsfloskel wir wählen sollen. Auch wenn ein »Tach« Sie eindeutig entlarvt, der Gruß wird die Sprachbarriere überwinden und ein freundliches Lächeln hervorrufen.

STROMVERSORGUNG

Elektrische Geräte, die für einen Betrieb mit 220 Volt Spannung ausgelegt sind, können verwendet werden. Da die deutschen Schuko-Stecker nicht in die schweizerischen Steckdosen passen, ist ein Adapter erforderlich (Achtung: Adapter, die in das italienische System passen, sind ungeeignet). Zwischenstecker sind im Fachhandel erhältlich, oder können gegebenenfalls im Hotel ausgeliehen werden.

TELEFON

Öffentliche Telefonzellen gibt es bei den Postämtern und an wichtigen Plätzen in den Städten. Es handelt sich meist um Münzautomaten, die allerdings zunehmend auch durch Telefonwertkarten benützt werden können, die in den Postämtern erhältlich sind.

Fast alle Länder können im Selbstwählverkehr erreicht werden. Nach der internationalen Vorwahl folgt nach einem Pfeifton die Ortskennzahl ohne »0« und schließlich die Rufnummer. Die Schweizer Auskunft ist unter der Nummer 01/111, der Internationale Auskunftsdienst unter 01/110 erreichbar.

Internationale Vorwahl aus der Schweiz:

00 49	Bundesrepublik Deutschland
00 43	Österreich
00 39	Italien
00 41	Internationale Vorwahl für die Schweiz

UNTERKUNFT

Hotels: Als Fremdenverkehrsregion ersten Ranges bietet das Tessin ein reichhaltiges Angebot an Übernachtungsmöglichkeiten. Vor allem in den touristischen Zentren rund um den Luganer See und den Lago Maggiore gibt es eine unüberschaubare Anzahl an Hotels jeder Kategorie. Das Preisniveau ist allerdings relativ hoch. Prospekte mit Hotellisten und Adressen erhält man bei den diversen Fremdenverkehrsämtern. Das Zentrale Fremdenverkehrsbüro für den Kanton befindet sich in der Kantonshauptstadt Bellinzona (s. S. 206). Dazu gibt es noch 15 regionale Fremdenverkehrbüros. Für Urlauber, die mit dem Auto anreisen, liegt die Zimmervermittlung an der Autobahnraststätte von Bellinzona sehr günstig. Diese vermittelt vor allem Hotels der Fremdenverkehrsregionen um Locarno/Ascona und Lugano.

Privatzimmer: Diese werden durch »Zimmer frei« Schilder angeboten und können eine preiswerte Alternative zu Hotels sein.

Camping: Im Tessin gibt es etwa 50 offizielle Campingplätze, die teilweise auch im Winter geöffnet sind. Die meisten Plätze liegen in der Nähe der Seen. In der Hauptsaison ist meist eine Platzreservierung notwendig. Beim Fremdenverkehrsbüro in Bellinzona (Adresse s. S. 206) ist eine ausführliche Beschreibung der verschiedenen Campingplätze erhältlich. Weitere Auskünfte erteilt auch der Schweizer Camping- und Caravanning-Verband (Habsburgerstraße 35, CH-6000 Luzern 4, ✆ 01/23 48 22)

Jugendherbergen: Da es im Tessin nur zwei Jugendherbergen gibt, ist in der Saison eine rechtzeitige Voranmeldung dringend anzuraten. Beide Herbergen befinden sich in der Nähe von Lugano. Auskünfte erhält man beim Schweizer Bund für Jugendherbergen (Postfach 32 29, CH-3000 Bern 22, ✆ 031/41 14 55).

VERLETZUNGEN UND KRANKHEITSFÄLLE

Bei Unfällen und Verletzungen ist der Rettungsdienst unter der Notrufnummer 144 erreichbar. Jeder Verkehrsunfall mit Verletzten muß auch der Polizei gemeldet werden.

Ärzte findet man im Telefonbuch unter *medici* (Zahnärzte: *medici dentisti*). Den diensthabenden Arzt, der in der Schweiz »Pikett-Arzt« genannt wird, erfährt man auch von der Auskunft (01/111). Arztkosten müssen in der Schweiz auf jeden Fall bar bezahlt werden.

Zwischen Deutschland und der Schweiz besteht ein Sozialversicherungsabkommen. Erkundigen Sie sich bei Ihrer Krankenkasse über nähere Einzelheiten.

Da es zwischen der Schweiz und Österreich kein Sozialversicherungsabkommen gibt, empfiehlt sich der Abschluß einer Reise-Krankenversicherung.

WEGMARKIERUNGEN

Die Markierung der Wege ist im Tessin (und in der übrigen Schweiz) einheitlich geregelt und sehr übersichtlich. Die in gelb gehaltenen, meist sehr ausführlichen **Wegweiser** informieren über Standort, Seehöhe des Standortes, Zielorte und Gehzeiten. Neben den Wegweisern gibt es noch einfache Richtungsweiser, Rhomben und Farbmarkierungen.

Grundsätzlich werden in der Schweiz drei Kategorien von **Farbmarkierungen** unterschieden, die Aufschluß über den Schwierigkeitsgrad des Weges geben:

Gelbe Markierung: Wanderwege, die durch Täler und kleine Anhöhen führen und ohne besondere Gefahren und mit gewöhnlichem, festem Schuhwerk begegangen werden können.

Weiß-rot-weiße Markierung: Bergwanderwege, die auf höhergelegene Almen, Berghütten und einfache Gipfel führen und Bergschuhe mit Profilsohlen und wetterfeste Kleidung erfordern.

Weiß-blau-weiße Markierung: Alpine Routen, die Gefahren wie Kletterstellen oder Gletscherpassagen aufweisen.

WETTERBERICHT

Ein aktueller Wetterbericht in deutscher Sprache ist unter ∅ 01/162 zu erfahren.

ZOLL

Da die Schweiz nicht zur EU gehört, empfiehlt sich ein Blick auf die Zollbestimmungen: Zollfrei sind Gegenstände für den persönlichen Gebrauch, touristische Ausrüstung und Proviant für einen Tag. Personen, die mindestens 17 Jahre alt sind, dürfen 2 Liter Wein (bzw. Schaumwein) oder 1 Liter Spirituosen zollfrei einführen. Ebenfalls zollfrei sind Geschenke, die einen Wert von 200 sFr. nicht übersteigen, 200 Zigaretten, 50 Zigarren oder 250 Gramm Tabak.

Die Wareneinfuhrbestimmungen können kurzfristig geändert werden. Das gilt vor allem für Lebensmittel, Pflanzen und Tiere. Im Zweifelsfall gibt die Eidgenössische Oberzolldirektion in Bern Auskunft.

Devisenbestimmungen: In der Schweiz können in- und ausländische Zahlungsmittel ohne Beschränkungen ein- und ausgeführt werden.

Bitte schreiben Sie uns, wenn sich etwas geändert hat!

Alle in diesem Buch enthaltenen Angaben wurden von den Autoren nach bestem Wissen erstellt und von ihnen und dem Verlag mit größtmöglicher Sorgfalt überprüft. Gleichwohl sind – wie wir im Sinne des Produkthaftungsrechts betonen müssen – inhaltliche Fehler nicht vollständig auszuschließen. Daher erfolgen die Angaben ohne jegliche Verpflichtung oder Garantie des Verlages oder der Autoren. Beide übernehmen keinerlei Verantwortung oder Haftung für etwaige inhaltliche Unstimmigkeiten. Wir bitten dafür um Verständ-nis und werden Korrekturhinweise gerne aufgreifen: DuMont Buchverlag, Postfach 10 10 45, 50450 Köln.

Orts- und Sachregister

Personenregister